ちくま文庫

倭国の時代

岡田英弘

筑摩書房

目次

倭国の時代

第一章　日本古代史へのアプローチ

日本古代史から世界史へ

とかく人間というものは、小金が貯まると系図が欲しくなるものらしい。

かつかつ暮らしを立てるのに追われていた一九五〇年代、天皇の神性が否定されようが、神話が教科書から追放されようが、神武《じんむ》天皇や神功《じんぐう》皇后が消えてなくなろうが、大して気にも留めなかった日本人が、一九六〇年代の高度成長期に入って、以前ほどあくせく働かなくても食って行けるようになり、ジャルパックか何かで、添乗さんの小旗のあとを小走りについて歩きながらでも、とにかく外国というものを眺めることができるようになると、俄然、自分のご先祖さまのことが気になり出したのも無理はない。

そんなわけで昨今の日本の出版界は、日本語の起源だ、邪馬台国《やばだいこく》だ、女王卑弥呼《ひみこ》だ、倭の五王だ、広開土王碑《こうかいどおうひ》だ、高松塚だと、日本民族の由来と日本国家の成立を扱った新刊書が押すな押すなの盛況で、古代史ブームと言うよりはヒステリーと言ったほうがぴったり、という感じである。書店の棚の前に立って眺めると、ぎっしりと並んだその書名は、よくもこれだけ百種以上もの違った題をつけられるものだ、と感嘆するばかりである。わが国の文運の隆昌、御同慶の至りであるが、さて一冊一冊手にとって見ると、大抵のその内容はいくつか決まり切ったデータの順列組み合わせであって、これを大ざっぱに分類して見ると、次の六種類ほどに落ち着きそうである。

――考古学の資料を使って、日本の古墳時代を論ずるもの。

――『魏志倭人伝《ぎしわじんでん》』の文面の解釈から大和朝廷《やまとちょうてい》の起源を説くもの。これには邪馬台国の位置問題が中心になるが、いわゆる九州説も大和説もここに入る。

――『宋書倭国伝《そうじょわこくでん》』の、いわゆる「倭の五王」を、記・紀に伝える応神《おうじん》天皇から雄略《ゆうりやく》天皇に至る歴代と対比して、古代日本の王権の成立を論ずるもの。

――朝鮮の広開土王碑、『三国史記《さんごくしき》』『三国遺事《さんごくいじ》』などの史書、日本の『日本書紀《にほんしょき》』の朝鮮半島関係の記事を根拠にして、日本の建国に朝鮮文化が与えた役割を強調するもの。現代の韓国・朝鮮のナショナリズムの心理的要求にうまく乗ったせいか、これが近ごろ盛んに流行しているようである。

――日本語の系統論。もちろん言葉はそのまま歴史ではない。かりに日本語と同じ系統に属する言語がどこかで見つかったとしても、それが直ちに日本人が昔そこから来た証拠にはならないが、「日本語の系統」は、とかく「日本民族の起源」と混同されやすい。

——以上のいくつかを適当に組み合わせて、勝手な空想を馳せるもの。これが一番多い。

と言うわけで、その盛況ぶりは正に見ものであるが、どうやら趣向もそろそろ種切れの様子で、特に目新しい見方も見当たらない。それでも需要は衰える気配を見せないので、供給側の苦労も一しおとお察しする。

それはそれとして、われわれ日本人が自分たちの由来を知りたいというのは、全く正当な要求だから、出版界の古代日本ブームは歓迎すべき現象である。しかしそこには一つの共通の欠陥が表れているように思う。

欠陥とは、日本古代史を世界史の観点から見ようとしないことである。なるほど、『魏志倭人伝』や『宋書倭国伝』を論じるには、中国史がかかわってくる。『日本書紀』の朝鮮関係記事の解釈には、朝鮮古代史の知識が必要であろう。しかし従来の見方は、どこまでも日本を中心に据えて、それと朝鮮との関係、中国との交渉という、朝鮮史なり中国史としては末梢《まつしよう》的な部分だけを問題にする、という態度であった。これはちょうど、一九四五年以後の日本史を記述するのに、国内政治の流れと連合国軍最高司令部の政策だけを取り上げて、米ソ両大国の内部事情とそれから出て来る世界戦略に触れないでおくようなものである。

さらに言うならば、七世紀以前の朝鮮史そのものが、同じ時代の日本史と同じく、中国史から独立して扱いうるような性質のものではない。大体まだ朝鮮半島を統一する国家は出現しておらず、まして朝鮮民族というものも、客観的にはまだ存在していない時代である。ここはどうしても、中国史、朝鮮史、日本史をも含めたアジア史、つまりその当時の世界史の枠の中で考えなければならない。そしてその内でも、実力から言って中国史の流れを中心に据えて、それがいかに朝鮮半島や日本列島の住民の運命を左右したかを眺めるのが本筋であろう。つまり、当時の中国にとって、これら東方の地域がどういう意味を持ったのか、それを問題にするべきだ、というのである。

世界史の観点とここで言ったのには、もう一つの意味がある。古代日本の建国とよく似た過程は、地域を異《こと》にし、時代を異にして何度もくり返されたことであって、そうした例を集めてきて比較すれば、地理さえ不確かな『魏志倭人伝』や、怪しげな説話を集めた記・紀にばかり頼らなくても、どんな事が起こったのか、かなり現実味を帯びた推定が成り立つのである。中国史の一部としての日本古代史は、何しろ中国そのものが巨大かつ複雑な相手だから、話の方も巨大かつ複雑になってくるので、ここではそれを後回しにして、東南アジアで私が見た日本の建国史の話から始めよう。

マレーの王族と日本皇室

一九七五年の夏、私はシンガポールとマレーシアに二カ月を過ごした。中国系が人口の過半数を占めるシンガポールはさておき、マレーシアで私が一番意外に思ったのは、マレー人社会の上流階級が正真正銘《しょうしんしょうめい》の貴族の人々で、いろいろな世襲《せしゅう》の称号を持ち、みな英国式の教養の高い、優雅なばかりでなく有能な人たちであり、政治と文化の各方面にわたって活躍し、近代国家としてのマレーシア連邦を支える重要な柱になっていることであった。

マレーシア連邦を構成するのは十三の国家《ステート》であるが、このうちでもとの英領の海峡植民地であるマラッカとペナンを除き、また北ボルネオにあるサバとサラワクを除くと、残りの九つの国家の元首（ヤン・ディ・プルトワン・ヌガラ）はいずれも昔からのスルタンであり、この九人の中から輪番で五年任期の連邦の最高元首（ヤン・ディ・プルトワン・アゴン）が選出される。ちょうど私のクアラルンプール滞在中に、それまで最高元首だったケダーのスルタンの任期が満了して、代わってケランタンのスルタンが最高元首になった。

ところでマレーのスルタンたちや、王族たちは、ヨーロッパの王家の人々、と言っても今は残り少なくなったが、少なくとも英国の王室とはかなり感じが違って、新聞の紙面を賑《にぎ》わすような派手な言動はまるでないし、スルタンの演説が発表されることもない。たまにお姫さまが父スルタンから位階を授けられて、つつましく伏し目になって跪《ひざまず》いている美少女の横顔の写真が掲載されるぐらいのもので、何かひっそりとした印象である。第一、連邦の最高元首にしてからが、議会で演説をするわけでもなく、ニュースになるようなことをするわけでもない。私が車でクアラルンプールの市中を走っていると、時々白バイに先導された黒いロールスロイスとすれ違って、「ほら、アゴンだ」と友人に教えられて気がつくぐらいのもので、警察が交通遮断をやることもない。

一口で言えば、スルタンはどうも「象徴」の一種らしい、というのが私の直感であった。つまりスルタンは日本の天皇のごとく、マレーの王族は日本の皇室のごとく、宗教的権威のみあって政治的権力のない存在らしいのである。

言うまでもなく、マレーシアの国教はイスラムである。もっともイスラム教国とは言っても、国民はイスラムの信仰を強制されるわけではなく、ただ公式の場での宗教的儀式はイスラムの規定に従うという以上のものではない。それにしても毎晩のテレビ番組で、人気のある西部劇「ガンスモーク」を中断して、メッカの方向に拝礼するよう呼び掛ける「アザン」をアラビア語で長々と放送する国である。そのイスラム教の歴史の教えるところでは、「スルタン」という称号は、本来は十世紀のバグダードのアッバース朝のカリフが、彼の帝国の東半分を実力で切り取ったトルコ人奴隷の息子に授けたもので、日本なら「征夷大将軍《せいいたいしょうぐん》」と言ったところであろう。スルタン号も後に価値が下落して、イスラム教徒の君主ならほとんど誰でもスルタン号を称するようになったが、それでもカリフの宗教的権威に対して、スルタンのほうが世俗的実権を代表するのが、北インド、西アジア、北アフリカのイスラム教世界の通り相場なのだ。

そのスルタンが、ここマレーシアでは、征夷大将軍ではなくて天皇のような存在だとしたら、これはひょっとすると面白いことになるかも知れない。そう思った私は、ある夜のこと、若いマレー人の経済学者に質問をぶつけてみた。

「どうすればスルタンになれる？」

友人は、イスラム教徒にもかかわらず、ウィスキーの水割りのグラスをすりながら、あっさりと答えたものだ。

「スルタンはスルタンさ。スルタンにはなれるものではないよ」

「なぜ？」

「なぜって、スルタンは世襲だからさ」

案の定、マレーシアのスルタンたちは万世一系《ばんせいいっけい》だったのである。

にわかに興味を唆られた私は、この国の古典文学の名作として知られる『マレー年代記』（スジャラ・ムラユ）を読んでみた。これは十五世紀に興ったマラッカ王家の栄華《えいが》の物語であって、この王家が一五一一年にアルブケルケの率いるポルトガル艦隊に滅ぼされた時、マレー半島の各地に散らばったその分家が、現代のマレーシアのスルタンたちの先祖なのだから、『マレー年代記』は日本で言えばさしずめ『古事記《こじき》』と『日本書紀』を一緒にしたようなものに当たるわけである。そしてマラッカ王家は大和朝廷といったところであろう。

ところで、驚いたことに、このマレーシアの記・紀に現れるマラッカの建国の説話や宮廷の生活が、あまりに、古代日本のものに似すぎているのである。これは、一体どうしたことだろうか。

『マレー年代記』神代の巻

前置きはこれくらいにして、さっそくマレーシアの記・紀の世界をのぞいて見ることにしよう。

最初は「天孫降臨《てんそんこうりん》」の物語である。


昔々、スマトラはパレンバンの地を治めていたのは、国《くに》つ神《かみ》の子孫のドマン・レバル・ダウンという人であった。そのパレンバンの町からずっと河上に、一つの丘があって、その名をシ・グンタン・マハメルといった。

ここに二人の寡婦《かふ》が住んでいて、ワン・ウンポク（姉婆さん）とワン・マリニ（農民婆さん）といい、ふたりはシ・グンタンの丘に田を作って暮らしていた。稲がみのって穂が重く頭を垂れるようになったある夜のこと、丘の上に火の光のようなものが輝くのが見えた。

「あれは火の光かしら？　こわいわ」

「しいっ。大きな竜の頭の宝珠《ほうじゅ》の光かも知れないよ」

ふたりは恐ろしさに息をひそめ、その夜はそのまま寝た。

　夜が開けると、ふたりは顔を洗い、

「さあ、行って、ゆうべ火のように光ったのは何か見ましょうよ」

シ・グンタン・マハメルの丘に登って来ると、こはいかなこと、田の稲の穂は黄金《おうごん》、葉は白銀《はくぎん》、茎は合金《ごうきん》に変わっている。

「ゆうべのはこれだったんだよ」

　さらに見ると、丘の頂も黄金に変わっていて、そこに三人の美しい男の子が現れた。三人は王者の装いに宝玉《ほうぎょく》をちりばめた宝冠《ほうかん》をいただき、それぞれ白象に乗っている。その美貌と、身のこなしの優雅なのと、衣裳のすばらしさに、婆さんたちは驚嘆して口も利けない。

　ややあって、

「どこから来られました。神仙《しんせん》の御子《みこ》たちでしょうか。私たちは長いことここに居りますが、来られたのは貴方がたが初めてでございます」

　三人の男の子はこれに答えて、

「われらは神仙の子ではなく、アレクサンドロス大王の後裔《こうえい》にて、名をビチトラム、パルダタニ、ニラタナムという者であるぞ」

これを聞いた婆さんたちは歓喜おく能《あた》わず、さっそく三人の王子を家に請《しょう》じて安置し、黄金の稲を刈り入れたので、大いに富み栄えることになった。

パレンバン王のドマン・レバル・ダウンは、三人の王子が天降《あまくだ》ったことを聞いて、町に迎えに来た。あらゆる所から君主たちがパレンバンに集まって、シ・グンタン・マハメルの丘から降って来たアレクサンドロス大王の子孫の王子たちに敬意を表し、とどのつまり上の兄の王子はスマトラ島の内陸部のミナンカバウ族の王になり、中の兄はボルネオ島南岸のタンジョン・プラの王になった。末の弟はパレンバンの王となり、それまで王であったドマン・レバル・ダウンは退位して宰相《さいしょう》になった。

さてワン・ウンポクとワン・マリニの家には一頭の銀白色の牝牛《めうし》がいたが、ある日のこと、この牛が吐いた泡から一人の人間が生まれ、祝詞《のりと》を唱えて王にスリ・トリブワナという称号を授けた。この人が後のマラッカ王家の宮廷の祭司の家の祖先である。

以上が『マレー年代記』が語る、マラッカ王家の祖先の天孫降臨の物語である。ここですこし註釈を加えておこう。

中国やポルトガルの記録によると、マラッカ王家を創立したのは、実際にパレンバンの人で、ジャワのマジャパヒト王家の王女の婿になってパラメスワラと呼ばれた人であった。パレンバンはマラッカ海峡の南の入り口を制する重要な貿易港で、今はインドネシアの石油の産地として有名である。紀元七世紀にはここにシュリーヴィジャヤ帝国が興り、現在のインドネシア、シンガポール、マレーシアを併せたほどの大国になった。六百年の繁栄のあと、十三世紀にはジャワのマジャパヒト帝国にマラッカ海峡の制海権を奪われて没落し、十四世紀のパレンバンは中国人海賊の巣窟《そうくつ》にまで落ちぶれていた。

そう言うわけで、パレンバンは古い栄光の歴史を持ち、由緒《ゆいしょ》のある土地だったが、とりわけシ・グンタンの丘には由来がある。これは現在のパレンバン市の西に実在するセグンタンの丘のことで、ここには六八三年（天武天皇十一年）の年紀のある、シュリーヴィジャヤ最古の碑文が残っていて、古くから聖地であった。その丘の別名のマハメルは、インド神話では世界の中心にそびえ、その頂は天に至っている神山であり、神々の王インドラの宮殿もここにある。仏教で言う須弥山《しゅみせん》と同じものである。

これを記・紀の説話と比べて見ると、シ・グンタンの丘は高千穂《たかちほ》の峯《みね》に当たり、三人の王子はヒコホノニニギに当たり、パレンバンはその子のヒコホホデミ、孫のヒコナギサに至る地神《ちしん》三代が住んだ日向《ひむか》の国に当たることになる。

ところで三人の王子が名のった「アレクサンドロス大王の後裔」という言葉のことである。これはいかにも唐突《とうとつ》だが、これは本来の話の形ではなく、もともと何かインドの神の子とされていたのが、マラッカ王家がイスラム教に改宗したあとで書き換えた結果である。アレクサンドロス大王はその活躍の舞台であった中近東の伝説に長く語り伝えられ、コーランにさえ登場するほどで、イスラム教徒に人気のある英雄であった。『マレー年代記』によると、シ・グンタンの丘に天降った三人の王子の系譜は次の通りになっている。これが即ちマラッカ王家にとっての神代《かみよ》であり、高天《たかま》が原である。

マケドニア王アレクサンドロスが東征《とうせい》してインドの境上に至った時、北インドの王は大軍を動員して迎え撃ったが敗れ、捕らえられてアレクサンドロスの命令通り改宗してイスラム教徒になった。そこでインド王は美しい自分の王女を大王に献上して妃とした。大王は妃とともにさらに東方へ遠征に向かい、帰り道に再びインドに立ち寄った。可愛い娘を手放してさびしい日々をかこっていたインド王は、大王に請うて娘を返されることになった。大王が出発した後、インドの王女が妊娠していることが分かり、やがて月満ちて男の子が生まれたのでアリストテレスという名をつけたが、父アレクサンドロスに生き写しの美丈夫に育った。それから十代の子孫が南インドの王のもとに入り婿となって、生まれたのがチュラン王である。

チュラン王は南北インドを統一し、東西の諸王を従えて、服属しないのは中国の王だけとなった。そこでチュラン王は中国を征服すべく、大軍を率いて南インドを出発し、トマセク（シンガポール）に達した。

これを聞いて驚き怖れた中国の王は、大臣たちと相談して計略をめぐらした。一艘《そう》の船を用意し、さびてぼろぼろの針を一杯積みこみ、甲板には実の成った果樹を植え、年を取って歯が抜け落ちたよぼよぼの老人たちを乗り組ませて、トマセクへと出航させた。トマセクに着くと、チュラン王の部下が船にやって来て、中国はどれほど遠くか、と問うた。老船員たちが答えて曰く、「中国を出た時、私どもは十二歳になったばかりの少年でしたのに、今では歯はことごとく抜けるほどの老人になってしまいました。これらの果樹は、中国を出る時に種をまいたのですが、今では実をつけるほどになりました。この針をご覧なさい。中国を出る時には、腕ほどの太さの鉄棒だったのに、今ではこんなに細い針になってしまいました」。

この話を聞いたチュラン王は、中国征服をあきらめて南インドに帰った。

さてチュラン王は考えた。――陸地とそこに住むものは、私はことごとく見た。だが海とその中に住むものは、一体どんなものだろう。海中に降《くだ》って見たいものだ。

そこでチュラン王は職人たちに命じてガラスの籠《かご》を作らせた。籠の蓋《ふた》は内側から開閉できるようになっていた。王はこれに乗りこんで蓋を閉め、黄金の鎖でそろそろと海中におろされた。下りるにつれて王は、籠のまわりを泳ぎ回る深海の怪物《かいぶつ》どもの姿を眺めて楽しむのであった。やがて籠が海底に達すると、そこは何とディカという名の一つの国であって、バルサム族という人々が数限りもなく住んでいて、半分はイスラム教徒、半分は異教徒であった。王が籠から出ると、ディカの人は王の堂々たる容姿を見て感嘆し、かれらの王であるアフタブル・アルズのもとに連れて行った。

アフタブル・アルズ王は、地上にも人間の国があると聞いて大いに驚いたが、チュラン王を厚く礼遇して、自分の美しい姫を王に献上した。三年の月日は夢のように過ぎて、三人の玉のような男の子が生まれた。チュラン王は地上の自分の国を憶《おも》って心が痛み、アフタブル・アルズ王に暇乞《いとまご》いをして、妻と涙ながらに別れ、三人の男の子が成人したら、必ず地上の国に送って、アレクサンドロスの血筋が絶えないようにするよう言い置いて、翼《つばさ》の生えた駿馬《しゅんめ》に乗って南インドに帰った。

以上が『マレー年代記』の語る神代の巻である。ここで世界の征服者として登場する南インドのチュラン王というのは、九世紀から十三世紀までタンジョールを中心として南インドに大帝国を建てたチョーラ朝の王のことである。その中でも、ラージェーンドラチョーラ一世という王は、シュリーヴィジャヤに脅《おびや》かされたカンボジャ王の要請を受けて、一〇二五年、大艦隊を東南アジアに送ってシュリーヴィジャヤの都パレンバンを攻め落とし、北はビルマ、西はニコバル諸島から、マラッカ海峡の両岸にかけての港をことごとく占領したことがある。チュラン王が中国遠征の途上、シンガポールまで来て引き返したという話は、この大遠征の記憶がおぼろげに残っていたことを示すものである。

しかしそれよりも面白いのは、このチュラン王の深海探検の話のほうで、記・紀のヒコホホデミの物語にあまりによく似ているではないか。チュラン王はガラスの籠に入って海中のバルサム族の国のディカの町に着くが、ヒコホホデミは無目籠《まなしかたま》の小船に乗って海神《わたつみ》の宮に行き、しかも豊玉姫《とよたまひめ》と結婚して三年を過ごすのまで同じである。もっとも中近東のアレクサンドロス物語にも似た話があるが、このモティーフそのものは、海洋民族の南インド人やマレー人にふさわしいもので、本来かれらのものだったと考えてよろしい。

ところで『マレー年代記』の話の筋では、海中の国で生まれたチュラン王の三人の男の子が、即ちシ・グンタンの丘に天降《あまくだ》る三人の王子だ、となっている。海中のものが山上に天降るのは少々変だから、『マレー年代記』ではその辺の続き具合をあいまいにしてあるが、考えて見れば記・紀のほうもこれは同じである。つまり高千穂の峯に天降るのと、海神《かいじん》の宮に行って竜女《りゅうじょ》と結婚するのとは、どちらも王家の始祖伝説なのであって、ただ違いは記・紀のほうでは、天降ったヒコホノニニギの息子が、海神の姫と結婚したヒコホホデミだとして、『マレー年代記』とは順序が逆になっているだけである。つまり古代の日本にも中世の東南アジアにも、天孫降臨型と浦島太郎型の二種類の建国神話があったわけで、言い換えれば山岳型と海洋型と言ってもいい。これはいずれ説明するが、東南アジアには古くから山岳型の国家と、海洋型の国家が併存していたのであって、それぞれ独自の始祖伝説を持っていた。この二重構造が『マレー年代記』の説話に表れているのである。日本の記・紀の建国神話についても、あるいは同じことが言えるかも知れない。

マラッカの神武天皇

さてその次は、順序として神武天皇の東征ということになる。『マレー年代記』を見ると、ここに当たるのは、スリ・トリブワナ王がパレンバンからシンガポールに移り、その四代あとのスルタン・イスカンダル・シャーがシンガポールからマラッカに移る物語である。

スリ・トリブワナがパレンバンの王になってからしばらく経った。ある日、王は海岸地方に行って都市を建設しようと思い、宰相のドマン・レバル・ダウンに命じて艦隊を編成させた。王は黄金のヨットに乗り、王妃は白銀のヨットに乗り、宰相や大臣たち、将軍たちもそれぞれ自分の船に乗って帆柱《ほばしら》は林のごとく、旗印《はたじるし》や日傘《ひがさ》は雲のごとく、船は水面をおおうという堂々たる有り様で、パレンバンからムシ河を下って海に出、マラッカ海峡へさしかかる。

そのころシンガポールの対岸のリアウ島を治めていたのは一人の女王で、名をワン・スリ・ベニアンといった。女王はスリ・トリブワナ王の艦隊が近づいたことを聞いて、二人の大臣に、

「もしこの王が老人ならば、『あなたの妹が御機嫌を伺います』と言いなさい。もし若ければ『あなたの母が御挨拶します』と言いなさい」

と命じて派遣した。二人の大臣がスリ・トリブワナ王のもとに着いて見ると、まだ若い。そこで、

「あなたの母が御挨拶します。どうぞリアウ島にお立ち寄り下さい」

と言った。スリ・トリブワナ王がリアウ島に着くと、女王はすっかり彼が気に入って、自分の養子にし、リアウ島の王位の後継《あとつ》ぎに定めた。またしばらくしてスリ・トリブワナ王は狩猟に出かけたくなり、タンジョン・ブミアンに行くことを許されるよう、養母の女王に請うた。

「何故《なぜ》そんなに遠くに行かねばならないのですか。リアウ島にも、鹿の囲いがあり、魚

の池があり、果樹や花の園があるのに」

「もし行かして下さらなければ、私は死んでしまうでしょう、何をしたところで」

「死ぬぐらいなら、お行きなさい」

そこで、スリ・トリブワナは、女王の二人の大臣につき添われて、艦隊を連ねてタンジョン・ブミアンへとやって来た。狩猟のうちに、とある高い岩の頂に登った王は、遥かに海のかなたを望み見ると、布のように真っ白に砂浜のある土地が見えた。

「あれに見える砂浜は何じゃ。何という土地か」

「あれは、王様、トマセクという土地でございます」

「行って見ようではないか」

「かしこまりました」

一行が船で渡りかけると、暴風雨が起こって船は水びたしになり、いくらかい出しても間に合わない。船上の物を何もかも海に投げこんで船を軽くしようとしたが、効果がない。とうとう王冠を海に投げこむと、たちまち暴風雨は静まって、トマセクの海岸に漕ぎ寄せることができた。

そこで王は、奇妙な獣を見た。胴は赤く、頭は黒く、胸は白く、体つきは力強く、走ることは速く、大きさは山羊より大きい。王の一行を見るやいなや姿を隠した。

王は左右の者にたずねた。

「あれは何という獣じゃ」

宰相ドマン・レバル・ダウンが答えた。

「きっとライオンでございましょう」

そこでスリ・トリブワナ王は、トマセクに都を定めることにし、町を建ててシンガプラ（ライオンの町、即ちシンガポール）と名づけた。

スリ・トリブワナ王は四十八年の治世ののち死んで、宰相のドマン・レバル・ダウンとともにシンガポールに葬られた。その子のスリ・ピクラマ・ウィラ王は十五年在位した。またその子のスリ・ラナ・ウィクルマ王は十三年在位した。その子のスリ・マハラジャ王は十二年と六カ月在位した。その子のスルタン・イスカンダル・シャーの時、ジャワのマジャパヒト王家の三百艘《そう》の艦隊がシンガポールを襲い、シンガポールは落城して、勇敢に戦って死んだシンガポール人戦士の血が流れて大地は真っ赤に染まった。シンガポールの土が赤いのは、それからのことである。

スルタン・イスカンダル・シャーはシンガポールから逃げ出して、マレー半島のマラッカ海峡側のムアルに移り、さらに西のブルタムに移り、最後にその中間のマラッカに国を建てたのである。スルタン・イスカンダル・シャーの在位は二十五年で、シンガポールに三年、マラッカに二十年暮らして死んだ。その子のスルタン・ムガトが二年在位して死んだ後、孫のスルタン・ムハンマド・シャーの時代にマラッカ王国はイスラム教に改宗し、国勢は隆盛におもむいて、マラッカの港は外国人が集まって来て大いに繁栄することとなった。

建国の実態

『マレー年代記』の伝えるマラッカの建国物語の大筋は以上の通りだが、読者諸氏はこれを読んでどういう感じを受けるだろうか。なるほど最初のほうのシンガポールの地名の起源の説明など、いかにも物語的で本当とは思われないが、王家の祖先がパレンバンからシンガポールにまず移り、四代の後にシンガポールからマラッカに移ったこと、これぐらいは多分事実であり、歴代の王の名前も何か根拠があるのではあるまいか。まずこうしたところが無難な推測であろう。

ところが驚いたことに、これが全然の見当はずれなのである。中国とポルトガルの記録によると、マラッカ王家の初代はパラメスワラといい、十四世紀の末のパレンバン王の息子で、ジャワのマジャパヒト王家に服属して、その王の姪と結婚していたが、パレンバンの独立を計画して中国の明朝の皇帝の保護を求めた。マジャパヒト王はこれを怒って、艦隊を送ってパレンバンを徹底的に破壊した。命からがら逃げ出したパラメスワラは、シンガポール王のもとに避難したが、八日の後にシンガポール王を殺しその国を乗っ取った。

五年経って、シャム王の軍隊がシンガポールを襲ったので、パラメスワラは再び逃げ出してムアル河に移った。そのころマラッカの土地にはスラト人（海峡人）と呼ばれる海賊で漁師を兼ねる連中が住んでいて、これはパラメスワラと一緒にパレンバンから移って来た人々であったが、ブルタムが良い土地なのを見て、パラメスワラに勧めてともにここに移った。これらスラト人の子孫が、後のマラッカ貴族になったのである。

パラメスワラはその後マラッカの町を建設し、ここに都を定めたが、シャム王の支配を受けねばならなかった。一四〇九年、鄭和《ていわ》の指揮する明朝の中国艦隊がマラッカに寄港した。その武力に保護されてパラメスワラはマラッカの独立を達成し、一四一三年か一四年ごろ死んだ。

パラメスワラの後を継いで第二代のマラッカ王となったのは、その子のムガト・イスカンダル・シャーであって、この人が初めてイスラム教に改宗したのであり、イスカンダル・シャーの孫のムハンマド・シャーなどという王は、もともといなかったのである。

さて、以上の確かな史実を『マレー年代記』と比べて見ると、あまりにも食い違いがひどすぎる。まず、パレンバンからシンガポール、それからマラッカへと移ったマレーシアの神武天皇は、実際はたった一人のパラメスワラであるのに、『マレー年代記』ではスリ・トリブワナからイスカンダル・シャーに及ぶ五代の王の話になって、しかもパラメスワラのたった五年間のシンガポール滞在が、合計で一世紀近くにも引き伸ばされている。しかもマラッカに都を定めてから後も、王の名前もでたらめだし、イスラム教の伝来という大事な話でさえ、ムハンマド・シャーという架空のスルタンの時代のこととされている。

『マレー年代記』の著者がどんな人であったか分かっていないが、その内容から見て、一五一一年にポルトガルの攻撃で落城する前のマラッカの宮廷生活を実際に経験した人であったらしく、一五三五年のポルトガルのジョホール攻撃で筆を止めているところから考えて、十五世紀末から十六世紀の前半にかけて生きた人であることは確かである。と言うことは、マレーシアの記・紀の作者は、たった百年前の建国時代のことを記すのに、これほどまで事実と違ったことを書いている、と言うことである。これは何もマラッカに限ったことではない。一般的に言って、国史の編纂《へんさん》という事業が初めて行われる際には、その記述がいかに文学作品として上出来であり、いかに一見つじつまが合っていたところで、それだけでは本当の史実を伝えているという保証にはならない。このことを『マレー年代記』はみごとに示してくれているのである。

それではなぜ、たった百年前のことが、こんなにも史実と違って記録されるのか。これは言うまでもあるまい。だいたい歴史を書くということは、一つの時代が終わった、という強烈な認識があって初めて行われることである。『マレー年代記』の場合は、ポルトガル艦隊に王都を攻め落とされて、ジョホールに都落ちしなければならなかった筆者が、ありし日の栄華のさまを思い、当面する国難に動揺するマレー人の精神をふるい立たせるために書いたものである。だからその記述は、史実を自由自在に曲げてまで、王朝の起源をできるだけ古くし、伝統の重みを強調し、大臣や武将や戦士たちの美談を語り、忠誠と団結の精神を賛美することになるのである。

危機が国史をつくる

それでは日本の『マレー年代記』ともいうべき記・紀はどうだろうか。『古事記』の成立が和銅《わどう》五年（七一二）ということになっている。『日本書紀』が養老《ようろう》四年（七二〇）。この八世紀の初めという年代をふりかえって見ると、ここにもまたマラッカ陥落にも比すべき国難があり、一つの時代が終わった、という強烈な認識があったのである。

それは六六三年の白村江《はくそんこう》の戦の結果である。六六〇年、中国の唐朝は、アジア史上空前の大艦隊を送って朝鮮半島に上陸作戦を行い、新羅《しんら》軍と協力して百済《ひやくさい》王国を滅ぼし、その地を直轄領とした。百済と古くから関係の深かった日本では、斉明《さいめい》天皇みずから北九州に出張してこの地に大本営を置き、国運をかけて百済の復興に努力した。ちょうど一九五〇年の朝鮮戦争で、国連軍が釜山《プサン》の橋頭堡《きようとうほ》に追いつめられたときのマッカーサー総司令部の立場である。ところが日本の必死の努力にもかかわらず、六六三年の白村江の戦で、日本・百済軍は唐・新羅軍に大敗して全滅し、日本は朝鮮半島の基地をことごとく失ったうえ、対馬《つしま》海峡をはさんで目と鼻の先の、当時の超大国の強大な軍事力の脅威にさらされることとなった。

これが当時の日本人の心理にとって、どれほど重大かつ深刻な事態であったか、今では想像することさえ困難だが、ヴェトナム戦争のときの一九七五年四月三十日のサイゴン陥落と、それに続くタイその他の東南アジア諸国のパニック状態を見れば、いくらか思い当たることがあろう。

軍事的な脅威ばかりではない。古代の日本人にとって、朝鮮と中国こそが世界であり、文明であった。紀元前一〇八年に漢の武帝《ぶてい》が衛氏《えいし》の朝鮮王国を征服して、その地に四郡を置いてから、実に七世紀半にわたって、中国は日本文明の祖国であり、朝鮮は文明へのかけ橋であり、大事な資源と技術の供給源であった。それが中国は敵国となり、朝鮮と日本の交通は遮断された。いわばニクソン・ショックとオイル・ショックが同時にやって来たのである。日本は世界の孤児になった。古い日本は死んだ。新しい日本はまだ生まれていない。日本はどうすればいいのか。いったい国家として生存できるのだろうか。これが国難でなくて何であろうか。

この危機の意識がひき起こしたのが、六七二年の「壬申《じんしん》の乱」である。この内戦で近江《おうみ》朝廷を倒して即位した天武《てんむ》天皇は、日本の国制を改革して公地公民の制を施く一方、これまで土着の権力者であった国造《くにのみやつこ》たちを神官の組織に改編して思想統制を行い、また諸国の国府において、毎年正月、金光明経《こんこうみようきよう》の読誦会《どくじゆえ》を開かせた。金光明経は、国家の鎮護《ちんご》を説く、きわめて愛国主義的な経典である。こうした政策はすべて、日本を中央集権の民族国家に改造することを目指すもので、またそれ以外に日本としては生存の途はなかったに違いない。

こうした危機に最初の国史の編纂が行われたのは『マレー年代記』の場合と同じで、天武天皇は六八一年、みずから委員長となり、皇族・豪族それぞれ六人の委員会を召集して「帝紀《ていき》および上古《じようこ》の諸事《しよじ》を記《しる》し定め」(日本書紀)、また「帝紀」と「旧辞《きゆうじ》」の「偽りを削り実《じつ》を定め」させた(古事記序)。つまり、史実をどう書き換えて、ナショナリズムにつごうよくするかを決めたわけである。

そうして完成したのが記・紀なのだから、そこに伝えられている話は、いずれにせよ強烈なバイアスがかかっていることは、『マレー年代記』の例から見てまず請け合いである。ところで『マレー年代記』では、著作の百年前の建国時代の史実が、ほとんど原形を留めないまでに書き換えられていて、王の名前や代数、在位年代に至るまで全く信用がならなかった。成立の事情のよく似た記・紀ではこの点はどうか。

八世紀の初めの記・紀の成立から百年をさかのぼって見よう。記・紀によると、七世紀の初めは推古《すいこ》天皇と聖徳太子《しようとくたいし》の時代ということになっている。これを『日本書紀』によってもっと詳しく言うと、五八七年のクーデターで崇峻《すしゆん》天皇、聖徳太子、蘇我馬子大《そがのうまこのおほ》臣《おみ》らの一派が政権を握り、これとともに仏教は日本の朝廷で優勢になった。五九二年に崇峻天皇が暗殺されて、敏達《びだつ》天皇の未亡人の推古天皇が即位し、聖徳太子が摂政《せっしょう》となった。六二一年に聖徳太子が、そして六二八年に推古天皇が死んだ、ということになっている。

この『日本書紀』の記述はいかにも詳細で文章にも精彩があり、われわれ日本人の国民感情としては、無条件で史実と認めたいところだが、どっこい、『マレー年代記』では、マラッカ王家のイスラム改宗という、マレー民族の歴史上の最大の事件が、実際のスルタン・イスカンダル・シャーの時代より二代もおそくなって、しかも架空の人物であるムハンマド・シャーの事跡になっていたくらいだから、日本の皇室の仏教改宗だって油断がならない。ここはひとつ、眉に唾をつけてかかるのが、合理的な態度というものである。

記・紀の成立より百年前の時代の確実な記録といえば、中国の『隋書倭国伝《ずいしょわこくでん》』ということになるが、その記述によると、開皇《かいこう》二十年（六〇〇）に中国に使を遣わした倭王は、姓は阿毎《あめ》、字《あざな》は多利思比孤《たらしひこ》、号は阿輩雞弥《おほきみ》といい、王の妻の号は雞弥《きみ》、太子の名は利歌弥多弗利《りかみたふつり》といった。大業《たいぎょう》三年（六〇七）にも、倭王多利思比孤の使が朝貢《ちょうこう》し、この時に持って来た国書が、有名な「日出《ひい》づる処《ところ》の天子、書を日没《ひぼっ》する処の天子に致す。恙《つつが》なきや。云々」という文面であった。ただし同じ『隋書』でも、「帝紀」のほうでは、倭国の朝貢は大業三年ではなく、四年（六〇八）となっていて、これが正しかろう。その翌年というから、大業五年（六〇九）、隋の使裴世清《はいせいせい》が倭国に遣わされて、倭王自身に面会している。

これを要するに、六〇〇年から六〇九年に至る間、倭王の位に在ったのが、「アメ・タラシヒコ・オホキミ」という称号を持つ男王であったことは疑う余地がない。それなのに『日本書紀』による限り、この時期の倭王は女王である推古天皇であった。これはどちらが確かなのであろうか。

言うまでもない。確かなのは『隋書』のほうである。なぜかと言えば、もし使を遣わした倭王が女王だったならば、有名な邪馬台国の女王卑弥呼の故事を知っている中国の史官が、これをわざわざ男王と書くはずがない。現に『隋書倭国伝』の初めのほうに、倭国の都の「邪摩堆《やまと》」のことを、ちゃんと「即ち魏志のいわゆる邪馬台なるものなり」と解釈していて、『魏志倭人伝』を参照したことがわかる。

しかも「アメ・タラシヒコ・オホキミ」という、中国人にとっては外国語の称号をでっち上げてまで、倭王が女であることを隠さなければならない理由は、中国側にはありえない。しかも倭王の妻の称号が「キミ」であることまで伝えている。妻がある限り、倭王は男にきまっている。

あるいは聖徳太子を王と誤認したのだ、とこじつけたくなる向きもあるかも知れない。

しかし残念なことに、『隋書倭国伝』には、ごていねいにも、「太子」の称号が別にちゃんと書いてあるのだから、倭王を聖徳太子とすると、もう一人の太子を作らなければならなくなる。だからこの説は成立しない。

いずれにせよ、『隋書倭国伝』の記述は、日本の仏教化についての『日本書紀』の伝えがマラッカのイスラム化についての『マレー年代記』の伝えと同様、全く信用がならないばかりか、このへんの推古天皇をめぐる皇統《こうとう》や在位年代でさえ不確かなことを、みごとに示してくれているのである。

古代日本の復元

これはまことに重大な事実である。七世紀初めの推古天皇や聖徳太子の事跡でさえ怪しいとすれば、それよりずっと前の五世紀の、『宋書倭国伝』の伝える、讃《さん》から武《ぶ》に至るいわゆる「倭の五王」の時代のことは、さらにおぼつかないことになるわけである。

記・紀に記された雄略《ゆうりやく》天皇が倭王武であるとか、武の兄の興《こう》が安康《あんこう》天皇であるとか、その父の済《さい》が允恭《いんぎよう》天皇であるとか、済の前の讃・珍《ちん》の兄弟が履中《りちゆう》天皇・反正《はんぜい》天皇の兄弟であるとか、いや珍は仁徳《にんとく》天皇だ、讃は応神《おうじん》天皇だとか、いくら言ってみたところで、そうした議論の前提になっているのが記・紀の伝えるこれら七代の天皇の系図や事跡であってみれば、そもそもの出発点が怪しいのだから、結論のほうも一体どれだけ史実に近いのやら、何とも心細い話である。

つまり記・紀の伝承を材料に、いろいろの細かな推定を積み重ねて、日本の古代国家の成立のあとをたどろうと努力したこれまでの研究は、言ってみれば『マレー年代記』の文面だけからマラッカの建国史を読み取ろうとするのと同じことで、いかに議論が精密になり、いかに分析が微細になったところで、そうやって描き出された古代日本の姿は、残念ながら史実とは似ても似つかぬものにしかならないこと、これだけは請け合っておく。

しかしそうは言っても、『マレー年代記』に描き出されたマラッカの宮廷生活が、よし個々の史実は怪しいにしても、一五一一年のマラッカ陥落《かんらく》直前の時代の有り様を活き活きと伝えていることも、また争えない事実であり、この時代のイメージが建国期の物語にも色濃く投影しているのである。このことは、陥落後もマラッカに踏み留まったマレー人たちから聞き取って作ったポルトガル人の記録に残るマラッカ王国の制度が、『マレー年代記』の伝えるものとよく一致することからわかる。この意味では『マレー年代記』もよい史料として使えるのであって、記・紀とても事情は同じであろう。つまり記・紀の記述は、決して「倭の五王」や「倭王多利思比孤」の時代の史料としては使えないけれども、六六三年の白村江の戦の直前の日本の状態はよく伝えているに違いない。日本の古代史、建国史について、少しでも確かなことを知ろうと思うならば、ここのところをよく弁《わきま》えて、記・紀の記述は、せいぜい古くて七世紀半ばの事情しか教えてくれないものだ、と思い知るべきである。

しかしそれでも、この日本という国がどうしてできたのか、何とかして知りたい。それにはどうしたらよいか。

その方法はある。最初に言った通り、世界史の枠のなかで日本史を考えることである。もっと具体的に言おう。中国の古代文明が黄河《こうが》の中流域に起こり、それが東方に及んで、朝鮮半島を経て日本列島に達する流れを中心にすえて、それが朝鮮や日本の原住民にどういう影響を及ぼしたか、また中国の内部の変化が、どれほど深刻に東方の人々を動かしたかを考えることである。そのためには中国の史料から、もっとも確実な情報だけを選び出して、これを基礎にして議論を進めるわけだが、いくら中国の記録でも、そうそう十分な情報があるわけのものでもない。

そこで欠けた部分をどうして補うかというと、これまでのようにすぐ記・紀に頼りたがらず、むしろ事情の似ている他の時代、他の地方の例を手がかりにして、もっとも有りうべきシチュエーションを組み立ててみる。その上で、それが記・紀の伝える七世紀半ばの事情とうまく連絡するかどうかを検討してみるのである。もちろん、こうすれば史実に到達できる、という保証はどこにもないけれども、偏向《へんこう》の強い記・紀の伝承を基礎にするよりは危険が少ないことだけは確かであろう。

それでは、この方針に従って、なるべくもっともらしい日本古代史の筋書きを、これから作ってみることにしよう。順序として、先ず『魏志倭人伝』の批判から取りかかることにする。

第一章 『魏志倭人伝』とは何か

『魏志倭人伝』の性格

『魏志倭人伝』とはいったい何なのか。

いまさらこと新しく言うまでもあるまい。それは紀元三世紀の、統一国家の出現以前の日本の状態を伝えてくれる、貴重な中国の文献であり、日本の古代史についての議論は、事実上すべて『魏志倭人伝』から出発していると言っても言い過ぎではない。

『魏志倭人伝』は、きわめて魅力のある文献である。「草木は茂盛《もせい》して、行くに前人《ぜんじん》を見」ない太古の自然や、「男子は大小となく、みな黥面文身《げいめんぶんしん》」するその風俗や、「鬼道《きどう》につかえ、よく衆を惑《まど》わす」その女王卑弥呼などの描写を読むとき、いかにも原始世界を思わせるそのロマンティックなイメージはわれわれの空想をそそり、ついつい『魏志倭人伝』に書いてあることなら何でも、三世紀の日本の状態を忠実に伝えるものだと信じたい衝動にかられる。ことに『魏志倭人伝』に匹敵《ひってき》するほどの、われわれの祖先の生活の生き生きとした描写は、その後五百年間も現れないのだから、それも無理からぬことである。

しかしいかに『魏志倭人伝』が読んで面白いといっても、それだけではその内容がすべて事実に正確である保証にはならない。むしろ孤立した唯一の記録であるだけ、作者の誤解や歪曲《わいきょく》がわれわれにそれと見分けられない危険度が高い道理である。ましてや『魏志倭人伝』の作者は三世紀の中国人である。同時代の中国人読者を対象として、中国人の政治的な立場から『魏志倭人伝』を書いたのであって、何もわざわざ千七百年後の日本人のために、当時の日本の状態を記録しておいてやろうというような親切心があったわけではない。従ってその中に記された事項も、三世紀の中国人が、ある理由で必要とした情報だけを選択して書いてあるのであって、そこには当然なんらかの偏向があるはずである。

そういうわけで、現代のわれわれが日本古代史の復原に『魏志倭人伝』を利用しようとすれば、まず取らなければならない手続きは、この文献が作られた三世紀の中国がどういう時代であり、いかなる事情のもとに、何の目的をもって書かれたのか、当時の中国人にとって日本とは何であったのか、そこをはっきりさせることである。これを怠っている現代の邪馬台国《やばだいこく》論議は、いずれも『魏志倭人伝』という史料の本質を理解しない、単なるおしゃべりの暇つぶしに過ぎない。いくら女王国の位置を詮索したところで、かんじんの出発点が間違っているのだから、どうせ何の役にも立ちはしないのである。

それでは『魏志倭人伝』は、何を目的とし、どういう材料に基づいて書かれたのか。結論から先に言おう。それは二六五年に始まる晋《しん》朝の帝室の権力の起源を説明するためであり、晋朝の事実上の創立者であった司馬懿《しばい》（一七九〜二五一）という政治家のための宣伝文書に、主として依っているのである。

なぜそう言えるのか、これから説明するが、何しろ『魏志倭人伝』が出来たのは、今から千七百年も前の、しかも日本ではなくて中国のことである。そこにはいろいろ、現代の日本人の常識では律し切れない、複雑な事情がからんでいる。そこを十分に理解してもらうためには、大変な遠回りになるのを覚悟しても、先ず中国では言語と文字の間にどういう関係があるのか、そのへんから話を始めて、書物の持つ政治的な意味に説き及び、さらに中国の史書の特殊な構造から、その一つである『三国志《さんごくし》』の成立に至る事情、そして最後に『魏志倭人伝』と司馬懿の関係を説明することにしたい。いきおい話は中国に深入りすることになるが、これはいずれ日本の建国に中国が及ぼした影響を説明するときに必要になる予備知識だから、そのつもりで読んでいただきたい。

漢字で書くということ

日本であまり認識されないことの一つとして、中国文明の起源があれほど古く、かつ文字の国として有名であるにもかかわらず、実はその文字を本当に使いこなして文章を書ける人間の数が、どの時代にも極端に少なかった、ということを指摘しなければならない。

この中国文明に特異な現象は、次の二つの条件から出て来るものである。第一に、中国が昔も今も多民族国家であって、二十世紀になってラジオ放送が始まるまでは、全国に何とか通用する、耳で聞いてわかる共通語というものが、いまだかつて存在したことがなかった、ということである。第二に、漢字は表意《ひょうい》文字であって、もともと話し言葉の音を書き表すようにはできていない、という事実である。

中華人民共和国の国民は、漢族、満洲《まんしゅう》族、モンゴル族、ウイグル族、チベット族、広西のチワン族などの多くの諸民族に分類されている。この分類はおもに使っている言語によったものだが、中でも最も人口が多いのは、言うまでもなく漢族である。しかし同じ漢族といっても、必ずしも同じ言語を話すとは限らない。大ざっぱに言って、長江《ちょうこう》の北、東北三省の地に至るまでの華北《かほく》一帯で話されている言語がいわゆる「官話《マンダリン》」の系統のものであって、その中でも代表的なのが北京《ペキン》語であり、その北京語をもとにして人工的に作り上げた標準語が、大陸では「普通話《プートンホワ》」といい、台湾では「国語《グオユイ》」という言葉である。これがわれわれが「中国語」と呼んでいるものなのである。

しかし同じ華北の「官話」圏の住人でも、出身の省が違えば、話す方言もすっかり変わる。ある湖北《こほく》人の医学者の回想録に、若いころ日本留学の帰りに北京に寄って、姉のところを訪ねようとしたところが、住所の「大油胡同《ダーユーホートン》」をどう気をつけて発音しても人力車夫に通じない。字を書いて見せようにも相手は無筆。途方に暮れたという話があった。また、小学校から「国語」一本槍で教育している現代の台湾で、台北の国立台湾大学のある老教授の講義が山西《さんせい》方言のために、学生にはどうしても聞き取れない。とうとう山西方言の分かる学生が一人、教授と並んで教壇に立ち、講義の内容をかたっぱしから黒板に漢字で書き下ろすのを、他の学生がノートに写すことになった、という話も聞いた。そういえば「講義《ジアンイー》」というものが開講前にあらかじめ印刷物になって出るのも中国の大学の特徴で、これは日本の「講義録」などが学年末の試験前に出来るのと違う。要するに耳で聞いたって分かりっこはないから、あらかじめ漢字で綴ったその内容を頭に入れてから聴講するので、ちょうどプログラムなしにはイタリア・オペラの筋が分からないのと同様である。だから華北の「官話」と各方言の間には、ドイツ語とオランダ語、英語ぐらいの差があるわけで、いくら同じゲルマン系の言語を話すからといって、ドイツ人と英国人が同じ民族だと言えないのならば、華北の漢族だって単一の民族ではありえないことになる。

長江の南岸から南シナ海、ヴェトナム国境に至る華南地方となると、ここには上海《シャンハイ》語、福建《ふっけん》語、広東《カントン》語など、官話とは系統の違う大言語を話す人々が数多く住んでいる。これらの言語には官話系の借用語が大量に入っているが、もともとみな官話とは別系統の言語で、ちょうどドイツ語とフランス語、ロシア語ぐらいの違いがある。孫文《そんぶん》が同じ演説を北京語と広東語の両方で録音したレコードがあるから、聴いてみればすぐ分かるが、同じ内容なのに語彙《ごい》から文章構造、音程の高低や上がり下がりによるアクセントの種類まで全然ちがう。だからもし華北の官話系の言語を話す人々を漢族と呼ぶなら、華南の住民の大部分は漢族ではないことになるだろう。

それほど違う言葉を話す、種々雑多な諸民族の集まりが、ともかく漢族として一まとめに扱えるほどの文化の共通性を保っているのは、ひとえに漢字という表意文字を使ったコミュニケーション・システムのおかげである。漢字がローマ字のような表音文字でなく、表意文字であるからこそ、根本的に異なった言語を話す相手とでさえ、漢字を使って意志を通じ合えるのである。日本の「漢文訓読《かんぶんくんどく》」で分かるように、漢字を組み合わせた文章を綴ったり読んだりするのに、中国語の話し言葉の知識はぜんぜん必要がない。中国文を英語で読み上げるのでさえ、やれば簡単にできるのである。漢字のこの特質のおかげで、中国文化の統一性が可能になっているのだから、中国政府が一九七五年十月に実施を予定していた、漢字からローマ字表記への切り替えを無期延期したのはあまりにも当然であった。

ところでこれほど便利な漢字も、表意文字であるということを裏がえせば、言葉をそれが語られる通りに表記するのに適しない、ということになる。もちろん一音節に一字ずつ漢字を当てはめて、実際に語られたままをほぼ再現することは可能であり、そういう文献もないことはない。古典では『書経《しょきょう》』のなかの周《しゅう》の王たちの言葉を記した諸篇や、孔子《こうし》の言葉を伝えた『論語《ろんご》』がそれであるが、いずれも無意味な助字を連ねたり、長い句や短い句を不規則に重ねたりして、語気を忠実に伝えようとした苦労のあとがしのばれる。しかし表意文字の宿命として、話し言葉に忠実であればあるほど読みにくくなるものであって、『書経』も『論語』も難解をもって鳴るのはそのためである。

むしろ表意文字の有効な使い方は、実際の話し言葉には関係なく、必要な意味を表す記号を選び、それを一定の規則に従って組み合わせることである。中国の古典の圧倒的多数が使っている言語はこの種の人工的な記号体系なのであって、その時代の中国人が現実に口で話し、耳で聴いていた言語とはほとんど関係がない。いわばコンピューターの言語であるフォートランのようなものである。

フォートランが英語を基礎にはしていても、独特の語彙と文法を持ち、これを声を出して読み上げても何の意味も伝わらず、また英語を母国語とする人だからといって、訓練もなしに直ちにフォートランを使ってプログラミングできないのと同じように、中国の古典文語にも独自の語彙と文法があり、それで書かれた文章の漢字一つ一つに音を当てはめて発音してみても、耳で聴いて分かるような言語にはならない。そしていくら中国語を達者に話せる人でも、この目だけに訴える漢字という特異な記号体系を使いこなすには特別の訓練が要る。一つ一つの漢字の意味と発音を覚えただけではだめである。それぞれの字の使い方は、古典の中の用例によって決まっているのであるから、これをことごとく暗記し、適切な組み合わせを何時《いつ》でも立ちどころに取り出せなければ、文章を書くことはおろか、読んで理解することすらできない。

中国の知識階級、いわゆる「読書人《トウシューレン》」は、だからこうしたプログラミングをされた、一種の人間コンピューターなのであり、そのコンピューターどうしが高性能を競い合うゲームが中国の「詩」であり「文」なのである。ほとんど無限の煩瑣《はんさ》な約束を乗り越えて、達意《たつい》の名文を綴り、情感に満ちた詩を作る技術がいかに大変なものであるか。この日本という、表音文字の仮名のほかに多少の漢字さえ覚えれば、誰でも日常の言葉を使って文章が書ける、幸福な国に生まれたわれわれには、どう転んでも本当に分かるものではない。

この全く人工的な記号体系が、つい最近まで中国における唯一のコミュニケーションの手段だったのである。だから中国の政治においては、古典文語を使いこなす能力が政治家の資格の最大のものだったのであって、政治家が同時に学者であり、詩人であり、文人であったのは当然なのであり、また並み大抵の知能指数では政治家にも文章家にもなれなかったわけであった。

書物の政治性

そのような特殊な文字言語のおかげで統一を保っている中国の社会で、書物というものがほとんど神秘的な力を持った存在であったことは言うまでもあるまい。第一、書物そのものの形が、現代の紙を綴じたものとは似ても似つかぬものであった。古くは木簡《もっかん》といって、長さ一尺（周尺で二二・五センチ）の平らな木片を紐《ひも》で編んで横に連ねる。華南では竹片を使った竹簡《ちくかん》である。また絹布に書く帛書《はくしょ》もあった。木簡・竹簡はかさばって重く、取り扱いに不便であり、帛書は高価につく。いずれにせよ、誰にでも手が届くようなしろものではない。

そのうえ、それに書いてある文字が、さっき説明したような人工的な記号体系なのだから、そのテキストの専門家の解説を聞かなければ解読できるはずがない。だから一つ一つの書物には、そのテキストの解釈を先生から弟子へと伝授して行く学派なり教団なりが必ず付いていたのである。その学統《がくとう》が存続する限り、その書物は生きているのだが、一たん学統が絶えると、その書物は意味不明の記号を並べただけの、単なる物体と化してしまう。つまり一つ一つの書物は、単なる思想の表現ではなく、現実の社会のある集団を代表していたのである。そしてその集団は、文字言語の学習を主な目的とするものであり、文字言語は中国の政治の最大の武器なのだから、必要とあれば即座に政治団体に転化しうるものである。だから書物は、一つの政治勢力の中心でさえありうる。はじめて中国を統一した秦《しん》の始皇帝《しこうてい》が、紀元前二一三年に有名な「焚書《ふんしょ》」を実施したのはこのためであった。この改革で、医薬・占い・農業技術など実用的で政治に関係のない書物を除き、民間にある書物はすべて没収して焼却された。書物の私有は法律をもって禁止され、文字言語の技術の習得は、すべて政府の役人について行われなければならないことになった。つまりコミュニケーションの手段の国有化である。

ただし秦はこの後わずか七年で倒れて前漢《ぜんかん》の時代となったので、学者たちはどこかに隠してあった書物を抱えて再び姿を現した。

最近までのソ連や中国で、作家組合に入って俸給をもらっている人間でなければ、何を書いても出版できなかったのと同じことで、前漢時代の中国でも、政府からその資格を公認されて何らかの肩書を与えられた者だけが著作の権利を持っていたのであり、作品が皇帝に献上されて受納され、帝室図書館に備え付けられてはじめて、その著作は書物として公式に存在することになったのである。これは今の日本の国立国会図書館の機能に似ているが、前二〇年代、大々的な図書の整理が行われ、それぞれ専門家を動員して本文の字句の異同《いどう》を校訂《こうてい》し、おのおのの標準テキストを公定して、あらためて帝室図書館に登録し、その目録を皇帝に提出して裁可《さいか》を受けるという手続きを取った。

この整理のおかげで、これまで伝わるに従って自由勝手に書き換えられ書き足されて、変転きわまりなかった中国の古典の内容がはじめて一定した。これはアレクサンドリアの図書館《ムウセイオン》において、ホメーロス以下のギリシアの古典のテキストが確定したのと同じく、歴史に残る画期的な事業であったが、同時に今後どんなテキストを論じ引用するにも、いちいち帝室図書館所蔵の本文によらなければならないことになった。帝室図書館の蔵書を閲覧《えつらん》する権利を持つのは、ごく限られた少数の人々だから、情報の集中管理はほとんど完全である。

後漢《ごかん》に入ってもこの制度は変わらない。私人が書物を著作するのは、国家に対する反逆と見なされた。班固《はんこ》という人は最初、家で『漢書《かんじょ》』を書いていたのを告発、逮捕、投獄され、生命も危かったが、時の皇帝が原稿を見て感心し、帝室図書館員（校書郎）に採用してくれたので助かったのである。

ところがその後漢時代に、世界のコミュニケーションの歴史を変えた、一つの大事件が起こった。言うまでもなく紙の発明である。後漢の宮中に奉仕する宦官《かんがん》の技術者の蔡《さい》倫《りん》が、樹皮・麻・ぼろ布・魚網《ぎょもう》をつき砕いて糊状《のりじょう》にし、薄くひろげて乾かす製紙法を完成し、一〇五年に皇帝に奏上して採用された。これ以来、木簡の代わりに、縦の長さが一尺の紙を横に貼りつないだ巻物が、中国の書物の標準スタイルとなり、取り扱いは飛躍的に便利になった。

しかし、だからと言って、紙が誰の手にも入るようになったのではない。宦官が発明した製紙法は、宮中の製紙工場の独占生産で、紙を分けてもらうには帝室の許可が要った。これは後漢だけのことではない。魏《ぎ》の時代になり、晋《しん》の時代になっても同じことで、『魏志倭人伝』の時代でさえ紙の供給量がいかに少なかったかは、左思《さし》という詩人の逸話からうかがわれる。

左思は「三都賦《さんとふ》」という、魏・呉《ご》・蜀《しょく》の三国の都の風景を描いた作品を書くために、わざわざ晋の帝室図書館員になって書物を読み、材料を集めた。「賦」というのは、あらゆる漢字を組み合わせた百科全書的な韻文で、人間コンピューター芸術の極地である。これが世に出ると、豪貴《ごうき》の家が競って伝写したので、洛陽《らくよう》ではそのために紙が貴《たか》くなったという。「洛陽の紙価を高める」の出典である。

とにかく書物を書くということは、『魏志倭人伝』の時代には、それほど重大な行為だったのであり、従って女王卑弥呼の使が中国に来たからといって、それだけのことで『魏志倭人伝』が書かれ、後世に伝えられるはずがない。それにはそれだけの、政治的な理由が必要である。

「正史」を貫く原理

『魏志倭人伝』という書物は、実は存在しない。

ふつう『魏志倭人伝』と呼ばれるのは、『三国志《さんごくし》』という中国の「正史《せいし》」のごく一部分の俗称である。これを詳しく言うと、『三国志』は全部で六十五巻。これが「魏書《ぎしょ》」「蜀書《しょくしょ》」「呉書《ごしょ》」の三部に分かれるが、その第一部の「魏書」三十巻の最終巻、第三十巻が「烏丸《うがん》・鮮卑《せんぴ》・東夷伝《とういでん》」となっている。この巻の内容はさらに二つに分かれ、前半の「烏丸・鮮卑伝」では、大興安嶺《だいこうあんれい》の東斜面から、その西のモンゴル高原へかけての北アジアの遊牧民族に関する事がらを扱い、後半の「東夷伝」では、それより東のシベリア・満洲・朝鮮・日本へかけての狩猟・農耕民族を扱っている。その「東夷伝」が取り上げる七つの民族の最後に挙げてあるのが「倭人」であって、この項目だけ切り取って来たのが、いわゆる『魏志倭人伝』ということになる。

以上、分かり切ったことをくどく念を押したのは、『三国志』になぜ日本という、中国にとっては外国に関する項目がわざわざ立ててあるのか、その理由を考える出発点になるからである。

ところで一つ注意しておきたいことがある。それは、『三国志』六十五巻の中で、外国のことを記すのは、「烏丸・鮮卑・東夷伝」ただ一巻だという事実である。三国時代に中国の中央政府と交渉を持った異民族は、何も烏丸や鮮卑や、夫余《ふよ》から倭人に至る東夷の諸国ばかりではない。西域の鄯善《ぜんぜん》・亀茲《きじ》・于闐《うてん》・大月氏《だいげっし》などの諸王国も魏と正式の国交があったのに、それらについては「伝」がないのである。これは決して偶然ではない。『三国志』に限らず、およそ中国の「正史」というものは、ある原理を厳格に守っ

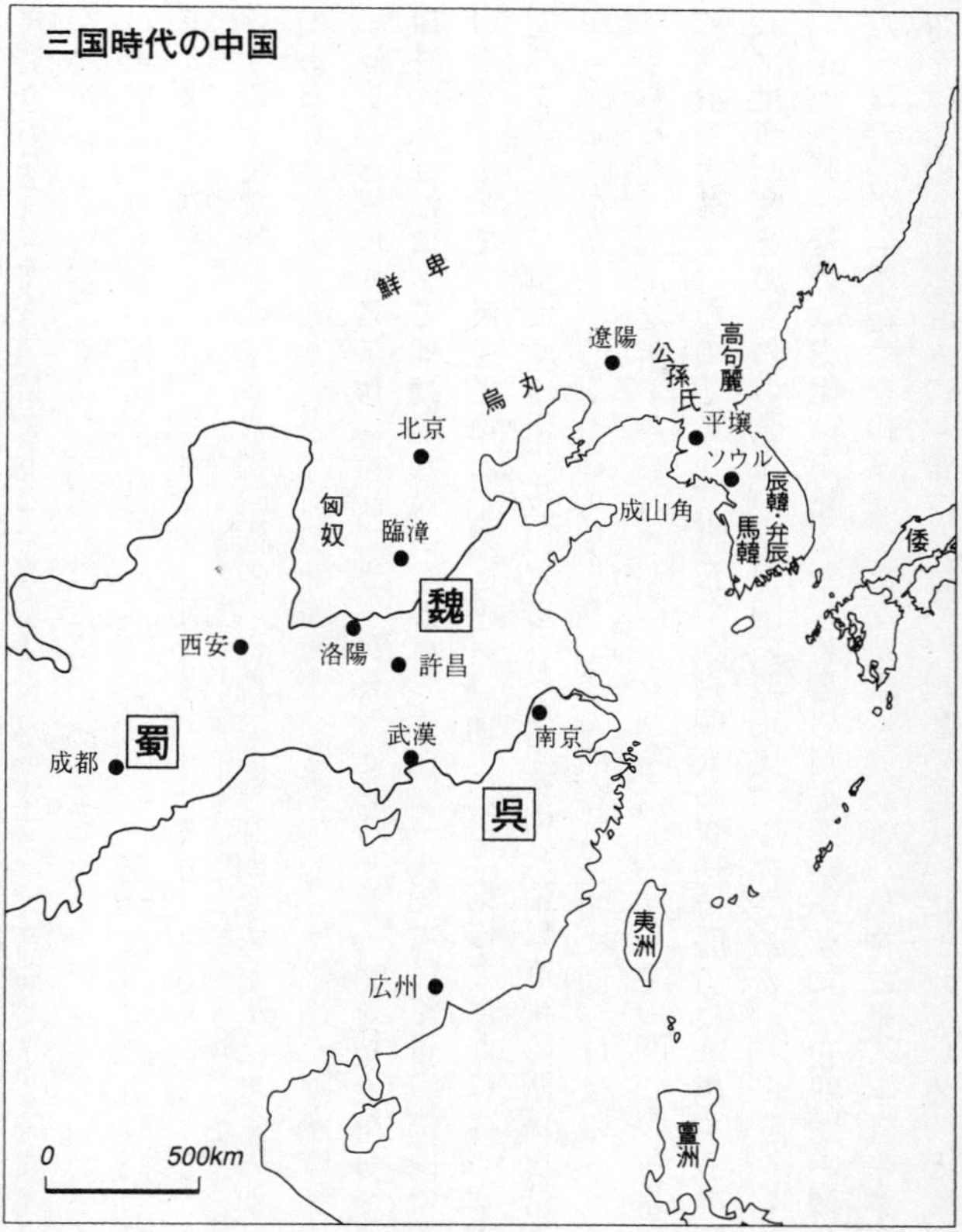

三国時代の中国
鮮卑
烏丸
遼陽
公孫氏
高句麗
平壌
ソウル
辰韓・弁辰
馬韓
倭
北京
匈奴
臨漳
成山角
魏
西安
洛陽
許昌
蜀
成都
武漢
南京
呉
夷洲
広州
亶洲
0
500km

て書かれるもので、実際に起こったことだからといって、何でもかんでも書くものではない。「正史」は単なる史実の記録ではないのである。

「正史」を貫くものは、「正統」の原理である。「正統」は現実政治の観念であって、現在の政府が中国を統治する権限を、前政権から合法的な手続きをふんで移譲された、ということを意味する。この現政権の「正統」性を証明するために書くのが「正史」なのである。

「正史」を構成するのは「本紀《ほんぎ》」と「列伝《れつでん》」という、二つの主要な部分であって、それ以外の部分はすべて補助的な役割しか持たない。「本紀」は皇帝の生涯の政治的な面だけを記すもので、私生活にわたることは一切ない。「列伝」はわれわれが考えるような意味での伝記ではなく、「本紀」に記された皇帝の政治に直接の関係を持った人々だけが「列伝」を立てられる。しかもその記載の内容は公的な面だけに限られ、生まれた年はもちろん、死んだ年すら書いてないことが多い。「正史」の関心の対象は、全く中国の政治の流れだけなのであり、皇帝ですら個人の資格で歴史に登場するのではない。いわば皇帝制度そのものの歴史が、中国の「正史」なのである。

「正史」第一号の『史記《しき》』を見ると、著者の司馬遷《しばせん》がいかに「正統」の観念に細心の注意をはらって「本紀」を組み立てたかがよく分かる。最初に来る「五帝本紀《ごていほんぎ》」には、黄帝《こうてい》をはじめとする五人の「帝」が治めた理想の時代が描かれている。ところで「帝」は

「嫡」・「敵」と同音で、配偶者を意味し、本来は古代中国の都市国家が崇拝した大地母《だいちぼ》神《しん》の夫のことであった。だから五帝は人間ではなく神々であって、その「本紀」はすなわち「神代の巻」である。

五帝の最後の舜《しゅん》が、最初の人王の禹《う》に王権を授けて、人間世界の歴史が始まり、夏《か》・殷《いん》・周《しゅう》と王朝が交代する。秦の初代は殷の最後の王の臣下だったことになっていて、秦の始皇帝が中国を統一する。始皇帝の孫の降伏を受けた項羽《こうう》が劉邦《りゅうほう》を漢王に封じ、劉邦の曾孫が武帝《ぶてい》である。これがみな「本紀」で語られ、司馬遷の当時の皇帝の統治権が神々の時代から伝わったものであることを示す。これが「正統」の観念である。

『三国志』も「正史」であるからには、当然『史記』の体裁をひき継ぐわけであって、『三国志』では、後漢の最後の皇帝から正式の手続きをふんで政権の移譲を受けた魏の帝室だけが「紀」に立てられている。魏と同じように皇帝と自称した蜀漢や呉の君主たちは、この点では資格が欠けるので、「紀」ではなく「伝」になっている。これは『三国志』編集の当時の晋朝が、やはり魏の最後の皇帝から政権をひき継いだからである。

つまり『三国志』は、晋こそが神代にさかのぼる王権の「正統」の継承者だと証明するものなのだ。

『三国志』が公認されるまで

『三国志』の著者の陳寿《ちんじゅ》（二三三～二九七）は、蜀漢の支配下の四川に生まれ、当代切っての大歴史学者として有名だった譙周《しょうしゅう》の指導を受けた。三十一歳の時に蜀漢は魏に併合され、そのまた二年後には魏も晋に取って代わられて新時代になったが、陳寿は一向にぱっとしない。その陳寿の才を愛して引き立ててくれたのが、一つ年上の張華《ちょうか》である。

張華は今の北京の近くの出身で、羊飼いをして暮らしたほどの貧困のうちに育ちながら、その博学と文才を認められて、魏の実際の支配者であった司馬昭《しばしょう》の書記官となった。司馬昭の息子の司馬炎《えん》（晋の武帝）が二六五年、魏の最後の皇帝からゆずられて帝位に即《つ》いてからも、張華の名声は高まる一方で、国史の編纂から朝廷の制度・法令に関する事項はいっさい張華に一任され、詔勅《しょうちょく》の案文の起草にもすべて張華が当たったほどである。

陳寿は、この張華の下で皇帝付の書記局（中書）につとめて編纂官（著作郎）となり、『三国志』を書き上げたのであったが、そのみごとなできばえを見た張華は感歎して、「『晋書《しんじょ》』の編纂も君に任せよう」と言ったという。

しかしせっかく完成した『三国志』も、なかなか政府の公認を受けて「正史」の資格を獲得するところまで行かなかった。それというのも、言わば成り上がり者の張華に対して、旧家の出の高官たちからの風当たりが強かったからである。その結果とうとう二八二年、張華は皇帝の側近を離れて、東北国境方面軍の総司令官（持節都督幽州諸軍《じせつととくゆうしゅう》事・領烏桓《うがん》校尉・安北将軍）に任命され、故郷の北京方面に駐在することとなったが、その在任中、成績は大いにあがり、「東夷《とうい》の馬韓《ばかん》の新弥《しんみ》などの諸国の、山に依り海を帯び、幽州を去ること四千余里で、歴世《れきせい》いまだ附したことのなかった者の二十余国が、ならびに使を遣わして朝献した」（『晋書』張華伝）といわれる。つまり張華は、子分の陳寿が「烏丸・鮮卑・東夷伝」の中で描いた、ちょうどその地域で活躍したのである。

張華はやがて中央に召還されたが、皇帝の側近には加われなかった。ところが二九〇年に武帝が死んで息子の恵帝《けいてい》が即位すると、武帝の未亡人の楊《よう》太后の一族と、恵帝の妻の賈《か》皇后の一族の間に緊張が高まり、ついにその翌年のクーデターで楊家とその一党はことごとく殺されて、賈家の天下となった。これまで冷や飯を食わされていた張華は、これを機会に新皇帝の側近に加えられて書記官長（中書監）となり、賈皇后の信任を受ける政界の実力者にのし上がった。そしてついに二九六年、書記局を握ったまま司空《しくう》という、最高の官職の一つに任ぜられた。ちょうどホワイトハウスでニクソン大統領の補佐官をつとめていたヘンリー・キッシンジャーが、大統領補佐官のまま国務長官に任命されたようなものである。

不遇のうちに首都の洛陽にとどまっていた陳寿は、親分の張華の政界復活のかいもなく、その翌年に病死した。陳寿の死後まもなく『三国志』公認の請願が出され、張華のおかげでこれが通って、勅命が河南尹《かなんいん》（洛陽のある河南郡の長官）と洛陽令《らくようれい》（首都の市長）に下り、陳寿の家において『三国志』を写さしめた。ここに至ってやっと『三国志』は、「正史」としての公的な地位を獲得したのである。

以上の説明で分かってもらえたと思うが、陳寿は蜀漢の出身だから、魏・晋にとっては旧敵国の人なのであり、それが晋の皇帝の側近の書記局に入って、『三国志』の編纂という名誉ある任務を与えられたのは、すべて張華という、腕一本で叩き上げた新興官僚のおかげなのである。そしてその張華が、貧しい家の出身にもかかわらず、枢要な地位に昇ることができたのは、もとはと言えば司馬昭という政治家のおかげであるから、陳寿が『三国志』で描いた魏の歴史には、当然、張華の眼を通して見た司馬昭の立場が、濃い影を投じてなければならない。そして「烏丸・鮮卑・東夷伝」が唯一の外国関係の巻である理由は、この角度から見てはじめて説明がつく。その理由は、司馬昭の父の司馬懿《ばい》の経歴である。

司馬懿と卑弥呼

司馬懿は一七九年に生まれた。出身は今の河南省の北部、黄河の北岸で、代々後漢の地方官を出した豪族であった。司馬懿が六歳の一八四年、中国全土にわたって黄巾《こうきん》という宗教秘密結社の反乱が爆発した。この大反乱は、都市に集中した貧民が起こした、理想社会の建設運動だったが、結局は装備も訓練も優秀な政府軍には勝てず、数年後には鎮圧されてしまった。しかしこの事件は、中国の社会に深刻な大打撃を与えたのであって、食糧の生産がストップしたために、中国の総人口は五千万人台から、一挙に五百万人足らずに激減した。およそ想像もつかない惨状であり、華北の平原は、行けども行けども無人の荒野と化したのである。この痛手から中国が回復するには数世紀を要するのであり、黄巾の乱から百年たっても、総人口はわずか一千六百万にしかなっていない。

そのうえ反乱を鎮圧した将軍たちの勢力争いに発した内戦がくり返され、勝ち残った曹操《そうそう》という将軍が中央政府の実権を握り、南京の孫権《そんけん》、四川の成都の劉備《りゅうび》とともに、三国時代に突入して行くことになる。

司馬懿の兄は、早くから曹操の幕僚《ばくりょう》を務めていた。その関係で、司馬懿も曹操の陣営に加わり、曹操の長男の曹丕《そうひ》の侍従となった。二二〇年に曹操が死んで、曹丕が後漢の最後の皇帝から正式に譲位《じょうい》を受け、ここに魏朝の時代となった。これが魏の文帝である。文帝の即位とともに、司馬懿も中央政府の要職についたが、行政官として有能と認められたものの、当時の政界で勢力を伸ばすためにはどうしても必要だった軍事上の業績は、まだほとんどなかった。

二二六年、文帝は臨終の枕もとに、曹真《そうしん》・陳群《ちんぐん》・司馬懿の三人を呼びよせ、息子の曹《そう》叡《えい》をよろしく頼むと遺言して、その翌日死んだ。曹叡は明帝《めい》である。その後まもなく蜀漢の諸葛亮《しょかつりょう》(孔明)が、大軍をひきいて四川から秦嶺《しんれい》山脈を越え、魏の陝西《せんせい》に進攻をはじめた。これで深刻な脅威を受けた魏のほうでは、曹真を陝西に送って防衛に当たらせた。しかし曹真は病死し、代わって司馬懿が西安に駐在して、陝西の防衛を担当した。しかし小説『三国志《さんごくし》演義《えんぎ》』でも有名な大戦術家の諸葛亮のことである。司馬懿ではとても勝負にならない。諸葛亮が侵入するたびに、司馬懿はひたすら決戦を避けて陣営に閉じこもるばかりであった。これは戦略としては正当であり、明帝もこの方針を理解したが、軍人たちや一般の世論にはひどく不評判であった。そのうちに諸葛亮が五丈原《ごじょうげん》の陣中で病死したので、陝西の危険も解消した。

これで西方は安全になったが、今度は東方に脅威が発生した。南満洲から朝鮮半島にかけて、父祖三代にわたって事実上の独立王国を作って来た軍閥の公孫淵《こうそんえん》が、華南の呉の孫権と手を結んだのである。この軍閥は南朝鮮や日本列島の住民とも深い関係があった。平壌《へいじょう》を中心とする楽浪郡《らくろうぐん》の南方の荒地を開拓して帯方郡《たいほうぐん》を設置したのは、公孫淵の父の公孫康《こうそんこう》であり、それ以来、帯方郡の軍隊が、韓《かん》族や倭人ににらみを利かしていたのである。

問題の発端は、呉の孫権が二三二年、海上から使者を公孫淵のもとに送って軍馬を買い入れようとしたことである。華南では馬は育たないから、魏の騎兵隊に対抗するために必要だったのだろう。この使者は、帰りに山東半島の突端の成山角《せいざんかく》の岬で魏軍に斬られてしまったが、公孫淵の使者は南京に着いて、貂《てん》の毛皮や馬を孫権に献上し、魏と断交して孫権を主君と仰ぎたいむねの公孫淵の意向を伝えた。大いに喜んだ孫権は、その翌年、ふたたび公孫淵のもとに使者を送って燕王《えんおう》の称号を与え、公孫淵の使者を一万の兵で護衛して、海上から送り帰した。ところが公孫淵は呉の使者の首を斬って魏に送り、孫権からの多額の贈り物を着服してしまった。孫権は激怒したが何ともしようがなかった。

呉の使者の一行の中に秦旦《しんたん》・張群《ちょうぐん》・杜徳《とどく》・黄強《こうきょう》という四人があって、六十人の部下とともに玄菟郡《げんとぐん》という小さな軍事基地に隔離されていた。玄菟郡は公孫淵の都の遼陽《りょうよう》の東北百里ほどの所にあり、高句麗《こうくり》王国に対する防衛の第一線だったが、当時の玄菟郡城は人口わずかに二百戸で、太守《たいしゅ》の従者も三、四百人に過ぎなかった。この辺境の町で民家に収容されていた秦旦らは、どうせこのままでは呉に帰れる当てもない、ひとつ一か八か暴動を起こして城を乗っ取ってみようと相談して、八月十九日の夜を期して決行することになった。ところが当日の昼になってこの計画が洩れ、太守は兵士を召集して城門を閉じた。城壁から跳び降りて脱出した四人は、山路をはるばる東方の高句麗国に向かって逃走を続けたが、六、七百里も来たころ、張群の膝の傷が化膿《かのう》して一歩も進めなくなり、草の中に倒れた張群を囲んで一同は泣き悲しんだ。張群は苦しい息の下から、

「私はもうだめだ。君たちははやく先を急いでくれ。もしかして助かるかも知れない。ここでぐずぐずしていてどうするのだ」。杜徳が言う、「ここまで来ておいて棄てて行けるものか」。そこで秦旦と黄強が先に行くことになり、杜徳は張群のもとに留まって、山菜や果実を採って命をつないでいた。

秦旦と黄強は首尾よく、今の中鮮国境の山中の高句麗国に達し、王の保護を受け、張群と杜徳も無事に収容され、高句麗の使者に送られて、全員つつがなく呉に帰ることができた。

この事件で背後をおびやかされた魏の明帝は、諸葛亮が死んで西方正面の脅威が解消すると、直ちに公孫淵の討伐を計画し、二三七年、今の北京方面の国境防衛軍と、鮮卑・烏丸の同盟軍の混成部隊を陸上から派遣した。当時は海岸の山海関方面はまだ沖積地が発達しておらず、軍隊の通行は不可能だったから、魏軍は遼寧省《りようねいしよう》西部の山中を迂回して遼陽に向かったのである。ところが雨が十余日も降り続いて遼河《りようが》が大増水したため、なすところなく引き揚げねばならなかった。

公孫淵はこれをきっかけに正式に魏から独立を宣言し、鮮卑族と同盟して魏の北方国境を騒がせる一方、ふたたび呉の孫権に使を送って救援を求めたのである。

そこで明帝はいよいよ本格的に公孫淵を討伐することにし、司馬懿を陝西から召還してこの大作戦の総司令官に任命した。兵力の中核は四万の中央軍で、国境防衛軍部隊もその指揮下に入る。何しろ長途の遠征で兵員の数も多いので、補給が大問題であったが、司馬懿の作戦計画では短期決戦をねらい、往路に百日、戦闘に百日、帰路に百日、休息に六十日、しめて一年間で完結する予定であった。

二三八年の正月、司馬懿は遠征軍をひきいて洛陽を出発し、前年の魏軍と同じ山路を通って遼河に達し、遼陽城を囲んだ。ところがまたも大雨が降り続いて魏軍の陣地は水びたしになり、持って来た食糧も一月分足らずという危険な情勢となった。洛陽のほうでは司馬懿を召還せよとの意見が強かったが、司馬懿としては今さらここで引き下がれない。そのうちに幸い雨も止み、包囲線の工事も完成したので、築山《つきやま》をきずき地下道を掘り、櫓《やぐら》や楯《たて》を立て並べ、昼夜を分かたず石を飛ばし矢を放っての猛攻撃が始まった。たまたま大流星が白く輝く尾を引いて遼陽城の上空を飛び、城外の河の中に落ちた。これを見て城内は大騒ぎとなり、恐怖に駆られた公孫淵は囲みを破って脱走しようとしたが、魏軍に敗れて斬られた。場所はちょうど流星の落ちたその場所であった。司馬懿は遼陽に入城すると、城中の十五歳以上の男子をことごとく殺し、七千余人の屍体をピラミッド形に積み上げて戦勝の記念とした。これは中国の古くからの習慣である。

この作戦と同時に、魏軍の別働隊は山東半島から海を渡って朝鮮半島に上陸し、楽浪郡・帯方郡を征服したので、公孫王国はここに五十年の歴史を閉じ、朝鮮・日本の住民はこの時から中国の中央政府と直接に接触するようになる。その一つの表れとして、倭の女王卑弥呼がはじめて歴史に登場するわけである。

晋朝にとっての倭人伝

司馬懿は、八月に遼陽が陥落すると、直ちに帰途についた。これより先、司馬懿は夢を見た。膝に明帝が頭をのせて横になっていて、「私の顔を見よ」と言う。見ると様子がいつもと違う。目が覚めていやな気分に襲われた。

実はこのころ明帝は死の床についていたのである。実子がなかったので、養子の斉王《せいおう》曹芳《そうほう》を後継者と定め、仲のよかった叔父の燕王曹宇《えんおうそうう》を摂政に任命した。ところがこれまで側近に在って実権を握っていた書記官長（中書監）の劉放《りゅうほう》と副書記官長（中書令）の孫資《そんし》は、曹宇の一派の将軍たちと仲が悪かったので、後難を恐れてこの決定をひっくり返そうと計画した。たまたま曹宇が用事で明帝の枕もとを離れたすきに、二人は曹宇が斉王に悪心を抱いていると明帝に説き、曹宇を解任して代わりに曹真《そうしん》の子の曹爽《そうそう》と、元老中の元老の司馬懿の二人を摂政とすることに成功した。河南省北部の郷里にもどっていた司馬懿は早馬で呼び寄せられ、臨終の明帝から、斉王をよろしく頼むとの遺言を受けた。明帝は死んだ。二三九年の正月のことである。

こうして司馬懿は四代目の主君につかえることになったが、すでに六十一歳。公孫淵を滅ぼした偉大な功績のゆえに尊敬を集め、その手で演出された倭の女王卑弥呼の使の朝貢も華々しい成功であったが、世代の差はいかんともしがたい。司馬懿が皇帝の最高顧問（太傅《たいふ》）という名誉ある地位に上げられている間に、現実政治の決定権は若い曹爽とその弟たち、それを取り巻く新官僚の手に帰し、新しい政策がどんどん実行される。六十九歳の司馬懿は二四七年、とうとう病身を理由に引きこもってしまった。ちょうど大躍進政策の失敗のあとで国家主席を劉少奇《りゅうしょうき》に譲って第一線を退いた毛沢東《もうたくとう》の心境だったろう。

だが、毛沢東が党中央主席という象徴的な地位に祭り上げられてからも、あの大躍進の興奮が忘れられず、文化大革命を計画したように、太傅司馬懿も古きよき時代と、公孫淵征伐の充実した日々の思い出を胸に抱いて、若い世代の新路線を苦々しく眺め、侍従武官として宮中に入れてあった長男の司馬師、次男の司馬昭とひそかに巻き返しの陰謀を進めはじめた。

司馬懿にとって都合のいいことに、ようやくハイティーンに達した皇帝が、同年輩の仲間といっしょになって、いかにも若者らしい乱暴な遊びに夢中になり、帝王の体面や品格にうるさい新官僚の眉をひそめさせた。もともと生さぬ《な》仲の皇太后は、もちろんこれを面白く思うはずもない。司馬懿は皇太后と連絡を取って、クーデターの準備に入った。

不穏な動きが曹爽らの疑心をそそったと見え、新官僚の一人の李勝《りしょう》が荊州《けいしゅう》（湖北）の刺史《しし》（省主席）に赴任する挨拶という名目で、司馬懿を見舞いに訪ねて来た。司馬懿は二人の侍女に付き添われて客に会う。司馬懿が手で着物を持ち上げようとする。着物はすべり落ちる。口を指さして「のどがかわいた」と言う。侍女が粥《かゆ》の椀を渡す。受け取って飲もうとすると、手が震えて粥がこぼれ、胸をぬらす。あまりのみじめさに、李勝は涙ぐんで言う。

「皇帝陛下はまだお若くて、天下が頼りとするのは閣下でありますのに、これはまた何とおいたわしい御病態でございましょう」

司馬懿はわざと息も切れ切れに、ゆっくりと、

「老いぼれの上に病気で、もはや長いこともありますまい。貴君は并州《へいしゅう》（山西）にお出でとのことじゃが、并州は匈奴《きょうど》に近いことじゃ、お達者でな。もうお目にかかることもないかも知れませんな」

「并州ではございません。荊州でございます」

司馬懿はわざと放心したように、寝言のような調子で、

「并州に行かれたら、お体にお気をつけなされよ」

「荊州でございます。并州ではございません」

司馬懿はやっと意味が分かったように、

「私は老いぼれてしまって、貴君の仰せもよく分かりませんのじゃ。今お別れすれば、

気力も弱ったこととて、もうお会いすることも難しかろう。何とかしてささやかなお別れの宴を設けて、息子の師や昭どものお友だちになっていただきたい。このまま行ってしまわれないで、私の気持ちばかりを汲んでいただけまいか」

そう言って涙を流してすすり泣いた。

李勝の報告を聴いた曹爽らが安心したことは言うまでもない。

二四九年の正月、皇帝は養父の明帝の墓参りのために洛陽城を出発し、曹爽兄弟はみなお供をして城南の洛河の浮き橋を渡り、大石山のふもとの高平陵《こうへいりょう》に向かった。これが司馬懿が待っていたチャンスであった。皇太后の命令をもって洛陽の城門をことごとく閉じ、兵隊を動かして武器庫をおさえ、取り出した武器で武装して浮き橋を確保し、近衛部隊の指揮権を接収しておいて、曹爽を弾劾《だんがい》する上奏文《じょうそうぶん》を皇帝のもとに送りつけた。曹爽が新官僚の政策を支持したことは、明帝の遺言に違反している、皇太后の命令に従い、直ちに曹爽兄弟の軍事権を取り上げよ、という最後通告である。

これを受け取った曹爽は苦悶した。この上奏文を皇帝に取り次げば、自分ら兄弟は失脚する。取り次がなければ、皇帝は首都から締め出される。古狸《ふるだぬき》の司馬懿と違って、矢玉の下をくぐった経験のない貴公子の曹爽兄弟は、気も動転して打つ手を思い浮かばない。実を言うと司馬懿ははなはだ危険な賭けをしていたのであって、もし曹爽兄弟が皇帝を奉じて、山の向こうの許昌《きょしょう》の城に立てこもり、天下の兵を動かして洛陽を攻めれば、形勢を逆転できたことは疑いない。事実この策を説いた人もあったのだが、そこまで踏み切る勇気がないまま、司馬懿が人を介して「公職さえ辞すれば安穏な生活を保証する」と言わせた説得工作が利いたのである。曹爽はついに司馬懿の上奏文を皇帝に取り次いで、弟たちとともに辞職し、おかげで皇帝の一行は洛陽城に帰ることができた。

皇帝という玉さえ取ってしまえば、もう司馬懿のものである。曹爽兄弟と取り巻きの新官僚の全員は反逆罪に問われて投獄され、それぞれ親族一同に至るまで死刑になったが、その中には、あの病気見舞いの李勝も入っていた。

このクーデターの成功によって魏は事実上ほろび、司馬懿が独裁権を握った。司馬懿はその二年後、七十三歳で死に、司馬師・司馬昭兄弟があい次いで政権を執った。司馬昭の息子の司馬炎に至って正式に魏に取って代わり、晋朝を開いたことは前に言った通りである。

司馬懿の一生をふり返って見ると、そのクライマックスはもちろん二四九年のクーデターであったが、それに次ぐ重大な転機は、二三八年の公孫淵征伐の輝かしい成功である。それまで諸葛亮にさんざん翻弄されて醜態をさらし、曹操以来の老臣のひとりという以上に大した取り柄もなかった司馬懿は、この戦勝によって一挙に国民的英雄となり、その人気を利用しようとした劉放・孫資ら明帝の側近の工作のおかげで、司馬懿は曹爽とともに新皇帝の輔佐役の地位についたのであった。公孫淵征伐の成功がなかったならば、二四九年のクーデターもあり得ず、ひいては晋朝の建国も起こり得なかったわけである。

　このことを頭に置いて、『魏志倭人伝』を読んでみると、なぜこの文献が書かれねばならなかったかが、はじめて分かって来るのである。

『倭人伝』によると、景初《けいしょ》二年（二三八）六月、倭の女王卑弥呼が大夫の難升米《なんしょうべい》らを帯方郡に遣わして来て、魏の皇帝のもとまで朝献《ちょうけん》に行かせてくれと申し出た。帯方太守劉夏《りゅうか》は一行を洛陽まで護送させた、とある。景初二年六月では、まだ公孫淵征伐の戦闘が続いている時だし、またこの時の帯方太守は劉夏ではなくて劉昕《りゅうき》だから、景初二年は三年（二三九）の誤写であろう。現に『日本書紀』の神功皇后紀には、二三九年に当たる年の分注に『魏志』を引用して、ちゃんと「景初三年六月」と書いてある。

　ともかくこの年の正月、司馬懿は曹爽とともに明帝の遺言を受け、八歳の新皇帝を助けることになったのである。そしてその六月、倭の女王の使が遠路はるばる洛陽に朝貢に来た。これは後漢《ごかん》の安帝《あんてい》の永初《えいしょ》元年（一〇七）以来、絶えて久しくなかった晴れがましい事件である。これと言うのも、公孫淵を滅ぼした司馬懿のおかげである。司馬懿にとってこれよりも鼻の高いことはない。もちろんこの倭国の朝貢は、劉夏が司馬懿のために卑弥呼に働きかけてお膳立てをし、洛陽への旅の世話もやいたのであった。

その結果、いやが上にも司馬懿の面子《メンツ》を立てて、十二月には丁重な詔書が下り、卑弥呼には「親魏倭王《しんぎわおう》」の金印《きんいん》・紫綬《しじゅ》と、くさぐさの珍宝が贈られる。翌年、正始元年（二四〇）の正月元日の朝礼には、倭使が多くの外国使節の首席で参加して、皇帝はわざわざ「これは司馬懿のおかげである」と発言し、司馬懿の封邑《ほうゆう》を増す。帯方太守の弓遵《きゅうじゅん》は、部下を倭国に派遣して倭使を送還する。倭の女王は詔書に対する謝恩の手紙を帯方の使者に託する。以上はすべて一連の事件である。

二三九年の倭国の朝貢は、司馬懿という政治家にとってはそれほど記念すべき出来事であり、公孫淵討滅の功績を誇示する絶好の機会であり、わざわざそのために仕組まれ、演出されたものだったのである。これこそが、陳寿が「烏丸・鮮卑・東夷伝」の中であれほど詳しく倭人について記した理由である。つまり『三国志』に「烏丸・鮮卑・東夷伝」がある理由は、これら東北アジアの諸民族がすべて公孫淵と関係があり、従って司馬懿の晴れの舞台ともなったからであって、「烏丸・鮮卑・東夷伝」は、陳寿の時代の晋朝にとっては、一種の「創世記」なのである。これがまた陳寿が、卑弥呼と同じように「親魏大月氏王《しんぎだいげつしおう》」に封ぜられた波調《はちょう》（クシャン王ヴァースデーヴァ）などのためには『三国志』に「西域伝《さいいきでん》」を設けないのに、「烏丸・鮮卑・東夷伝」だけは書いた理由でもあった。

では倭国の〝位置〟は？

これだけ政治的な性格を持った『魏志倭人伝』なのだから、司馬懿のためにする宣伝や歪曲があるのが当然である。それが古来の邪馬台国の研究者を悩まし続け、九州説と大和説の対立を生んだ、あの悪名高い道里《どうり》記事の正体なのである。

念のために『倭人伝』から、帯方郡より邪馬台国に至る道筋を書き抜いてみよう。

(1)帯方郡から倭に至るには、海岸沿いに航行し、南へ向かったり東へ向かったりしながら狗邪《くや》韓国に到るまでが七千余里。
(2)一海を渡ること千余里で対馬《つしま》国。
(3)南へ一海を渡ること千余里で一支《いき》国。
(4)一海を渡ること千余里で末盧《まつら》国。
(5)東南へ陸行すること五百里で伊都《いと》国。
(6)東南へ百里で奴《な》国。
(7)東行すること百里で不弥《ふみ》国。
(8)南へ水行二十日で投馬《とうば》国。
(9)南へ水行十日、陸行一月で邪馬台国。
(10)帯方郡から女王国に至るまで一万二千余里。
(11)倭地は周旋《しゅうせん》五千余里ばかり。

一見これほど明瞭に書いてある倭国の地理が、なぜ諸説紛々として未解決の難問かというと、第一に距離も現実の日本の地理に合わなければ、国と国の間の方向も合わず、東とあるべきところが南、東北とあるべきものが東南になっているからである。この事実自体が、『魏志倭人伝』がいかにも信用ならない文献で、まさに「偏向」していることをはっきり示してくれているのだろうが、いかんせん、われわれはその魅力にとりつかれていて、そう簡単にはあきらめ切れない。それで方向を九十度東へ振れさせて邪馬台国を大和へ持って行くか、あるいは里程を一里一〇〇メートルほどの短里に換算して、方向はそのまま九州に持って来るか、という空しい努力をくり返すことになる。

ところがそれでは『魏志倭人伝』をちゃんと読んだことにはならない。『倭人伝』が言っていることは、要するに帯方郡から朝鮮半島の南端の狗邪韓国までは七千余里、狗邪韓国から邪馬台国までは五千余里、総計一万二千余里であり、その方向は南方から東南方へかけてだ、ということであって、これには一点の疑いもない。

ところで中国の一里は、古今を通じて四五〇メートル前後である。これもうるさく言えば、三〇〇歩が一里であり、一歩は漢尺の六尺、唐尺の五尺で、時代によって多少伸び縮みがあることになる。しかし常識から言えば、里数を測るのに一々物指しを当てがって測るはずはない。左右の足を一回ずつ前に出して進む距離、すなわち一複歩《ふくほ》が一歩であり、三〇〇複歩が一里なのであって、人間の歩幅《コンパス》に多少の大小があっても、一複歩は一五〇センチメートル前後に決まっている。その三〇〇倍の四五〇メートルが一里となるわけである。一〇〇メートルほどの短里など、いくら『魏志倭人伝』の日本が神秘の世界でも、有り得べき限りではない。

だから『魏志倭人伝』が言っているのは、朝鮮半島はソウル付近の帯方郡から三〇〇〇キロメートルほども長く南へ延び、さらにその先の二〇〇〇キロメートルほどの所に邪馬台国がある、ということである。そうすると邪馬台国は台湾のあたりに来るが、これこそが『魏志倭人伝』が言おうとしたことであって、はっきりと「その道里を計ると、ちょうど会稽《かいけい》郡の東冶《とうや》県（福建省福州市）の東に在るはずだ」と言い、産物について「有無する所は儋耳《たんじ》郡・朱崖《しゅがい》郡（海南島）と同じだ」と言っている。そうすると倭国は、魏から見れば敵国の呉の背後にあることになる。倭国のこの対呉戦略上の重要性、これこそが『魏志倭人伝』の主張であり、眼目なのである。

ところで陳寿は、晋が呉を併合して中国を統一した後に『三国志』を書いたのであって、呉側の情報を十分に利用できる立場にあった。しかも『三国志』で見る限り、呉が邪馬台国その他の倭人の諸国と接触した形跡は全くない。それに前に言ったように、陳寿のパトロンの張華はまさに「烏丸・鮮卑・東夷伝」の舞台において、東北国境防衛軍の総司令官として活躍した人で、馬韓《ばかん》の諸国の朝貢を実現したことがその功績として伝えられている。当然、朝鮮半島の地理の実際についてよく知っていたわけで、現に『晋書』の張華伝には、馬韓の新弥などの諸国は幽州（北京付近）を去ること四千余里だ、と書いてある。とても帯方郡から狗邪韓国まで七千余里、などというべらぼうな話ではない。だから陳寿も、張華の話を聞いて、朝鮮・日本の実際の地理を知っていたに違いない。

それにも拘らず、陳寿は『魏志倭人伝』の中で、帯方郡から邪馬台国まで一万二千余里と書かねばならなかった。何故か。それは司馬懿が演出した二三九年の卑弥呼の使者の朝貢の盛儀の公報がそうなっていたからである。

ここで思い出していただきたい。中国で物を書くということが、どれほど重大な政治的行為であるか。とりわけ「正史」が何のために書かれるのであるか。陳寿は現王朝の晋の帝権の起源を説き、それが「正統」であることを証明するために『三国志』を書いているのである。書くべきことは建前であって本音ではない。明らかに事実でないと分かっていても、公式の記録を訂正してはならない。そうすればそれはもう「正史」ではない。

まして陳寿は張華あっての存在である。張華はその地位を司馬昭に負う。司馬師・司馬昭兄弟が魏の政権を握ったのは、父の司馬懿の文化大革命の成功のおかげである。そして司馬懿の生涯の栄光の瞬間は、倭の女王卑弥呼の使の朝貢であった。司馬懿は自分の偉大な功績をいやが上にも輝かしくするために、倭国の対呉戦略上の価値を思い切って誇張し、邪馬台国を呉の背後の熱帯へ持って行ったのであった。

以上が『魏志倭人伝』の由来である。それがこの文献の本質だと分かってしまえば、もはや不可解な道里記事に頭を悩ます必要もなくなる。九州説・大和説の論争も無意味になる。倭人の諸国の戸数が大き過ぎることも不思議ではなくなる。そういうわけで、『魏志倭人伝』の文面をどう厳密に解釈したところで、どだい当てになるような史料ではないのだから、そんなむだな努力は、もういい加減にやめておいたほうがよかろう。

中国の文献の代表の『魏志倭人伝』の次は、再び『日本書紀』の内容批判にもどることにする。

第三章　『日本書紀』の構造

『日本書紀』にみる皇位の行方

『日本書紀《にほんしょき》』三十巻には、大和《やまと》の橿原《かしはら》の宮における神武天皇の即位から、持統《じとう》天皇が孫の文武《もんむ》天皇に譲位するまで、四十代・千三百五十五年間の日本の歴史が語られているが、そこに書いてあることを、そっくりそのまま史実と信じこむ人はまずあるまい。

まず第一に、『日本書紀』自体の言うところでは、日本に文字の技術が伝わったのは第十六代の応神《おうじん》天皇の世に、百済《ひゃくさい》から阿直岐史《あちきのふびと》の始祖の阿直岐と、書首《ふみのおびと》の始祖の王仁《わに》が来てからだ、というので、それまでの約千年間は記録がなかったことになる。

第二に、その応神天皇の同時代人として『日本書紀』に登場する百済の王たちは、四世紀後半に在位した人々である。そうすると『日本書紀』の伝えのなかでも信用のできる部分は、四世紀よりあまり古くはさかのぼれないわけになる。

第三に、ちょうどその直前の三世紀に、例の『魏志倭人伝』があって、当時の日本の実情らしきものを伝えているが、これがまた『日本書紀』が描く古代日本のイメージとまるきり合わないのである。

この三つの理由で、『日本書紀』の伝えの、ことに古い時代に関する部分は、そのまま信用してはいけない、ということで大方の意見は一致しているのだが、いかんせん、他に史料もないこととて、いかに怪しい記事でも何とか生かして使おうと、『日本書紀』の合理的解釈に皆が四苦八苦するわけである。

ところで『日本書紀』が出来たのは八世紀のことである。もし日本の建国が四世紀だったとしても、『日本書紀』の成立まで四百年も経っているわけで、どんなに記録の豊富な文明国の歴史家にしても、四百年前のことを現代史と同様に正確に記述するわけにはいくまい。どうせ古いところほど不確実になるにきまっている。

まして『日本書紀』が扱う時代の日本では、文字の使用はまだあまり普及せず、記録がきわめて乏しかったのだから、『日本書紀』の末尾に近い新しい時代の記述にくらべて、古い時代ほど伝承の信用度が急激に落ちて当たり前だろう。だから『日本書紀』から日本の建国史を復原したければ、まずその編纂《へんさん》をめぐる事情からはじめて、新しい時代の部分から逆にさかのぼって記事の確実度を点検するのが手順である。

この方法で『日本書紀』の内容を分析した結論は、

(1)第一代の神武天皇から第十六代の応神天皇までの歴代はすべて架空であり、

(2)第十七代の仁徳《にんとく》天皇が、古くは初代の天皇とされていたこと、
(3)第二十四代の顕宗《けんぞう》天皇と、第二十七代の継体《けいたい》天皇は、それぞれ新しい王朝の初代であること、

ということになる。どうしてそう言えるのか、さっそく話をはじめよう。

作るのは男だが、育てるのは女だ。

子どもばかりではない。歴史もそうである。天武天皇が編纂を命じてから、『日本書紀』が七二〇年に完成するまで三十九年。この間、ともすれば絶えようとする天武天皇の直系の血統を保護し、父子相続の理想を実現したのは、持統・元明《げんめい》・元正《げんしょう》三代の女帝の努力であった。げに恐ろしきは女の執念だが、そのおかげでこの時代に育った『日本書紀』も、天武天皇の立場ばかりでなく、三代の女帝の主張をも弁護すべく、古代の史実に大幅に手を加えた痕跡を留めている。そこでまず順序として、『日本書紀』が弁護しなければならなかった現実政治の有り様を、天武天皇から元正天皇に至る時代についてざっと見ておこう。

第一に、天武天皇は、父親の舒明《じょめい》天皇の即位を正当化しなければならなかった。舒明天皇は敏達《びだつ》天皇の孫である。言い換えれば、天皇の子でもないのに皇位に登ったのである。『日本書紀』自身の言うところによると、敏達天皇の最初の皇后は息長《おきなが》の真《ま》

手《て》王の娘の広姫《ひろひめ》で、その腹に生まれた唯一の男子が押坂《おしさか》の彦人大兄《ひこひとのおほえ》皇子であった。彦人大兄は異母妹の糠手《あらて》姫《ひめ》皇女と結婚して舒明天皇を生んだのである。ところが広姫皇后が亡くなったので、敏達天皇は異母妹の額田《ぬかた》部《べ》皇女と再婚した。額田部皇女はのちの推古天皇である。

この時代にはまだ父子相続の制度は固まっていない。ことに天皇の地位は、後世のような象徴とはちがって、現実政治の中心であり、実力がなければ天皇はつとまらない。そこで敏達天皇の死後には、未亡人の額田部皇女の同母兄である用明《ようめい》天皇が即位することになる。

しかし先代の皇后の兄というだけでは、つながりは十分ではない。そこで用明天皇とやはり異母妹の皇后泥部《はしひと》の穴穂部《あなほべ》皇女との間に生まれた聖徳太子と、敏達・推古の間に生まれた菟道《うぢ》の貝鮹《かひたこ》皇女とが結婚することになる。

そういうわけで彦人大兄皇子と聖徳太子とは、皇位請求権をめぐってライヴァルだったわけだが、事実はどんどん彦人大兄皇子にとって不利になって行くのであって、用明天皇の次の天皇は、穴穂部皇女の同母弟の崇峻《すしゆん》天皇ということになる。

ところでその崇峻天皇が変死する。この事件に関する『日本書紀』の記述はあいまいで、いくら読んでもさっぱり要領を得ない。大体が『日本書紀』の筋書きでは、敏達天皇の死の直後に、物部《もののべ》の弓削《ゆげ》の守屋《もりや》の大連《おほむらじ》と、蘇我《そが》の馬子《うまこ》の宿禰《すくね》の大臣《おほおみ》とが仲違いし、ついに馬子が守屋を攻め滅ぼしたことになっていて、崇峻天皇も聖徳太子も馬子の陣営に属していた。そのために崇峻天皇が即位することになるわけだが、『日本書紀』によると、たまたま献上された猪《いのしし》を指さして崇峻天皇が、

「いつの時にか、この猪の頸《くび》を切るように、私が憎む人を斬ろう」

と言ったので、これを伝え聞いた馬子が自分のことだろうと恐れ、手を回して天皇を暗殺させたことになっている。何か思わせぶりな書き方で、『日本書紀』は崇峻天皇が馬子を倒そうとしたとは一言も言ってはいない。

このへんがすでに奇妙だが、話が進むにつれて『日本書紀』の記述はますます怪しげになってくる。崇峻天皇の死後、皇位に即《つ》いたのは推古天皇であった。推古天皇は、さっき言った通り、三代前の敏達天皇の未亡人である。同じ女帝を立てるなら、どうして崇峻天皇の未亡人である大伴《おほとも》の小手子《こてこ》妃にしないのか。

いや、崇峻天皇の死は変死だし、その妃は皇族の出ではないから、女帝には出来ない。よろしい。それでは用明天皇の未亡人の穴穂部皇后ではどうか。これなら欽明《きんめい》天皇の皇女だし、申し分はあるまい。ところが『日本書紀』は、敏達天皇の未亡人の推古天皇が即位し、その娘婿の聖徳太子が皇太子に立てられて摂政となり、あらゆる政務を一手に掌握した、と言っているのである。

ところで『日本書紀』のこの記述は、『隋書倭国伝』の伝える事実と全く違う。前に

言った通り、この時代の倭王は女ではなく、阿毎《あめ》・多利思比孤《たらしひこ》・阿輩雞弥《おほきみ》という称号を持つ男王で、妻もあれば太子もあったことは、疑問の余地なくはっきりしている。当然、『日本書紀』が嘘をついていることになるのだが、その真相はここでは本題を外れるからお預けにして、ただ、聖徳太子が摂政たる資格のある成年に達していながら、なぜ天皇にならなかったのか説明がつかないことと、聖徳太子が天皇でないことによって、次の舒明天皇の即位が正当化しやすくなることとを指摘しておこう。

舒明天皇と皇極天皇

さて『日本書紀』の記述によると、六二八年の三月推古天皇が臨終の床に臥したとき、皇位継承の候補者は二人あって、一人は彦人大兄の子の田村《たむら》皇子（舒明天皇）、もう一人は聖徳太子の子の山背大兄《やましろのおほえ》だった。言い換えれば、二人とも天皇の孫だったわけで、この点では対等ということになる。しかし推古天皇の立場から見れば、田村皇子は夫の先妻の孫なのに対し、山背大兄は同母兄の孫だから、血統から言えば山背大兄の方がずっと近しい関係になるわけである。人情から言えば当然、山背大兄が皇位を継ぐことになりそうなものだが、天皇になったのは田村皇子の方であった。そこには何か無理があったにちがいないと思われるが、果たして『日本書紀』のこのあたりの記述はあいまいの度がさらに強くなっている。

まず「推古天皇紀」には、病床の天皇が田村皇子を召して、

「皇位継承は重大な問題だから、汝は慎んで察せよ。軽々しく言うな」

と言い、同日に山背大兄を召して、

「汝はまだ若いのだから、心に望むところがあってもあれこれ言うな。かならず皆の意見を聞いてそれに従え」

と遺言したことになっている。

これでは一体どちらに皇位を継がせようというのかはっきりしないが、この二つの遺言が紛争の原因になったことになっていて、九月に推古天皇の葬礼がすんだ後で、蘇我の蝦夷《えみし》の大臣《おほおみ》が、阿倍《あへ》の麻呂《まろ》の臣《おみ》を通じて群臣に皇位継承問題について意見を徴した言葉の中では、田村皇子への遺言は、

「慎んで察せよ。緩《ゆる》やかにしてはならぬ」

だったことになっている。「軽々しく言うな」と「緩やかにしてはならぬ」では、たった一句のちがいだが、遺言全体のニュアンスが微妙に変わってくる。

さらに田村皇子を立てようとする動きに抗議した山背大兄の申し入れを受けて、蝦夷の大臣は麻呂の臣以下の群臣を山背大兄のもとに遣わしてその言い分を聞かせるのだが、ここで群臣が引用する推古天皇の遺言は、田村皇子に対しては、

「慎んで言え。緩やかにしてはならぬ」

と、また少しニュアンスが変わっている。

ところが山背大兄自身が聞いたと主張する――少なくとも『日本書紀』の「舒明天皇紀」が引用する――推古天皇の遺言は、「汝はもともと私の心腹である。愛寵の情は比すべきものはない。皇位の問題は私の在世中だけのことではない。しっかりやれ。汝はまだ若いけれども、慎んで言え」というものだった。これもあいまいだが、山背大兄に皇位を継がせると言っているようにに取れる。

いずれにせよ、この問題をめぐる『日本書紀』の記述は何とも歯切れが悪く、弁解めいた印象を与えるが、結果は田村皇子を支持する蘇我の蝦夷の大臣と、山背大兄を支持するやはり蘇我一族の境部《さかひべ》の摩理勢《まりせ》の臣《おみ》との対立になり、蝦夷が軍隊を出動させて摩理勢を滅ぼし、こうしてやっと翌年の正月になって田村皇子（舒明天皇）の即位が実現したのである。

天皇の孫であって皇位に登るのは、それほど大変なことなのである。

舒明天皇が即位したからといって、山背大兄の皇位請求権は消滅するわけではない。舒明天皇の子孫に皇位が自動的に伝わるようにはならないのである。そこで第二に、天武天皇は兄の天智天皇の皇位継承を正当化する必要があった。

舒明天皇は、異母弟の茅渟《ちぬ》王の娘の宝《たから》皇女（皇極《こうぎょく》＝斉明天皇）を皇后として、天智天皇・間人《はしひと》皇女・天武天皇の三人が生まれた。また舒明天皇は、蘇我の馬子の娘の法提郎《ほほてのいら》媛《つめ》の腹にも古人大兄《ふるひとおほえ》皇子をもうけた。しかし六四一年に舒明天皇が亡くなったとき、長男の天智天皇はまだ十六歳で、皇位を継ぐには若すぎた。

未亡人の宝皇后にしてみれば、すったもんだのすえやっと亡夫の手に転がりこんだ皇位を、そうむざむざと他家に譲れはしない。山背大兄を天皇にするよりは、皇后の自分が天皇になろう、というわけで、皇極天皇という女帝が出現する段どりになる。

ここで注意しておきたいのは、女帝というものの本質である。女帝はもともと本当の天皇ではなくて、意中の天皇候補者が成人するまで、皇位がよそへ行かないように押さえているものであり、摂政《せっしょう》皇后の延長である。しかし摂政皇后とちがう点は、天皇の娘でなければ女帝になれない——はずである——ところにある。少なくとも理屈の上ではそう考えられる。

ところが皇極天皇以前に、女帝の先例が実際にあったものやらなかったものやら、さっぱり分からないのである。なるほど『日本書紀』による限り、推古天皇という立派な先例があって、これは欽明天皇の娘にして敏達天皇の皇后だからよさそうに見えるが、さっきも言った通り、推古天皇は疑惑の人物であって、『日本書紀』がその治世とする時代は、『隋書』によれば別の男王が在位していたのである。神功《じんぐう》皇后は、『日本書紀』による限り、息子の応神《おうじん》天皇の摂政であったに過ぎず、また天皇の娘でもないとされているので、女帝の先例にはなり得ない。すると残るのは、『日本書紀』が一代に立てて

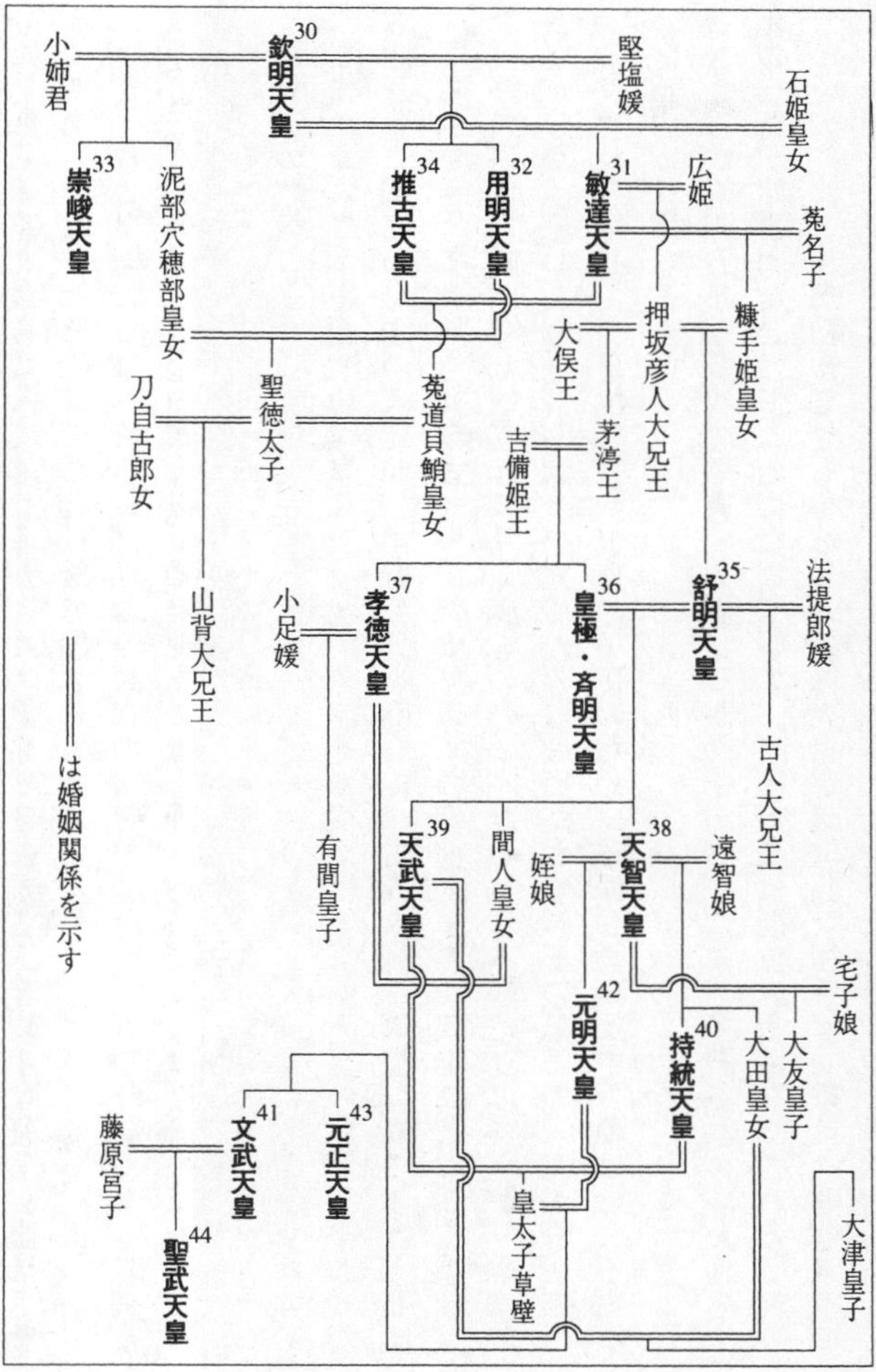

小姉君
30 欽明天皇
堅塩媛
石姫皇女
33 崇峻天皇
泥部穴穂部皇女
34 推古天皇
32 用明天皇
31 敏達天皇
広姫
菟名子
大俣王
押坂彦人大兄王
糠手姫皇女
刀自古郎女
聖徳太子
菟道貝鮹皇女
茅渟王
吉備姫王
山背大兄王
小足媛
37 孝徳天皇
36 皇極・斉明天皇
35 舒明天皇
法提郎媛
古人大兄王
有間皇子
39 天武天皇
間人皇女
姪娘
38 天智天皇
遠智娘
宅子娘
42 元明天皇
40 持統天皇
大田皇女
大友皇子
藤原宮子
41 文武天皇
43 元正天皇
44 聖武天皇
皇太子草壁
大津皇子
═ は婚姻関係を示す

いない飯豊《いひとよ》天皇だけになってしまうが、この女帝がまた推古天皇以上に怪しい謎の人物なのである。この飯豊天皇のことは後で論ずることにする。

そうすると皇極天皇は、あるいは日本で最初の女帝だったのかも知れなくなって来るわけで、これは舒明天皇の即位以上に無理なことを押し通したことになるのである。

白村江の敗戦

とにかく『日本書紀』の「皇極天皇紀」の記述に従えば、舒明天皇の葬儀の終わった六四三年、蝦夷の息子の入鹿《いるか》が、山背大兄を廃して、古人大兄を天皇に立てようと計画し、軍隊を送って斑鳩《いかるが》を襲撃させ、山背大兄以下の聖徳太子の一族をことごとく滅ぼした。この事件を聞いて、蝦夷は怒り入鹿をののしったと『日本書紀』は言うが、本当かどうか分かりはしない。舒明天皇を立てたのは蝦夷だから、その息子の入鹿が舒明家のライヴァルを倒して、皇位を舒明天皇の子孫のために確保しようとするのはむしろ当然と言わなければなるまい。

ところが六四五年、蘇我の蝦夷・入鹿父子がクーデターによって殺され、いわゆる大《たい》化《か》の改新《かいしん》が始まったということになっていて、皇極天皇は退位を余儀なくされる。終身でない天皇はこれが初めてであったが、皇極天皇が譲位した相手は同母弟の孝徳《こうとく》天皇である。天皇の孫どころか、曾孫でしかないのに皇位に登ったのであった。

しかし皇極天皇は譲位に当たって、ぬかりなく自分の生んだ長男の天智天皇を皇太子に指名しておいた。これが恐らく日本で最初の皇太子だろう。と言うのは、聖徳太子が本当に皇太子だったかどうか、推古天皇と同様、疑惑の雲に包まれているし、それ以後『日本書紀』には、正面から立太子《りったいし》のことを記していないからである。

『日本書紀』の「孝徳天皇紀」を読むと、この天皇の治世の実際の権力者は皇太子の天智天皇であり、叔父の孝徳天皇は皇位を一時預かっているだけの偶像なんだ、とくり返し強調していることと、内臣《うちつおみ》という非公式な職しか持たなかった低い身分の出の中臣《なかとみ》の鎌子《かまこ》の連《むらじ》（藤原鎌足《ふじわらのかまたり》）の勢力を、誇大に印象づけようとしていることが目につく。中臣は宮中の使用人に過ぎず、中国の皇帝に奉仕する宦官《かんがん》のごとき存在であった。とても物部《もののべ》や蘇我のような高貴な旧家とは比較にならない。それをこの「孝徳天皇紀」で持ち上げたのは、言うまでもなく鎌足の曾孫に当たる聖武天皇のためにする作為である。

実態がよく分からないまま名ばかり高い大化の改新はしばらくおくが、一つはっきりしているのは、退位した皇極天皇が孝徳天皇をがっちり押さえていたことである。孝徳天皇の皇后は、皇極天皇の腹から生まれた間人皇女《はしひと》であったから、今や皇祖母《すめみおや》の尊《みこと》として第二線に退いた皇極天皇は、娘を通じても弟の孝徳天皇を操縦できる立場にあった。何しろ孝徳天皇は、敏達天皇の曾孫にしか過ぎないのだから、それが皇位を占められるのは、姉の皇極天皇と妻の間人皇后のおかげである。

さらに皇位の競争相手を少なくするために、皇太子の天智天皇は、異母兄の古人大兄を反逆罪で殺した。これは我が子に皇位が伝わることを願う皇極天皇の意向でもあったはずである。

こうして六五四年、孝徳天皇が亡くなると、皇極天皇は復位した。皇祖母の尊が天皇になった。これが斉明《さいめい》天皇である。これは孝徳天皇の子孫に皇位が行かないようにするための手段であって、一度退位した天皇の復位は、もちろん前例がない。孝徳天皇は、間人皇后との間には子どもがなく、阿倍《あへ》の倉梯麻呂《くらはしまろ》の大臣《おほおみ》の娘の小足媛《をたらしひめ》妃の腹に有間《ありま》皇子があった。六五八年、有間皇子は反逆罪をもって逮捕、絞殺され、ここに斉明天皇が念願とする、わが子天智天皇の皇位継承権は完全に確保されることとなった。舒明天皇の死後、実に十三年を要して、やっとここに漕ぎつけたのである。

六六〇年、唐は新羅《しんら》と連合して、百済《ひやくさい》王国を滅ぼし、最後の百済王義慈《ぎじ》以下、王族・重臣をことごとく連れ去った。対馬海峡をへだてて当時の超大国である唐の圧倒的な陸海軍力の脅威にさらされた日本では、質子《ちし》として来ていた百済王子豊璋《ほうしよう》に兵力を付けて送りこみ、百済王国の再興に努力することになり、斉明天皇以下、宮廷を挙げて北九州に移り、最初は娜《な》の大津《おほつ》の長津《ながつ》の宮（博多）、後には朝倉《あさくら》の宮に居を定めて、ここを大本営として作戦の指揮に当たった。これは六六一年のことだが、斉明天皇はその年のうちに朝倉の宮で亡くなった。しかし皇太子の天智天皇は、半島の戦況がいよいよ緊急を告げるので、直ちに大和の飛鳥《あすか》の京にもどって即位式を挙げるわけにはいかない。そのまま長津の宮に留まっているうちに、六六三年の白村江《はくそんこう》の戦で日本・百済連合軍は唐・新羅連合軍に大敗し、百済王国は全く亡び、日本は半島における勢力をことごとく失った。天智天皇は飛鳥に帰り、六六七年に皇極＝斉明天皇の葬儀をすませた後、都を近江《おうみ》に移し、その翌年にやっと大津の宮において即位して、正式に天皇になった。

舒明天皇の即位から、その長男の天智天皇が最終的に天皇になるまでの三十九年間に、皇位は舒明→皇極＝斉明→孝徳→皇極＝斉明→天智という回り道をし、その途中で山背大兄・古人大兄・有間皇子という三人の犠牲者を出した。さらに言えば、女帝も皇太子制度も、天智天皇の即位まで持って来る手段として発明されたもののようである。天武天皇は、この皇位が舒明家に固定するまでのいきさつを正当化しなければならなかったのであった。

天武天皇の国史編纂

第三に天武天皇が正当化しなければならなかったのは、自分自身の即位である。天智天皇の皇后は、滅ぼされた古人大兄の娘の倭姫《やまとひめ》王だったが子どもがなかった。蘇我の山田の石川麻呂《いしかはまろ》の大臣の娘の姉妹二人とも結婚して、姉の遠智娘《をちのいらつめ》からは大田《おほた》皇女・鸕野《うの》皇女（持統天皇）・建《たける》皇子の三人が生まれ、妹の姪娘《めひのいらつめ》からは御名部《みなべ》皇女・阿《あ》倍《へ》皇女（元明天皇）の二人が生まれた。天智天皇が正式に結婚した妻はほかにもあるが、生んだのはすべて皇女で、結局は皇位継承の候補者として問題になり得たのは建皇子ただ一人であった。しかし建皇子は唖だったうえ、すでに六五八年、わずか八歳で死んでしまっている。

このへんまでは結構なのだが、そのあとの核心に触れる部分になると、『日本書紀』の記述はまたもやあいまいになる。「天智天皇紀」によると、天智天皇の子には、ほかに身分の低い宮人の一人である伊賀の采女《うねめ》の宅子娘《やかこのいらつめ》の腹から生まれた大友《おおとも》皇子もあった、という。

もし本当に大友皇子の母が低い身分の人だったのなら、六七一年に天智天皇が亡くなった時、大友皇子の皇位継承権が問題になるわけはなかった。ところが実際に起こったのは、大津の宮の大友皇子の朝廷と、東国の軍隊を動員した天武天皇との間の、あの壬《じん》申《しん》の乱である。いずれにせよ天武天皇は実力で大友皇子を倒して皇位を獲得したわけで、これはあまりにもなまなましい現代史だったから、『日本書紀』もそうそう嘘はつけず、せいぜいニュアンスをぼかすのが関の山だったわけである。

第四に、天武天皇の未亡人の持統天皇は、孫の文武天皇への譲位を正当化しなければならなかった。

天武天皇は、さきほど言った天智天皇の皇女の姉妹二人、大田皇女と鸕野皇女の両方と結婚し、大田皇女からは大津皇子、鸕野皇女からは草壁《くさかべ》皇子が生まれた。この二人の皇子が、格式から言って、皇位継承の最有力候補だったわけである。

鸕野皇女は、壬申の乱に際して夫の天武天皇に従ってともに東国に入り、苦労を分けあった功があって皇后となり、一粒種《ひとつぶだね》の草壁皇子は、六八一年に皇太子に立てられた。天武天皇が十二人の国史編纂委員会に「帝紀および上古の諸事を記し定める」ことを命じたのは、その二十二日後のことである。

六八六年に天武天皇が亡くなると、鸕野皇后は自分で政権を握り、直ちに大津皇子を反逆罪で逮捕して自尽せしめ、わが腹を痛めた草壁皇太子の皇位継承権を確保した。しかし母の配慮のかいもなく、草壁皇太子は六八九年、二十八歳の若さで死んだ。母の鸕野皇后はその翌年、みずから天皇となり、皇位が他家に移るのを防いだ。これが持統天皇であり、皇極＝斉明天皇に続く第二回の女帝が、同じような理由で出現したわけである。

若死にした草壁皇太子は、母の異母妹の阿倍皇女（元明天皇）と結婚し、氷高《ひだか》皇女（元正天皇）・文武天皇・吉備《きび》皇女の三人の子どもがあった。持統天皇は、孫の成人を待って、文武天皇が十五歳に達した六九七年、これに皇位を譲って太上《たいじょう》天皇となり、五年後に亡くなるまで孫の政務を後見した。これが日本で最初の太上天皇である。

ここで注意しておきたいことは、『日本書紀』が六九七年の持統天皇の譲位をもって終わり、文武天皇の治世も、元明天皇の治世も、記述に含めていないことである。これは舒明天皇と同様、天皇の子でない文武天皇の即位をもって、一つの新しい時代の始まりと見なしたことを示している。

第五に、草壁皇太子の未亡人の元明天皇は、自分の即位を正当化しなければならなかった。

持統天皇があれほど苦心して位に即けた文武天皇は、父の草壁皇太子と同様に短命で、二十五歳の若さで七〇七年に亡くなった。のこした皇子は、藤原不比等《ふひと》（鎌足の子）の娘の宮子《みやこ》が生んだ聖武《しょうむ》天皇だけで、しかもまだ七歳である。このころ天武天皇の十人の皇子のうち、六男の舎人《とねり》皇子と十男の新田部《にひたべ》皇子はまだ健在で、天皇の資格は十分だった。

この危機を乗り越えて孫の聖武天皇のために皇位を確保しようと、阿倍皇太子妃が即位して天皇となった。これが元明天皇で、第三回の女帝の出現である。これもまた前例のないことで、いくら天皇の母だからといって、皇后であったこともない人が女帝になるのは、これが最初であった。

第六に、元明天皇は、娘の元正天皇への譲位を正当化しなければならなかった。七一五年、聖武天皇が十五歳に達したとき、元明天皇は持統天皇の例にならって孫に譲位を行おうとしたが、母の出自がよくないので、皇族・貴族の反対が強い。そこで代わりに長女の氷高皇女に譲位して、聖武天皇を一歩皇位に近づけるという手を打った。氷高皇女は元正天皇である。第四回の女帝の出現だが、元正天皇は皇后ではなく、皇太子妃でもなく、天皇の母でもない。天皇の同母姉というだけの女帝は、まさに空前のことであった。

第七に、元明・元正両天皇は、聖武天皇の皇位継承を正当化しなければならなかった。聖武天皇は七一四年、元明天皇によって皇太子に立てられ、元正天皇の即位の翌年の七一六年、藤原不比等の娘の光明子《こうみょうし》と結婚した。その四年後の七二〇年には、いよいよ『日本書紀』が完成し、総裁の舎人親王の手から元正天皇に正式に奏上された。『日本書紀』の完成の三カ月後には藤原不比等が死に、翌年には元明天皇が亡くなる。しかしこのころには聖武天皇の皇位継承権はゆるぎないものになっていたのであって、四年後の七二四年になると、元正天皇は使命を果たして甥の聖武天皇に位を譲り、藤原時代が開幕したのであった。

万世一系という〝現象〟

以上が『日本書紀』にとっての現代史であり、また日本最初の官撰《かんせん》の史書として果たすべき役割だったのである。これだけの事実を頭に置いて、『日本書紀』をながめ直すと、一つの顕著な特徴に気がつく。

それはほかでもない。「万世一系」という現象である。すなわち『日本書紀』にそれぞれ紀を立てられている三十九人の天皇・一人の皇后の血統を父系で逆にたどって行くと、ことごとく人皇第一代の神武天皇を通じて日向《ひむか》の地神三代につながり、地神三代は天神につながる。このことはわざわざ言うまでもない周知の事実だが、史実の真相とはとうてい思えない。たったいま概観したばかりの舒明天皇から聖武天皇に至る皇位の変転からも分かる通り、天皇の地位は実際の政治権力の所在であって、後世のような象徴的な存在ではなかった。当然、歴代の天皇は、それにふさわしいすぐれた能力を要求されるわけである。ところが父子相続では、父の死の時に子が成人しているとは限らないし、まして人にすぐれた能力をそなえているという保証はない。だからこそ皇極＝斉明・持統・元明・元正の四代の女帝があれほどの努力をして、やっと舒明↓天智、また天武↓草壁↓文武↓聖武という直系父子相続の理想が実現できたのであった。

要するに、『日本書紀』が主張する「万世一系」は、直系父子相続を理想とした女の執念の表れに過ぎず、古代の日本でも、実際は有能な入り婿が天皇になったり、または新しい家系が皇位を奪ったりしていてもおかしくない。そこでさっき注意しておいた、文武天皇の即位と同時に『日本書紀』の記述が終わることを手がかりとして、文武天皇と同様に天皇の子でなくて天皇になった人を『日本書紀』から探してみる。ただし孝徳天皇は、皇極＝斉明天皇から皇位を一時預かった形だから除外する。そうすると『日本書紀』の四十人の天皇・皇后は、系譜の上で次の五つの王家に分かれることになる。

第一王家（十三人）

(1) 神武《じんむ》天皇
(2) 綏靖《すいぜい》天皇
(3) 安寧《あんねい》天皇
(4) 懿徳《いとく》天皇
(5) 孝昭《こうしょう》天皇
(6) 孝安《こうあん》天皇
(7) 孝霊《こうれい》天皇
(8) 孝元《こうげん》天皇
(9) 開化《かいか》天皇
(10) 崇神《すじん》天皇
(11) 垂仁《すいにん》天皇
(12) 景行《けいこう》天皇
(13) 成務《せいむ》天皇

第二王家（十人）

(14) 仲哀《ちゅうあい》天皇
(15) 神功《じんぐう》皇后（女）
(16) 応神《おうじん》天皇
(17) 仁徳《にんとく》天皇
(18) 履中《りちゅう》天皇
(19) 反正《はんぜい》天皇
(20) 允恭《いんぎょう》天皇
(21) 安康《あんこう》天皇
(22) 雄略《ゆうりゃく》天皇
(23) 清寧《せいねい》天皇

第三王家（三人）

(24) 顕宗《けんぞう》天皇
(25) 仁賢《にんけん》天皇
(26) 武烈《ぶれつ》天皇

第四王家（八人）

(27) 継体《けいたい》天皇
(28) 安閑《あんかん》天皇

(29)宣化《せんか》天皇
(30)欽明《きんめい》天皇
(31)敏達《びだつ》天皇
(32)用明《ようめい》天皇
(33)崇峻《すしゅん》天皇
(34)推古《すいこ》天皇（女）

第五王家（六人）
(35)舒明《じょめい》天皇
(36)皇極《こうぎょく》＝斉明《さいめい》天皇（女）
(37)孝徳《こうとく》天皇
(38)天智《てんち》天皇
(39)天武《てんむ》天皇
(40)持統《じとう》天皇（女）

誤解のないようにここで念を押しておくが、私は五つの王家がこの順序で実際に存在し交代したなどとは、別に言ってはいない。あくまでも『日本書紀』自体が主張する天皇の系譜が、こういう構造になっている、と言っているのであって、これらの家系が、果たしてそのままの形で実在したかどうかは、また全然べつの話である。

ここで言う第五王家は、さきほど説明した通り、敏達天皇の孫の舒明天皇が、反対を押し切って即位してから、天武天皇の孫の文武天皇が、祖母の持統天皇から譲位されるまでの期間を占めるが、これこそ『日本書紀』の編者にとっての現代史であった。

天皇の祖先たち

ところで、ここで考えておきたいことがある。『日本書紀』が完成した七二〇年は元正天皇の治世だが、その時には母の元明天皇が存命中だったことだ。元明天皇にして見れば、舒明天皇の即位は九十一年前のことだが、それでも祖父の世代の話なのであり、それ以後の史実については、まだ皇族・貴族のなかにも、内外の諸臣のあいだにも、よく記憶している人が多い。だからいくら家の歴史にもったいをつけたくても、そうそうは嘘もつけない。

しかし推古天皇やそれ以前の史実となれば、話はちがってくる。もう曾祖父の世代かそれよりも昔の話である上、その時代の歴史の中心は、現王家に取って代わられた、用明天皇→聖徳太子→山背大兄《やましろのおほえ》という家系なのである。しぜん思い切って史実を歪曲しても、どこからも苦情が出る気づかいはない。その意味で、舒明天皇の即位の年である六二九年を境にして、いわば時間の質が変わってくるわけで、それ以後は現代史、それ以前は古代史ということになる。

だから推古天皇朝、およびそれ以前の時代についての『日本書紀』の記述は、決してそのまま信用してはならないのだが、まさにその推古天皇朝に当たる時期に、中国の記録が女帝ではなく男王の在位を伝えていることに、もう一度注意しておこう。

さて、その怪しげな推古天皇の祖父が、ここで言う第四王家の開祖となっている継体天皇である。『日本書紀』の言うところによれば、継体天皇は、ずっと飛んで第二王家の応神天皇の五世の孫だというのだが、不思議なことに応神天皇のどの息子の子孫なのかも記さず、中間を省略して、ただ継体天皇の父が彦主人《ひこうし》王という人であったことしか書いてない。そして武烈天皇に子どもがなくて第三王家が断絶したので、継体天皇が越前の三国《みくに》から迎えられて、河内《かふち》の樟葉《くすは》の宮において即位したことになっている。

こうした系譜のあいまいさのために、継体天皇が本当に応神天皇の子孫であったかどうかを疑い、実は全然べつの家系に属していたのではあるまいかと論ずる人が多い。しかしそれは継体天皇なり応神天皇なりが、それぞれ実在の人物であることが証明された上で初めて問題になり得ることであって、そうした証拠が一つとしてない現在、そんなことで頭を痛めてみたって何の役にも立つまい。今のわれわれに言えることは、ただ一つ、『日本書紀』が伝える系譜の形による限り、推古天皇の家系は、その祖父の継体天皇のときに初めて皇位を獲得したのであって、それ以前の日本を治めていたのは別の王家だ、ということなのである。

ところでやはり『日本書紀』の系譜による限り、舒明天皇に始まる第五王家にとって、第四王家の継体・欽明・敏達の三代だけは直系の祖先なのである。だからこの三人の事跡に関しては、どうせ歪曲はあるだろうが、本当のこともある程度は伝えている可能性がある。もっともそれがどの程度かが問題だが。

また傍系の天皇の中でも、宣化天皇は、その娘の石姫《いはのひめ》皇女が欽明天皇の皇后となって敏達天皇を産んだとされ、母系を通じて舒明天皇の祖先の一人になっているので、『日本書紀』の編者たちにとっては、やはり関心の対象であったと考えてよろしい。だから宣化天皇についての『日本書紀』の伝えにも、あるいは本当の史実が含まれているかも知れない。

ところが継体天皇以前の第三王家ともなると、話は一見してそれと分かるほど怪しげになってくる。『日本書紀』によると、この王家の初代の顕宗天皇は、第二王家の履中天皇の孫であったことになっている。

履中天皇の長男は磐坂《いはさか》の市辺押磐《いちのへおしは》（押羽）皇子、次男は御馬《みま》皇子であった。安康天皇は市辺押磐皇子を自分の後継者に指名していた。ところが安康天皇が暗殺された後、その弟の雄略天皇が他の兄弟をことごとく殺し、さらに市辺押磐皇子を狩猟に誘い出しておいて不意に射殺し、また御馬皇子を攻めてこれも殺した。こうして雄略天皇が即位し

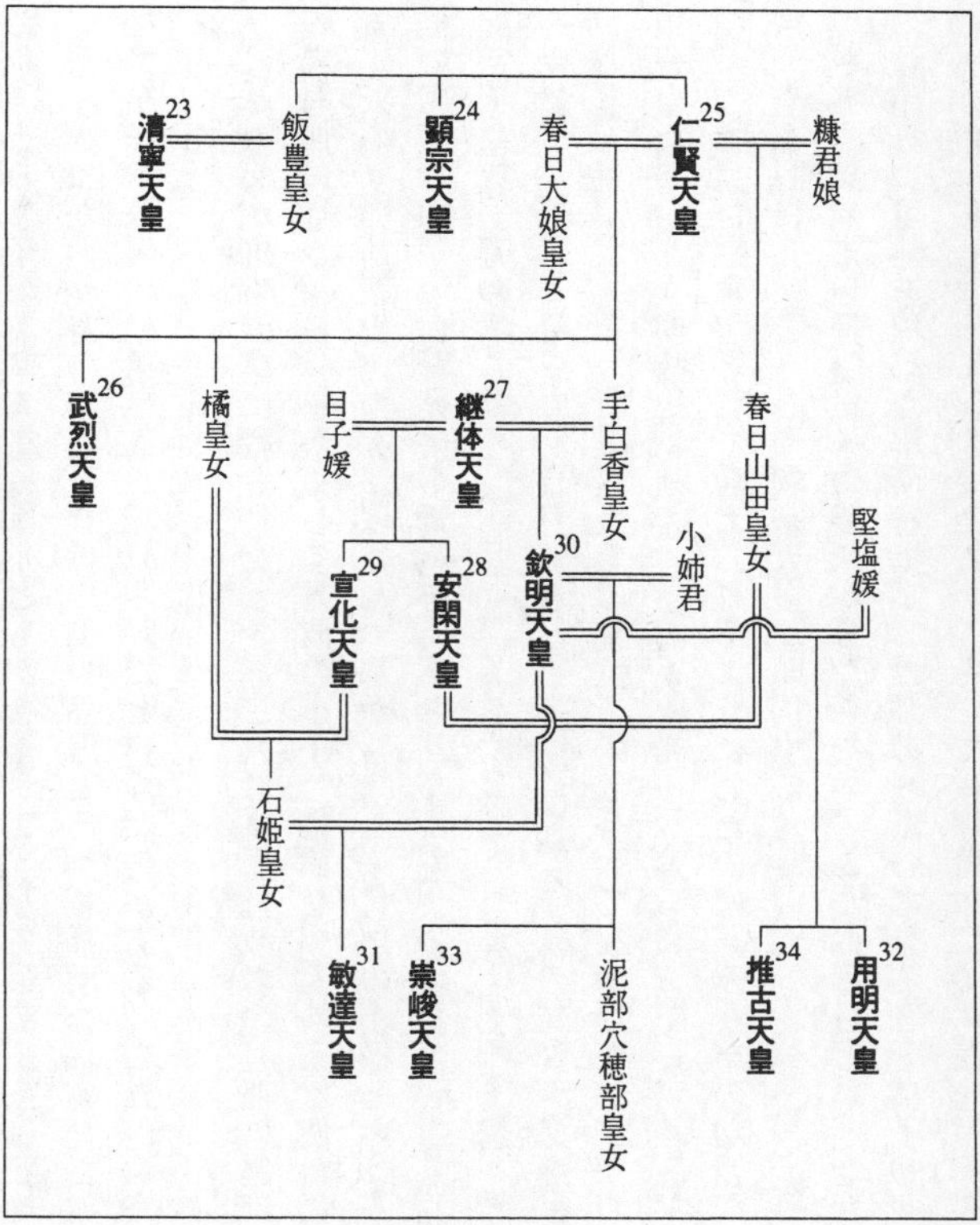

23 清寧天皇
飯豊皇女
24 顕宗天皇
春日大娘皇女
25 仁賢天皇
糠君娘
26 武烈天皇
橘皇女
目子媛
27 継体天皇
手白香皇女
春日山田皇女
29 宣化天皇
28 安閑天皇
30 欽明天皇
小姉君
堅塩媛
石姫皇女
31 敏達天皇
33 崇峻天皇
泥部穴穂部皇女
34 推古天皇
32 用明天皇

たが、その息子の清寧天皇には子どもがなく、こうして第二王家は断絶することになる。清寧天皇がわが身の不運をなげいているところへ、播磨《はりま》の赤石郡《あかし》（明石）で、故市辺押磐皇子の遺児の兄弟二人が発見されたという報告がある。これが顕宗天皇と仁賢天皇であった。

はじめ父が雄略天皇に殺されたとき、二人はまず丹波《たんば》の余社《よさ》郡に逃げ、そこから播磨の赤石郡に行き、身分をかくして丹波《たには》の小子《わらは》と自称し、人の家で使われていた。たまたま主人の家で新築祝いの宴が催され、都から来た来目部《くめべ》の小楯《をたて》という人も出席していた。その席上で顕宗・仁賢兄弟も舞いを所望され、まず兄の仁賢天皇が舞う。次に立った弟の顕宗天皇は室寿《むろほぎ》の歌を歌う。そして舞いながら歌で身分を明かす。驚いた小楯からの報告を受けて、清寧天皇も大いに喜び、兄弟を宮中に迎え、兄の仁賢天皇を皇太子に指名する。

清寧天皇が亡くなった後、兄弟は皇位を譲り合ってなかなか決着がつかない。そこで飯豊《いひとよ》皇女という人が政権を執る。この女帝が亡くなった後、兄の仁賢天皇は、「身分を明かして皇位継承者として迎えられるようにしたのは、みな弟の功績だから」と弟の顕宗天皇を説得し、とうとう顕宗天皇が即位する。

さて、父の市辺押磐皇子の墓所が分からない。ここに置目《おきめ》という老女があって、近江の蚊屋野《かやの》に遺体を埋めた場所を指示した。掘り出して見ると、皇子と共に殺された舎人《とねり》の骨が混ってしまって区別できない。そこで蚊屋野に二つの陵を並べて築き葬る。

顕宗天皇は子どもがなく、その死後、兄の仁賢天皇が即位する。その息子の武烈天皇は暴虐でかつ子どもがなく、第三王家は断絶する。以上が『日本書紀』の筋書きである。

この第三王家をめぐる『日本書紀』の伝えは、いかにもお伽話めいていて、とうてい本当とは思われない。ことに顕宗天皇が新築祝いの宴席で、客人の琴に合わせて舞いながら身分を明かすくだりは、ちょうど後世の謡曲《ようきょく》を思わせる構成になっている。すなわち来目部の小楯と顕宗天皇との間にかけ合いがあり、やがて舞いと歌によって顕宗天皇が高貴な正体を現すのであって、これは本来、新嘗《にひなめ》の祭で演ぜられた神楽《かぐら》であり、小さな者に姿をやつして訪れる神が正体を示すという筋だったのである。恐らくもっと古い伝承の形では、第四王家の始祖の継体天皇が越前から迎えられたのと同じように、第三王家の顕宗・仁賢兄弟も播磨の出身だというものに過ぎなかったのだろう。

謎の女帝

ところでこの第三王家の物語は、『日本書紀』の編者たちがさんざん手を入れて書き直した痕跡を至るところにとどめている。

まず第一に、市辺押磐皇子は、話の本来の形では、単なる皇子ではなく天皇であった人であり、第二に、顕宗・仁賢兄弟はその子どもではなく後裔だったのである。「顕宗天皇紀」には、天皇がいよいよ身分を明かす歌の文句を次のように記す。

石《いそ》の上《かみ》　振《ふる》の神榲《かみすぎ》
本伐《もとき》り　末截《すゑおしはら》ひ
市辺《いちのへ》の宮《みや》に　天《あめ》の下治《したし》らしし
天万国万《あめよろづくによろづ》　押磐《おしは》の尊《みこと》の御裔《みあなすゑ》　僕是也《やつこらま》

石の上の布留の神杉を、
木を伐り、枝の末を押し切りはらうように、四周をなびかせて、
市辺宮で天下をお治めになった、
押磐の尊の子孫であるぞ、我は

ここで市辺押磐皇子は、「市辺の宮に天下を治めた」と言われているから、物語の原形では天皇とされていたわけだし、また顕宗天皇はみずからその「御裔」と名のっているのだから、押磐天皇の直接の子どもではなく、少なくとも孫でなければならない。この押磐天皇も、今の『日本書紀』の市辺押磐皇子と同じように、雄略天皇に殺されたことになっていたかどうかは分からないし、また実在の人物かどうかも不明である。

さて、第三王家の物語が『日本書紀』で書き直された痕跡の第三は、顕宗・仁賢兄弟

が皇位を譲り合う話である。「顕宗天皇紀」のこのくだりは長文の漢文で、兄弟の押し問答が延々と続いているが、その全文が中国の類書（名文句の出典辞典）である『藝文類聚《げいぶんるいじゅう》』や、正史の『漢書《かんじょ》』『後漢書《ごかんじょ》』『梁書《りょうしょ》』などからの抜き書きをつなぎ合わせて出来ていて、要するにきれいごとの作り話である。これが新しい形であって、話の原形では、兄弟の間に緊張した関係があったことになっていたらしいことは、「仁賢天皇紀」の次のくだりからうかがわれる。

難波《なには》の小野《をの》皇后（顕宗天皇の皇后）が、以前に無礼のしうちがあったので、恐れて自殺した。

顕宗天皇の時に、皇太子だった仁賢天皇が宴席に侍していた。瓜を取って食おうとしたが刀子《ナイフ》がない。顕宗天皇は自分で刀子を取り上げ、その夫人の小野に命じて持って行かせた。夫人は皇太子の前に行き、立ったまま刀子を瓜の皿の上に置いた。この日、また酒を杯についで、立ったまま皇太子を呼んだ。この無礼のために死罪になることを恐れて自殺したのである。

これがもし史実を反映しているとすれば、仁賢天皇の時代には、顕宗天皇の皇后を生かしておかないような情勢があったことになる。これはとうてい皇位の譲り合いといった、うるわしい兄弟愛の構図とは両立しない話ではないか。

『日本書紀』の書きかえの痕跡の第四は、飯豊天皇という謎の女帝の事跡である。この人についての『日本書紀』の記述は、すべて奇々怪々であって、正式に天皇として一代に数えてないにもかかわらず、「顕宗天皇紀」には次のように記して、全く天皇として扱っている。

清寧天皇が亡くなった。その月に、皇太子である仁賢天皇と天皇(顕宗)が皇位を譲り合って、久しく決着がつかなかった。そのために、天皇の姉である飯豊青皇女《いひとよのあを》が忍海《おしぬみ》の角刺《つのさし》の宮に朝廷を設け政権を握り、飯豊青の尊《みこと》と自称した。当時の詩人が歌って言った。

倭辺《やまとへ》に　見《み》が欲《ほ》しものは
忍海《おしぬみ》の　この高城《たかき》なる　角刺《つのさし》の宮《みや》

大和の辺りで見たいものは、
忍海の地のこの高城にある　角刺の宮である。

冬十一月に、飯豊青の尊が亡くなった。葛城《かつらぎ》の埴口《はにくち》の丘の陵《みささぎ》に葬った。

これだけでも不思議なのに、この飯豊天皇の身もとが明らかでなく、『日本書紀』自体に三つの矛盾する説が出ているのである。

いま引用した「顕宗天皇紀」の文では、飯豊青皇女は顕宗天皇の姉ということになっている。ところが「履中天皇紀」を見ると履中天皇と、葦田《あした》の宿禰《すくね》の娘の黒姫《くろひめ》との間に生まれたのが、磐坂《いはさか》の市辺押磐《いちのへおしは》皇子と、御馬《みま》皇子と、青海《あをみ》皇女、一名飯豊皇女となっていて、顕宗天皇の姉ではなく叔母ということになる。

ところが飯豊天皇を顕宗天皇の妹とする説もあるのであって、「顕宗天皇紀」の冒頭には、『譜第《ふだい》』という史料を引用して、市辺押磐皇子は、葦田《あした》の宿禰の子の蟻《あり》の臣《おみ》の娘の荑媛《はえひめ》と結婚して三男・二女を産んだ。その一は居夏姫《ゐなつひめ》、その二は仁賢天皇、その三は顕宗天皇、その四は飯豊女王、一名忍海部《おしぬみべ》女王、その五は橘《たちばな》王であるとし、さらに「一本」には、飯豊女王が仁賢天皇の姉になっている、と注意している。

姉と妹の差は大したことがないかも知れない。しかし飯豊天皇が押磐皇子の妹か、それとも娘かは、話の筋を根本的に変えてしまう。思うにこの三つの説のうち、もっとも古い形は、飯豊天皇を顕宗・仁賢兄弟の妹とするものであって、それが書きかえられて姉となり、さらに書きかえられて叔母になったのである。そう考える理由はこれから説明する。

書きかえられた系譜

さて、飯豊天皇をめぐる謎のうち、もっとも不可解なのはその結婚関係である。「清寧天皇紀」にはこれを記して次のように言っている。

飯豊皇女が角刺の宮で夫と初めて交わった。あとで人に向かって言った。「少しばかり女の道を知ったが、別に何ということもないようだ」。それからはついに男と交わろうとはしなかった。

『日本書紀』のようなまじめな史書が、なぜこんな無意味な話を載せるのか、このままでは理由が分からないが、不思議なのは、この皇女の夫が誰だったのか、どこにも書いてないことである。一代に数えないとはいえ、かりにも忍海の角刺の宮に天下を治めた女帝である。誰と結婚したのかぐらい記すのが当たり前だろう。

不思議と言えば、清寧天皇もわけがわからない人である。「清寧天皇紀」には、
子がないことを残念に思って、大伴《おほとも》の室屋《むろや》の大連《おほむらじ》を諸国に遣わして、白髪部《しらかべ》の舎人《とねり》・白髪部の膳夫《かしはで》・白髪部の靫負《ゆげひ》を置いた。名前を残して後世に忘れられないようにと願ったのである。

と記している。白髪は清寧天皇の本名だが、「清寧天皇紀」をよく見ると、皇后はおろか、妻妾についてはいっさい書いてない。結婚もしないでおいて、子どもが出来ないとなげくのも変な話である。

この疑問の答えは簡単だ。この話の原形では、飯豊皇女は清寧天皇の皇后だったのである。ところが皇后が冷淡なので子どもが出来ない。清寧天皇の死後、飯豊皇后が即位

して、日本で最初の女帝になり、この人を通じて皇位は兄の顕宗・仁賢に伝わり、こうして第三王家が誕生したのである。これが『日本書紀』の原史料での話の筋だった。ところが兄の仁賢天皇をさしおいて、弟の顕宗天皇がまず即位したという事実、そこには何か複雑な事情があったと思われ、そのことをあの顕宗天皇の小野皇后の自殺の物語は反映している。そのうしろ暗さを隠し、仁賢天皇の即位を正当化するために、兄弟が皇位を譲り合う話が発明されたのである。

しかしそうしてしまうと、今度は妹の飯豊天皇が、兄たちに先だって即位するのが不自然になって来る。それも兄弟の出現が、清寧天皇の死後、飯豊天皇の即位後であれば問題はないが、『日本書紀』のように、清寧天皇が兄弟を宮中に迎え、しかも兄の仁賢天皇を皇太子に指名したことにしてしまうと、仁賢天皇の皇位継承権は強化されるが、それだけ飯豊天皇が即位すべき理由が薄弱になるわけである。

しかし飯豊天皇については、わざわざ歌まで入れてその皇居の壮麗さを語っているほどで、この人をはずして第三王家の由来は説明できない。そこで飯豊天皇を顕宗・仁賢兄弟の妹から、姉に書きかえた。こうすれば弟たちが譲り合っている間、姉が皇位をあずかっても不自然ではなくなるからである。

ところでさっき言ったように、原史料の形では、第三王家は「市辺《いちのへ》の宮《みや》に天《あめ》の下治《したし》らし天万国万押磐《あめよろづくによろづおしは》の尊《みこと》」という天皇の「御裔《みあなすゑ》」なのであって、決して『日本書紀』のように、市辺の押磐という単なる皇子の息子たちが顕宗・仁賢兄弟だったのではなかった。ところが『日本書紀』は、第五王家の皇極＝斉明・持統から元明・元正に至る四代の女帝の執念に基づき、直系父子相続を理想とする、極めて偏向の強い史書である。そこで「万世一系」の主張に合わせて第三王家の系譜に手を加え、市辺の宮の押磐天皇を市辺押磐皇子に格下げして、履中天皇の皇子と伝えられた御馬皇子の兄にはめこみ、しかもその子孫の顕宗・仁賢兄弟を清寧天皇と同じ世代に持って来るために、中間を飛ばして押磐皇子の息子たちが顕宗・仁賢兄弟だ、と書きかえたのである。

こうすると顕宗天皇は、第五王家の開祖の舒明天皇と同じ立場になって来る。舒明天皇が敏達天皇の孫であり、祖父の死後その弟たちの用明・崇峻に移ってしまった皇位が、推古天皇という女帝の遺言のおかげで舒明天皇の手に入ったのだと、少なくとも『日本書紀』は主張するのだが、それとよく似た事情で、第三王家の初代の顕宗天皇も、履中天皇の孫であり、祖父の死後、皇位は弟たちの反正・允恭に、さらに允恭の息子たちの安康・雄略へと移り、雄略の息子の清寧の死後、飯豊天皇という女帝を経て、皇位が顕宗天皇の手に入るのである。

さきに言ったように、『日本書紀』の最大の使命の一つは、舒明天皇の即位の正当化であった。そこで第三王家の系譜をこう書きかえれば、第五王家にとってはまことに都合のいい前例が出来るわけであった。

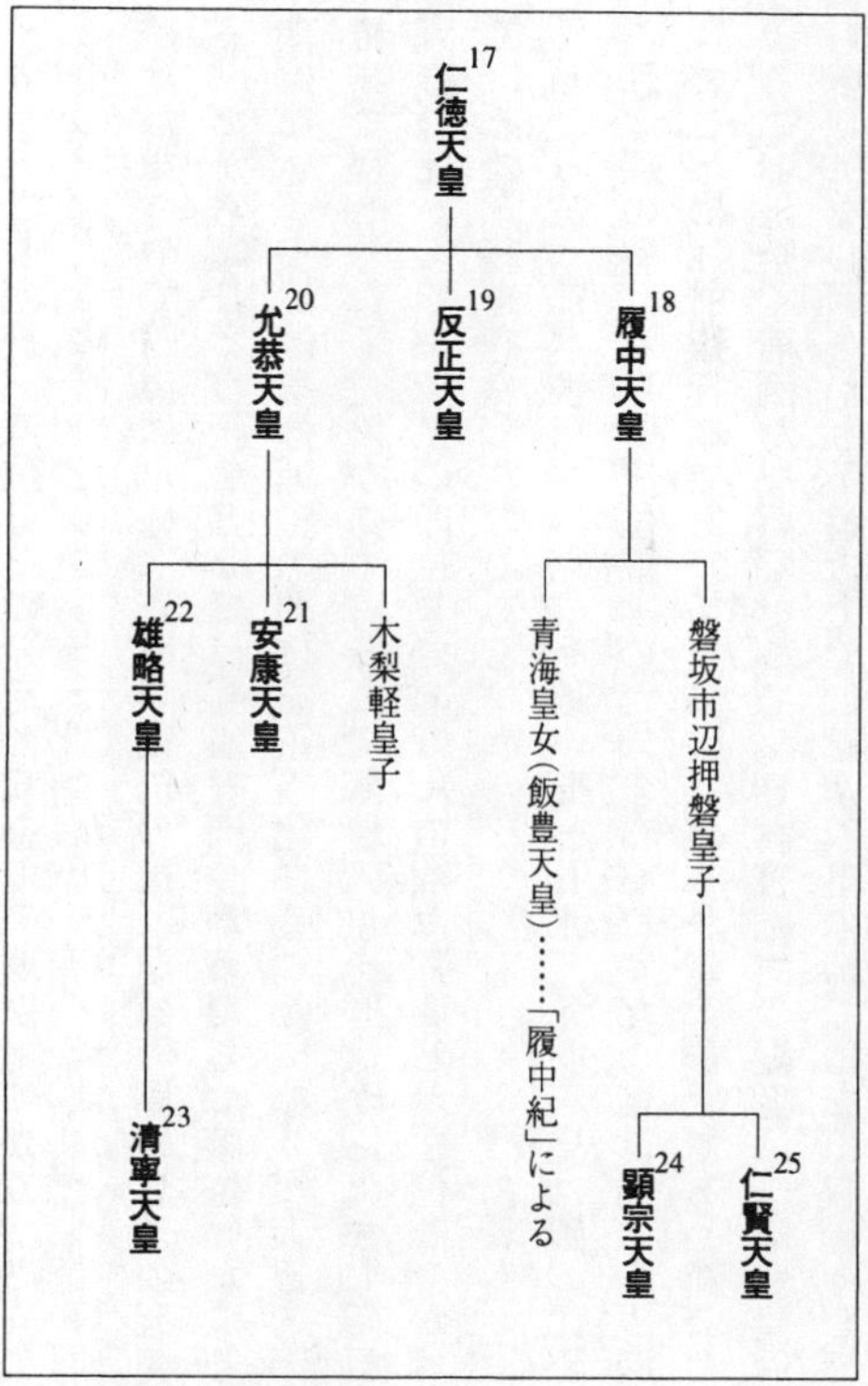

仁徳天皇17
履中天皇18
反正天皇19
允恭天皇20
磐坂市辺押磐皇子
青海皇女（飯豊天皇）……「履中紀」による
木梨軽皇子
安康天皇21
雄略天皇22
清寧天皇23
顕宗天皇24
仁賢天皇25

ところがこうすると、舒明天皇の息子たちである天智・天武兄弟にとっては困ったことが出て来る。それは叔父の孝徳天皇の存在である。

舒明天皇の死後、皇位はその皇后の皇極＝斉明があずかり、さらに皇極＝斉明の手から弟の孝徳天皇に渡ったのであった。これが天智・天武にとって好ましい事態であったわけはないので、現に皇極＝斉明の復位の後、孝徳天皇の息子の有間皇子は殺されている。だから『日本書紀』としては、飯豊天皇が弟たちに譲位したことをあまりはっきり書けない。書けば孝徳天皇の即位を正当化することになり、天智・天武兄弟の皇位継承権まで怪しくなる危険がある。そこで飯豊天皇を歴代からはずして目立たなくし、清寧天皇の死から顕宗天皇の即位までのほんの数カ月間しか在位しなかったように書きかえて、その意義を軽くしたのである。

ところが『日本書紀』の完成も近い七一五年、元明天皇は娘の元正天皇に位を譲った。これが孫の聖武《しょうむ》天皇の皇位継承のための布石だったことは前にも説明したが、この譲位はまことに強引な行為であって、皇后はおろか皇太子妃であったこともない人が女帝になることは全く前例がない。そこで『日本書紀』の編者は、飯豊皇后を夫の清寧天皇から切りはなし、しかも系譜の上では顕宗天皇の姉ではなく叔母として、一世代前の市辺押磐皇子の妹、履中天皇の皇女に持って行ったのである。こうすれば飯豊天皇とその甥の顕宗天皇との関係は、ちょうど元正天皇と、やがて即位すべき聖武天皇との関係と同様になるし、皇后でも皇太子妃でもない女帝の即位も前例が出来ることになる。

こうして出来上がったのが、現在われわれが『日本書紀』に見る第三王家の物語なのである。

天武天皇の血統

最後に一つ疑問が残る。それは『日本書紀』が、第三王家の三人の天皇の中でも仁賢天皇を特別扱いし、清寧天皇の在世中に皇太子に指名されたことにしたり、顕宗天皇との不和を皇位の譲り合いの物語でおおい隠したりして、その即位を正当化しようとしているのはなぜか、という問題である。ことに皇太子の制度は、実は天智天皇が最初らしいのだから。

それは仁賢天皇が、母系を通じて敏達天皇の祖先に当たるからであって、敏達天皇の孫の舒明天皇の第五王家にしてみれば、仁賢天皇の血を濃く承け継いでいることが、敏達天皇の家系の皇位継承権の主張にとって大切な根拠だったからである。

『日本書紀』の「雄略天皇紀」に、雄略天皇の后妃を列記した最後に、次のような話が載っている。

次に春日《かすが》の和珥《わに》の臣深目《おみふかめ》の娘があって、童女君《をみなきみ》といい、春日の大娘《おほいらつめ》皇女を産んだ。童女君はもと采女《うねめ》であったが、天皇が一夜ともに寝ただけで妊娠し、女の児を産んだ。

天皇は疑って皇女として認めなかった。女の児が歩くようになって、天皇は大殿に坐し、物部《もののべ》の目《め》の大連《おほむらじ》が侍坐していた。女の児が庭を通り過ぎた。目の大連はふりかえって群臣に言った。

「美人だなあ、あの女の児は。昔の人の言葉に『汝人《なひと》や母似《ははに》』ということがある。庭を歩きまわっているのは、誰の女の児だと言うのだろう」

天皇が言った。

「何の故に問うのか」

目の大連は答えて言った。

「私が女の児の歩くところを見ると、容姿はよく天皇に似ております」

天皇が言った。

「この児を見る者は、みんな汝の通りに言う。けれども私が一夜ともに寝ただけで妊娠し、女の児を生んだということが普通と違う。それで疑っているのだ」

大連が言った。

「それでは一晩に何回お召しになったのですか」

天皇が言った。

「七回召した」

大連が言った。

「この婦人は潔白な身心を捧げて、一夜ご奉仕申し上げたのです。どうして軽々しく疑って、人の潔白を認めないのですか。私が聞くところでは、妊娠しやすい女は、褌《ズボン》が体に触れただけで妊娠するといいます。まして一晩中ともに寝ながら、いい加減な疑いを起こされるとは」

天皇は大連に命じ、女の児を皇女とし、その母を妃とした。

こうして生まれた春日大娘《かすがおほいらつめ》皇女は、仁賢天皇と結婚して一男・六女を産んだが、その第三が手白香《たしらか》皇女、第五が橘《たちばな》皇女である。のちに武烈天皇の死とともに第三王家が断絶したとき、越前から迎えられて即位した継体天皇は、手白香皇女を皇后として欽明天皇を産んだ。

別に継体天皇の最初の夫人の子である宣化天皇は、橘皇女（または橘仲皇女）と結婚して石姫《いはのひめ》皇女を生んだ。石姫皇女は欽明天皇の皇后となり、二人の間に生まれたのが敏達天皇なのである。

一方、欽明天皇のほかの皇子・皇女の母を見ると、用明天皇・推古天皇の母は蘇我の大臣稲目《いなめ》の宿禰の娘の堅塩《きたし》媛《ひめ》であり、崇峻天皇と、聖徳太子の母となった泥部《はしひと》穴穂部皇女との母は、堅塩媛の同母妹の小姉君《をあねのきみ》である。

言い換えれば、敏達→彦人大兄《ひこひとおほえ》→舒明の家系は、仁賢天皇の高貴な血を父系・母系の両方から受けているのに対し、これと競争する立場にある用明→聖徳→山背大兄《やましろのおほえ》の家系は、父系を通じてしか仁賢天皇につながっていないわけである。

これが史実かどうかは別として、『日本書紀』が第三王家のなかでも特に仁賢天皇に肩を入れたのは、舒明天皇の血統を持ち上げるためであり、ひいては天武↓草壁↓文武↓聖武という皇位継承を正当化する努力の一環だったのである。

こう見て来ると、顕宗・仁賢・武烈の三代から成る第三王家は、『日本書紀』の全体の構成のなかでは、もっぱら第五王家の祖先の敏達天皇の外戚としての役割を果たしていることがわかる。それではその前の、仲哀天皇から応神・仁徳を経て雄略・清寧に至る第二王家はどうだろうか。

はっきり言って、敏達天皇や舒明天皇にとって、第二王家との結びつきは極めて薄弱である。なるほど父系では、敏達天皇の祖父の継体天皇は、応神天皇の五世の孫ということになっているが、前にも言った通り、『日本書紀』はその中間の世代を記さないほどで、この系譜に対しては異常に冷淡であり、むしろ継体天皇が仁賢天皇の娘婿に入ったことを皇位継承の資格と見なしているようである。母系のほうでは、仁賢天皇の皇后が雄略天皇の皇女となっているが、これも怪しい話で、一夜にしてはらみ、生まれたというのは、出自の不確かな人間につきものの話の型であり、現に雄略天皇が自分の娘と認めなかったというではないか。これも起源の新しい作り話に過ぎず、結局、第二王家は、『日本書紀』が現代史と認める第五王家とは何のつながりもなく、古代史よりはさらに遠い、原史時代の伝説の世なのである。

第四章　初代の倭国大王・仁徳天皇

伝説の時代

第二十三代の清寧天皇に至るまでの歴代の天皇は、『日本書紀』に載っている系譜をそのまま信用してみても、『日本書紀』編纂当時の皇室との血統のつながりは極めて薄弱である。

すなわち、第二十七代の継体天皇の五世の祖が、第十六代の応神天皇だ、とは言うものの、その中間の世代が書いてなくて、いかにもこしらえ物の系譜、といった感じがする。

それから、第二十五代の仁賢天皇は、第十八代の履中天皇の孫、ということになっているが、『日本書紀』自体が伝える、顕宗天皇の歌の文句がこれと矛盾していて、これも新しく作った系譜らしい。

さらに、その仁賢天皇の皇后となった春日大娘《かすがのおほいらつめ》皇女は手白香《たしらか》皇女を産み、手白香皇女は継体天皇の皇后となって、第三十代の欽明天皇を産むのだが、この春日大娘皇女は、第二十二代の雄略天皇の娘ということになっている。しかし『日本書紀』が伝える春日大娘皇女の出生物語では、雄略天皇が自分の娘と認めなかったことになっていて、この系譜も怪しいことを自白しているのも同然である。

『日本書紀』編纂当時の皇室と、清寧天皇以前の歴代との間の血統上のつながりは、以上の三つしかないのであって、しかもその三つとも極めてあやふやなしろものである。ことにこれから説明するが、応神天皇は実在の人物ではないのだから、清寧天皇以前の天皇は、『日本書紀』の編者たちにとって、全く現実政治に関係のない、むかしむかしの伝説の世なのである。

ただし同じ伝説の世とは言っても、その中には古い伝承と、新しく作った話との二つの部分がある。このことをはっきり示してくれるのが、やはり『日本書紀』の系譜である。すなわち第一代の神武天皇から第十七代の仁徳天皇まではすべて父子相続になっていて、兄弟相続は一件もない。ただし第十三代の成務天皇の跡目を相続したのは甥の仲哀天皇であって、これだけが例外だが、それでも兄弟相続ではない。

ところが仁徳天皇の次からは、兄弟相続が原則になる。すなわち第十八代の履中天皇・第十九代の反正天皇・第二十代の允恭天皇が兄弟、さらに第二十一代の安康天皇・第二十二代の雄略天皇が兄弟で、雄略天皇の息子の第二十三代清寧天皇に至って皇統が断絶することになっている。

つまり『日本書紀』が伝える皇室の系譜には、同じ伝説時代でも二つのタイプがあるわけで、その父子相続型と兄弟相続型の境目が仁徳天皇だ、ということになる。ところで『日本書紀』は、自分の腹を痛めた可愛い息子に亡夫の跡を継がせたい、という女の執念をもって、持統・元明・元正三代の女帝が直系父子相続の理想の実現のために奮闘していた時代に作られた史書である。その『日本書紀』が伝える天皇の系譜が、古いほうほど父子相続型になっているのはなぜか。

言うまでもあるまい。およそ系譜というものは、古いほうほど偽作しやすいものである。神武天皇から仁徳天皇に至る父子相続型の系譜は、『日本書紀』の編者たちが、当時の現実政治の要請にこたえて作り出したものである疑いが濃厚なのだ。

これに反して履中天皇から清寧天皇に至る六代の系譜は、兄弟相続を原則としていて、これはいかにも『日本書紀』の編者たちにとってはつごうが悪い。それにもかかわらずこうした系譜が『日本書紀』に載っているのは、それが古くから確立していた伝承であって、いまさら改変の余地がなかったからに違いない。言いかえれば、このへんの歴代の天皇は、『日本書紀』以前の古い記録にすでに姿を現していた人々であり、従ってその系譜や事跡も、史実をある程度伝えている可能性がある、と考えてよろしい。このことを出発点として、これから『日本書紀』が記述する歴代の天皇の事跡を吟味することにしよう。

海の匂いの強い天皇

さて、前にも言った通り、この部分の『日本書紀』の皇統は、神武天皇から成務天皇に至る第一王家と、仲哀天皇から清寧天皇に至る第二王家とに分かれる。そのつなぎ目になるのは日本武尊《やまとたけるのみこと》であって、第十二代景行天皇の息子だったが、皇位に登らずに死んだ。のちに日本武尊の息子が皇位を継いだのが、仲哀天皇ということになっている。

つまり仲哀天皇は、舒明天皇や文武天皇と同じように、天皇の子ではなく孫に過ぎないのに皇位に登ったので、これは『日本書紀』の編者たちの意識では、一つの新時代を画するに十分な事件であった。だからこの仲哀天皇からはじめて、第二王家の歴代の事跡を順々に点検してみることにする。

『日本書紀』の「仲哀天皇紀」を読んで、すぐ気がつく特異な点が一つある。それはこの天皇がついぞ陸上に定住せず、妻の神功《じんぐう》皇后ともども、海上を放浪して生涯を終わったことである。

「仲哀天皇紀」に、天皇の居場所として最初に記されるのは越前の角鹿《つぬか》（敦賀《つるが》）で、ここに笥飯《けひ》の宮を建てて住んだ、とあるが、敦賀は言うまでもなく海港である。

次に仲哀天皇は、神功皇后を角鹿に留めておいて、南国巡幸に出発し、紀伊の徳勒津《ところつ》の宮に住むが、これも海港である。

今度は熊襲《くまそ》の国を討ちに徳勒津を出発し、海路から穴門《あなと》（長門《ながと》国豊浦《とゆら》郡）に向かうが、神功皇后には、角鹿から日本海を回って穴門で合流するように指示する。こうして二人は穴門の豊浦の宮に住むことになる。

そこから筑紫《つくし》へ船出して、まず岡《をか》（筑紫国遠賀郡）に向かうが、岡の県主《あがたぬし》の祖の熊鰐《わに》はこれを迎えて帰服し、天皇と皇后を岡の津に案内する。

次は伊覩《いと》（筑前国怡土《いと》郡）で、伊覩の県主《あがたぬし》の祖の五十迹手《いとて》が二人を迎えて帰服し、天皇から「イソシ」（御苦労）とほめられたので、それから「イソの国」と言うようになり、それがなまって「イト」になった、という地名の起源説話になっている。もちろんこれはこじつけで、「伊覩」は『魏志倭人伝』の「伊都《いと》国」であることは言うまでもない。

仲哀天皇と神功皇后は、それからさらに儺県《ながあがた》（筑前国那珂郡）に移り、橿日《かしひ》の宮に住むが、これも『魏志倭人伝』の「奴《な》国」であり、例の金印で有名な「漢委奴国王《かんいどこくおう》」の故地である。

この橿日の宮は今の香椎《かしい》宮で、後世の『延喜式《えんぎしき》』（九二七年完成）では、「香椎廟《べう》」と呼ばれ、皇室の祖先神を祭る宗廟の扱いを受けたところである。ここで神功皇后に神がついて、その口を通して熊襲征伐をとどめ、その代わりに海のかなたの金銀財宝の国である新羅《しんら》を討つことを勧める。仲哀天皇は、高い山の上から大海のかなたを望んでも国は見えないので、新羅国の実在を疑い、この神託を信じない。そして熊襲征伐を強行するが成功せず、天皇は急死する。神功皇后は天皇の屍《しかばね》を穴門に移し、豊浦の宮において喪を発せしめる。

そういうわけで、仲哀天皇は、角鹿から始まって、徳勒津→穴門→岡津《をかつ》→伊覩→儺《な》→穴門と、港から港へ海上を移動しつつ一生を過ごしたことになって、海の匂いがたいへん強い。ところがその妻の神功皇后となると、ただ海と関係が深いだけでなく、海を支配する神秘的な力を持つことが、くり返し語られるのである。

まず「仲哀天皇紀」では、夫から穴門で合流するように指示を受けた神功皇后は、角鹿から船出し、渟田《ぬた》の門《みなと》という所に到って船上で食事をする。船のまわりに集まった多くの鯛《たい》に、皇后が酒をそそぐと、鯛は酔って浮き上がり、大漁をした海人《あま》は喜んで、「聖王からいただいた魚だ」と言う。それからというもの、この所の鯛は、毎年六月になると、水面に浮かんで酔ったように口をぱくぱくさせるようになった、という。

さらに皇后が穴門に到着して豊浦津《とゆらのつ》に泊まった日、皇后は海中に如意珠《にょいしゅ》を得た、と書いてある。「如意珠」というのは、インドの昔話に出て来る「チンターマニ」のことで、願いをかなえてくれる宝石なのだが、ここではわざわざ「海中に得た」とことわっているのだから、多分「神代《かみよ》の巻」でヒコホホデミが海神から授けられる「シホミチノタマ」や「シホヒノタマ」のことであって、海水を支配する力を与えるものなのだろう。「神功皇后紀」に入ると、仲哀天皇の死後、皇后がかさねて神託を求めると、多くの神々がつぎつぎに皇后に憑《つ》いて名のりをあげるが、その第一は天照大神《あまてらすおほみかみ》、第二は稚日女尊《わかひるめのみこと》で、ともに太陽神である。第三は事代主《ことしろぬし》の神であり、第四に表筒男《うはつつのを》・中筒男《なかつつのを》・底筒男《そこつつのを》の三神が現れるが、この三神は航海の神として有名な住吉《すみのえ》三神のことである。

これらの神々を祭ると、熊襲はたちまちにして帰服する。皇后はそれから肥前の松浦《まつら》県に至り、玉島河《たましまがは》のほとりで食事をする。皇后が針を曲げて釣り針とし、飯粒《いひつぶ》を餌にし、裳《も》の糸を抜き取って釣り糸にして、河中の石の上に登り、「海のかなたの国が手に入るようならば、河の魚がかかるように」と祈って竿《さお》をあげると、鮎《あゆ》がかかっている。皇后が「めづらしき物なり」と言ったので、その所を「メヅラの国」と呼び、それがなまって「マツラ」となった。それ以来、この国の女たちは、四月上旬になると鮎を釣るのが習慣となったが、男たちが釣ったのでは釣れない、という。またもや魚の話だが、もちろん「松浦」は「メヅラ」のなまりなどではなく、『魏志倭人伝』の「末盧国《まつら》」である。

橿日《かしひ》の浦にもどった皇后は、髪を解いて海に臨み、遠征が成功するようならば、髪がおのずから分かれて二つになるように、と祈って、髪を海水に入れてすすぐと、まことに二つに分かれた。そこで髪を男のように「ミヅラ」に結い、群臣に征討の準備を命ずる。

さて、吾瓮《あへ》の海人《あま》の烏摩呂《をまろ》という者を遣わして、海のかなたに果たして国があるかどうかを偵察させるが、帰って来て「国は見えない」と報告する。さらに磯鹿《しか》の海人の草《くさ》という者を遣わすと、何日も経って帰って来て、「西北方に山があって雲がかかっているから、国があるのだろう」と言う。磯鹿は志賀《しが》で、すなわち「漢委奴国王」の金印が出土した志賀島《しかのしま》である。

神功皇后の艦隊は対馬《つしま》の和珥津《わにのつ》を出発して新羅に向かい、海中の大魚はことごとく浮かんで乗船を助ける。大風が吹き、追い風に乗ってたちまち新羅に到り、海水は遠く国の半ばに及ぶ。新羅王は恐れて降伏する。皇后は筑紫に凱旋し、応神天皇を産んだので、その所を「宇瀰《うみ》」と呼んだ、という。「宇瀰」はもちろん『魏志倭人伝』の「不弥《ふみ》国」である。

遠征のあいだ皇后を加護した住吉三神は、皇后に告げて、その荒魂《あらみたま》を穴門の山田邑《やまだのむら》に祭らせる。これが下関の住吉神社である。

神功皇后は、穴門の豊浦の宮を船出して東方に向かう。仲哀天皇の別の妃から生まれた麛坂《かごさか》・忍熊《おしくま》の二皇子は、これを聞いて軍隊を動員して迎え撃とうとする。そこで応神天皇の船は太平洋を回って紀伊に向かい、神功皇后の船は瀬戸内海を難波《なには》に向かう。ところで皇后の船は海中でぐるぐる回るばかりで進めない。そこで務古《むこ》の水門《みなと》（尼崎）にもどり、神々の教えのまにまに、天照大神を広田（西宮）に、稚日女尊を生田（神戸）に、事代主神を長田（神戸）に祭り、また住吉三神をも祭ったが、これが住吉大社（大阪）である。

そのおかげで無事に紀伊に到着し、日高《ひたか》で応神天皇と合流して、小竹《しの》の宮に住む。

神功皇后を主人公とする物語はこれですべて終わり、このあとの二皇子との戦の主役は武内《たけしうち》の宿禰《すくね》になる。すなわち武内の宿禰は、皇后の軍勢を率いて、山城の菟道《うぢ》（宇治）で二皇子の軍と対戦し、これを打ち破って、近江の瀬田まで追撃して二皇子を殺す。

それからあとの「神功皇后紀」の記事は、ほとんどすべて百済《ひゃくさい》の史料から取ったものとおぼしく、性質のちがう伝承だから、ここでは取り上げない。

さて、以上の神功皇后の事跡を通観すると、四つの目立った特徴がある。

第一に、夫の仲哀天皇と同じく、神功皇后も港から港へと海上ばかり移動していて、ほとんど内陸に足を踏み入れていないことである。

第二に、神功皇后には、海や魚族にまつわる霊験譚《れいげんたん》が多すぎる。

第三に、住吉三神という海神と関係が深い。天照大神・稚日女尊・事代主神は海神ではないが、広田神社・生田神社・長田神社の祭神としては航海の神々であった。

第四に、神功皇后の物語には、あちこちに海人やその居住地が顔を出している。

こうしたことを考え合わせると、何か仲哀・神功夫妻の正体について、面白い説明が出来そうだが、結論を出す前に、二人の間に生まれた応神天皇の事跡を検討してみよう。

主人公のいない「応神天皇紀」

『日本書紀』の「応神天皇紀」にも、三つの顕著な特徴がある。

まず第一に、応神天皇自身を主人公とする物語が一つもないことである。

たとえば、日向《ひむか》の髪長媛《かみながひめ》の物語がある。諸県《もろがた》の君牛諸井《うしもろゐ》の娘の髪長媛が美人だと聞いて、天皇はこれを召し寄せる。ところが皇子の仁徳天皇は、媛の美しさを見て恋情を抱く。これを察した天皇は、宴席に媛を呼び出し、仁徳天皇を手で招いて、媛を指さして歌う。

いざ、吾君《あぎ》　野にひる摘《つ》みに
ひる摘みに　我が行く道に
香《か》ぐはし　花たちばな
下枝《しづえ》らは　人みな取り
上枝《ほつえ》は　鳥居《ゐ》枯《か》らし
三つ栗の　中つ枝《え》の
ふほごもり　赤《あか》れるをとめ

いざさかばえな
さあわが君よ。野にひる摘みにいきましょう。
ひる摘みに私の行く道に、
よい香の花橘が咲いています。
その下枝の花は人が皆取り、
上枝は鳥が来て散らしましたが、中の枝の、
これから咲く美しい赤みを含んだ、花のような、美しい娘さんがいます。
さあ、花咲くといいですね。

この歌を聞いて、媛を賜るのであることを知った仁徳天皇は、大喜びで歌う。

水たまる　依網《よさみ》の池に
ぬなは繰《く》り　延《は》へけく知らに
堰杙《ゐぐひ》つく　川俣江《かはまたえ》の
菱《ひし》がらの　さしけく知らに
吾《あ》が心し　いや愚《うこ》にして

依網池で
ジュンサイを手繰って、ずっと先まで気を配っていたのを知らずに、
また、岸辺に護岸の杙を打つ川俣の江の
菱茎が、遠くまで伸びているのを知らずに、
私は全く愚かでした。

そして髪長媛と結婚したあと、仁徳天皇は媛に向かって歌う。

道《みち》の後《しり》　こはだをとめを
神のごと　聞こえしかど
あひ枕《まくら》まく

遠い国のこはだをとめは
恐ろしいほど美しいと噂が高かったが、
今は私と枕をかわす仲になった。

さらに、

道の後　こはだをとめ
争はず　寝しくをしぞ
愛《うるは》しみ思ふ

遠い国のこはだをとめが、
さからわずに一緒に寝てくれることを
すばらしいと思う。

これは応神天皇の物語というより、むしろ仁徳天皇が主人公である。

次に阿直岐《あちき》と王仁《わに》の物語がある。百済王が阿直岐を遣わして、良馬二匹を献上したので、大和の軽《かる》の坂の上の廐《うまや》で飼わせ、それからそこを廐坂《うまやざか》と呼ぶようになる。阿直岐は儒教の経典に通じていたので、皇太子の菟道稚郎子《うぢのわきいらつこ》がこれを師とする。応神天皇は阿直岐に問うて、王仁がさらにすぐれた学者であることを知り、これを百済から召す。菟道稚郎子は王仁について、あらゆる典籍に精通するようになる。

この話は、阿直岐史《あちきのふびと》・書首《ふみのおびと》の始祖説話であって、応神天皇はわき役に過ぎない。

次に国樔《くず》人の物語がある。天皇が吉野の宮に行ったときに、吉野河の上流の山奥から国樔という人々が来朝し、白酒を献上して歌う。

かしの生《ふ》に　横臼《よくす》を作り
横臼に　かめる大御酒《おほみき》
うまらに　聞こし持ち食《を》せ
まろが父《ち》

かしの林で横臼を作り、
その横臼にかもした大御酒を、
おいしく召し上れ。
わが父よ。

歌い終わって口を打ち、仰向いて笑う。これは『延喜式《えんぎしき》』の時代になっても定例として行われた「国栖の奏《くずのそう》」の起源の説明であって、別に応神天皇の時代の史実としなければならぬ理由はない。

今度は御友別《みともわけ》の物語である。天皇が難波《なには》に行って、大隅《おほすみ》の宮に住む。高台に登って遠くをながめていると、側にいた兄媛《えひめ》という妃が、西方を望んで溜息《ためいき》をつく。天皇がわけを問うと、父母が恋しくなった、という返事である。天皇は兄媛に帰郷を許し、兄媛は難波の大津《おほつ》から船出して故郷の吉備《きび》に向かう。天皇は高台の上からこれをはるかに望んで歌う。

淡路島《あはぢ》　いやふた並び
小豆島《あづき》　いやふた並び
寄《よ》ろしき島々　誰《だ》かた去《さ》れ放《あら》ちし
吉備なる妹《いも》を　あひ見つるもの

淡路島は
小豆島と二つ並んでいる。
私が立ち寄りたいような島々は、皆二つ並んでいるのに、私は独りにされてしまった。
誰が遠くへ行き去らせてしまったのだ。
吉備の兄媛を、折角親しんでいたものを。

それから天皇は淡路島に狩猟に行き、そこから小豆島を経て、吉備の葉田《はだ》の葦守《あしもり》の宮に移る。兄媛の兄の御友別が参上してかいがいしく奉仕する。天皇は悦んで、御友別の子弟を吉備国に封じ、兄媛に織部《はとりべ》を賜う。

この話は、吉備の臣《おみ》一族の始祖説話であって、応神天皇はやはり主役ではない。淡路島と小豆島に天皇が狩猟に行くのは、この話に結びつけた歌の文句にこの二つの島が登場するからに過ぎない。それに兄媛という妃は、「応神天皇紀」の初めのほうに載っている系譜には、その名も出ていない人で、この話は全体として新しく作られたらしく見える。

また、枯野《からの》という船の話がある。枯野は伊豆《いづ》国に命じて造らせた、長さ十丈の巨船だったが、老朽したので、薪として塩を焼かせ、五百籠の塩を得た。ところがどうしても燃えない部分があったので、不思議に思ってこれを天皇に献上した。天皇はこれを琴に作らせ、歌って言った。

枯野を　塩に焼き
しが余り　琴に作り
かき弾くや　由良《ゆら》の門《と》の
門中《となか》の海石《いくり》に　触れ立つ

なづの木の　さやさや

枯野を塩焼きの材として焼き、
その余りを琴に作って
掻き鳴らすと、由良の瀬戸の
海石に触れて生えている
ナヅノキの（潮にうたれて鳴る）ように大きな音で鳴ることだ。

これも、どの天皇の世に持って行ってもいいような昔話である。
最後に、菟道稚郎子の立太子の話がある。応神天皇は、皇子の大山守《おほやまもり》の命《みこと》と仁徳天皇に向かって、「お前たちは、子どもが可愛いか」と問う。「とても可愛いものです」と答えると、さらに「年上の子と年下の子は、どちらが可愛いか」と問う。大山守の命が「年上のほうです」と答えると、天皇は不機嫌になる。仁徳天皇がその心中を察して、「年上の子はもう成人したこととて、心配なこともありませんが、年下の子はまだどうなるか分からないので、とても可愛いものです」と言うと、応神天皇は大いに悦んで、「お前の言葉は、まったく私の考え通りだ」と言い、菟道稚郎子を後継者に指名し、大山守の命には山川林野を支配させる。

これは次の「仁徳天皇紀」の冒頭に記される、菟道稚郎子が大山守皇子をほろぼす話の導入部であって、応神天皇自身はあまり重要な役を演じていない。

以上の六つの物語が、「応神天皇紀」のなかでこの天皇が多少なりとも顔を出す話の全部であるが、そのどれ一つをとっても、応神天皇が中心になって展開する話になっていない。これは何とも異様ではないか。

皇居も陵も不明

「応神天皇紀」の特徴の第二は、この天皇の宮がどこにあったのか、さっぱり分からないことである。

応神天皇は「筑紫《つくし》の蚊田《かだ》」に生まれた、と最初に記されるが、次に現れる天皇の所在は、国樔人の来朝の物語の「吉野の宮」である。その次は御友別の物語に出て来る「難波の大隅の宮」と「葉田の葦守の宮」である。そして死去の地は、ただ「明《あきら》の宮」とだけ記され、その分註に、一説として大隅の宮で死んだ、と記されている。

この「明の宮」が問題で、少なくとも『日本書紀』による限りは、この皇居がどこにあったのかを知る手掛かりはない。ところが『日本書紀』よりずっと新しい『続日本紀《しょくにほんぎ》』（七九七年完成）や『延喜式』には、これを「軽島《かるしま》の明の宮」または「軽島の豊明《とよあきら》の宮」と呼んで、大和の軽《かる》の地にあったようにしている。しかしこれらは恐らく、『日本書紀』の阿直岐の話に、百済王が献上した良馬を飼わせたところが軽の厩坂だ、とあったのにヒントを得て、その近くに皇居があったに違いない、と考え、こうした名前を発明したものだろう。要するに応神天皇の本拠がどこだったのか、「応神天皇紀」の記述からでは見当がつかないのである。

怪しいことはそればかりではない。「応神天皇紀」に限らず、『日本書紀』全巻を通じて、どこにも応神天皇陵の所在が書いてないのである。つまり、この天皇には墓というものがないのだ。

応神天皇の本名は「誉田《ほむた》」または「誉田別《ほむたわけ》」である。ところで『日本書紀』のなかでもっとあとのほうの「雄略天皇紀」に「誉田陵」というものが出て来る。

河内国の飛鳥戸《あすかべ》郡の人である田辺史伯孫《たなべのふびとはくそん》の娘は、同国の古市《ふるいち》郡の人である書首加竜《ふみのおびとかりよう》の妻であった。娘が児を産んだので、伯孫は婿の家に祝賀に行って、月夜に帰って来た。途中でイチビコの丘の誉田陵の下で、赤馬に乗った人といっしょになったが、見るといかにも良い馬である。欲しくなって競走をいどんだが、伯孫の葦毛馬はとても追いつけない。その人は伯孫が自分の馬を欲しがっていることを知り、馬の交換を承知した。喜んだ伯孫は取り換えた馬に乗って家に帰ったが、翌朝になって見ると、厩の赤馬は埴輪《はにわ》の馬に変わっていた。伯孫が怪しんで誉田陵に行って見ると、自分の葦毛馬は埴輪の馬の間にいた。

これは有名な話であって、ここに言う「イチビコの丘の誉田陵」が、『延喜式』の「諸陵式《しょりょうしき》」が河内国の志紀《しき》郡にあると言う応神天皇の「恵我藻伏崗陵《ゑがもふしのをか》」であり、すなわち今の大阪府羽曳野《はびきの》市の、われわれが応神陵と呼んでいる古墳に当たることは確かだが、注意しなければならないのは、「雄略天皇紀」はこの古墳を「誉田陵」と呼び、決して「誉田天皇陵」とは記していないことである。

つまり『日本書紀』が完成した七二〇年には、この誉田陵はまだ応神天皇陵とはされていなかったわけである。

そうして見ると、応神天皇には、自分が主人公となって活躍する物語もなければ、皇居の所在も確かではなく、墓すら存在しなかったことになるが、こういう天皇が実在の人物である気づかいはまずあるまい。恐らく応神天皇は、仁徳天皇以下の歴代と、その始祖とされた仲哀天皇・神功皇后とを結びつけるために新しく発明された人物であって、もともと特定の天皇の名前のなかった歌物語やいろいろな氏族の祖先伝説を、応神天皇の治世に持ちこんで並べたのが、今われわれが見る「応神天皇紀」の形なのである。

それではその応神天皇の両親とされている仲哀天皇・神功皇后とはいったい何か。さっきは結論を保留したが、もう断定を下してもいいだろう。二人は人間ではなく、海の神々であり、香椎宮《かしひのみや》の祭神たちなのである。

香椎宮の起源は極めて新しいものであって、仲哀・神功二柱の神々の出現も、斉明天皇が百済再興のためにこの地に大本営を置いた六六一年をさかのぼるものではあるまい。唐・新羅連合軍の強大な武力の重圧のもとに、日本が国力を傾けて戦わなければならなかった異常な緊張が、一種の宗教的ヒステリーを作り出したことは容易に理解できる。現に「斉明天皇紀」には、朝倉の宮を建てるために朝倉社の木を切ったので、神が怒って大殿に落雷があり、また宮中に鬼火《おにび》が現れて、大舎人《とねり》や近侍たちの病死が多かったこと、天皇が朝倉の宮で亡くなると、朝倉山の上に大笠を着た鬼が現れて、喪列を見守っていたことが記されていて、当時の異様な雰囲気を伝えている。こうしたなかで、神功皇后について名のりをあげ、遠征軍の守護を約束する神々のように、香椎の神々も斉明天皇の一行のあいだに出現したのであろうし、この二柱を筑紫から持ち帰ったのは天智天皇であろう。神功皇后の本名は「オキナガタラシヒメ」だが、これは斉明天皇の亡夫の舒明天皇の本名の「オキナガタラシヒ・ヒロヌカ」とほとんど同じである。しかも天智天皇は近江の大津の宮に都を移したが、「息長」は近江の地名である。『日本書紀』の「仲哀天皇紀」・「神功皇后紀」に伝えられる二人の事跡は、そういうわけで、恐らく香椎の神々にのりうつられた巫女が、霊感のまにまに語った二柱の縁起であり由来なのであって、斉明天皇や天智天皇の時代の現実を反映したために、ああいう形になったのであった。

東征はなかった

ところで、さっき「仲哀天皇紀」・「神功皇后紀」の物語を紹介したとき、そのつど注意しておいたように、この二柱の神々の縁起には、『魏志倭人伝』に名前を挙げられた北九州の倭人の諸国——末盧《まつら》・伊都《いと》・奴《な》・不弥《ふみ》——がことごとく登場し、しかもその中心になるのは、金印で有名な奴国の地であって、そのうえ北九州で生まれた応神天皇が近畿に移って王となったことになっている。これと神武天皇の東征伝説と連想で結びつけて、北九州の邪馬台国が後に近畿に移り、大和朝廷が発生したのだ、などと空想を馳せたい誘惑に駆られる人もあるかも知れない。これはいかにも魅力的な筋書きだが、残念ながら根拠はまったくない。

まず第一に、北九州を舞台とする物語ならば、松浦《まつら》や伊覩《いと》や儺《な》が出て来るのは当たり前であって、何も女王卑弥呼の時代の記憶が残っていたと考える理由も必要もない。ことに香椎宮が奴国の故地に出来たのは、博多港がその地理上の必然から、朝鮮半島との連絡地であり、そのためにここに奴国が興り、またそのために斉明・天智朝の百済再興作戦の基地がここに置かれたからであって、何も香椎宮が大むかしの奴国王家と関係があったわけではない。

第二に、香椎宮が『延喜式』で「香椎廟」と呼ばれ、皇室の祖先の廟のごとき待遇を受けるようになったのは、『日本書紀』が香椎の祭神たちを人格化して、仲哀天皇・神功皇后として皇室の系譜に組みこんだあとのことである。『続日本紀』を見ると、七三七年・七五九年・七六二年の三回だけ、香椎宮（廟）の名前が出ているが、いずれも新羅との戦争の危機に際して捧げ物をした記事であって、「廟」とはいっても本当の意味での皇室の祖廟ではなく、新羅征伐だけに関係を持つ特殊な廟であることがうかがえる。これは香椎宮の信仰が、白村江《はくそんこう》の敗戦の産物だからである。

第三に、応神天皇が筑紫で生まれるのは、母の神功皇后が、海のかなたから来臨して、海辺で若神を産む海の女神だからである。『日本書紀』の「神代巻」に登場する海神の娘トヨタマヒメも同じタイプの女神であるが、風波をおかして海辺に来到し、ヒコナギサを産むけれども、正体の竜の形を見られたのを恥じて、海と陸の交通路を断って立ち去るのである。香椎の祭神の息子である応神天皇が、筑紫の海辺で生まれるのは当たり前で、これを皇室の北九州起源の根拠には出来ない。

第四に、応神天皇は北九州から近畿に移ってはいない。神功皇后は神々と同船して瀬戸内海を航行し、広田・長田・生田・住吉に神々を下船させる。皇后の東征はそれだけであって、応神天皇はこれに同行していない。天皇を東方に連れて行くのは武内《たけしうち》の宿禰《すくね》であって、それも紀伊が終点であり、決していわゆる大和朝廷の本拠の地まで行ってはいない。その武内の宿禰がまた架空の人物で、ごく新しく蘇我氏の祖先として考え出されたものである。それに先ほども言ったように、応神天皇の宮の名前は物語ごとに違っていて、どこが本拠やら分からず、陵すらないのである。とても応神天皇は北九州から来て畿内に王朝を建てた、などと気楽に言えるような話ではない。

そういうわけで、皇室の西方起源を暗示すると見ていいような確かな形跡は、少なくともこの第二王家に関する限り、全く見つからないことを、どうか覚えておいて頂きたい。

創業の君主・仁徳帝

ところが次の仁徳天皇以下の七代となると、影の薄い応神天皇とはちがって、都の位置も陵の所在も、それぞれ明記されている。ただ例外は允恭天皇で、宮の名前が書いていないが、それでも物語の筋から見て、大和国高市《たけち》郡の、今の橿原《かしはら》市のあたりとしていることがうかがわれる。

なかでも「仁徳天皇紀」には、例の『新古今集』の、

たかき屋に　のぼりてみれば
煙立つ　たみのかまどは
にぎはひにけり

の歌で有名な、聖帝の物語がある。

すなわち、仁徳天皇は難波に都を作り、これを高津《たかつ》の宮といったが、その建築は極め

て簡素なものだった。ある日、群臣に向かって言った。「私が高台に登って遠くを見わたすと、どこにも煙が立っていない。思うに、人民が貧しくて、どの家でも炊事ができないのではないか」。そして三年のあいだ課税と夫役をことごとく免除し、身のまわりも倹約をむねとし、宮殿が破損しても修理させなかった。三年の後、天皇は高台の上からはるかに望んで、煙が盛んに立ちのぼるのを見、皇后に言う。「私はもう富んだ。心配はない」。皇后が言う。「富んだとは、何のことをおっしゃるのですか」。天皇が言う。「煙が国に満ちている。人民は富んでいるにちがいない」。皇后が言う。「宮殿が破れ損じても修理もできないのに、何で富んでいることになるのでしょう」。天皇が言う。「君主は人民のためにあるものだ。人民が富んで君主が貧しいということはあり得ない」。そして諸国が宮殿の造営を請うても許さず、さらに三年の後に、はじめて課税と夫役を徴して宮殿の造営に着手すると、人民は命令もされないのに進んで工事に参加し、日に夜を継いで競って働いたので、たちまちにして宮殿はことごとく完成した。今でも聖帝とたたえられている。

この話は一見、儒教風の聖王の徳化の物語のような外観を呈しているけれども、本質は日本建国の物語の一部であって、国都が難波に創建された由来を語ろうとしているのである。そしてすぐ引き続いて、大阪平野の大規模な開拓工事を叙述する。

天皇は群臣に言う。「この国は湿地が広くて、田畑は少なく、また河の流れがゆるやかで水はけが悪い。雨量が多いと海水が逆流して、市街も道路も水びたしになる。堀を掘って排水をよくし、浸水を防いで耕地や住居を保護せよ」

こうして国都の周囲に作られたのが難波の堀江《ほりえ》・茨田《まむた》の堤・横野《よこの》の堤・猪甘《いかひ》の津の小橋であり、また京中に作った大道は、南門からまっすぐに丹比《たぢひ》の邑に達した。さらに感玖《こむ》大溝を掘り、石河の水を引いて上鈴鹿《かみすずか》・下《しも》鈴鹿・上豊浦《とゆら》・下豊浦の原野を灌漑し、四万余頃《けい》の田を開墾した、という。

これはまさに国作りと言っていい規模であり、創業の君主としての仁徳天皇の面目を示している。さらに仁徳天皇が、生前に自分の陵を作った話が語られている。天皇は河内の石津原《いしつ》に行って、陵地を定め、築造を始めた。ところが野の中から一頭の鹿がとび出して、労役に従事している人民の中に走りこんで、ばったり倒れて死んだ。怪しんで傷を探すと、耳の中から一羽の百舌鳥《もず》が飛び出して行った。耳の中を見ると一面に食い裂かれていた。それからその所を百舌鳥耳原《もずのみみはら》というようになった。

言うまでもなく、これが世界有数の巨大な王墓として有名な仁徳陵で、この原に仁徳・履中・反正の三代があい継いで葬られるのだが、『日本書紀』には、これ以外には天皇陵の造営についてわざわざ記した個所はない。やはり創業の君主にふさわしい記事といえよう。しかし国都や陵地もさることながら、仁徳天皇にはじまる七代の特徴は、それぞれが自分を主人公とする物語を持っていることであって、それもすべて皇位継承をめぐる闘争の話である。

ハヤブサとミソサザイ

仁徳天皇と、その妻の磐之媛《いはのひめ》皇后との間には、履中天皇・住吉仲《すみのえのなかつ》皇子・反正天皇・允恭天皇の四子が生まれた。磐之媛は、葛城襲津《かづらきのそつ》彦《ひこ》の娘である。また、前に言った、日向《ひむか》の髪長媛《かみながひめ》との間には、大草香《おほくさか》皇子と草香幡梭《はたひ》皇女があった。磐之媛はひどい焼餅やきとして描かれていて、天皇が八田《やた》皇女という人を妃にしようとすると、ヒステリーを起こして、山城の筒城《つつき》の宮に閉じこもってしまい、天皇の説得にもかかわらず、一生難波の京に帰らず、筒城の宮で死ぬことが、長い長い歌物語で語られる。

そして磐之媛皇后の死後、八田皇女が皇后となるが、この八田皇女は、「応神天皇紀」では菟《う》道稚郎子《ぢのわきいらつこ》太子の同母妹とされている。「仁徳天皇紀」によると、応神天皇の死後、大山守《おほやまもり》皇子が、太子を殺して自ら皇位に登ろうと謀る。仁徳天皇から知らせを受けて、太子は菟道の渡し場で、渡し守に変装して待ち、河中で舟をひっくりかえして大山守皇子を溺死させる。

そのあと太子は、菟道の宮を建ててそこに住み、三年のあいだ皇位を仁徳天皇と譲り合う。仁徳天皇が受けないので、太子は自殺する。難波から仁徳天皇が菟道にかけつけ、

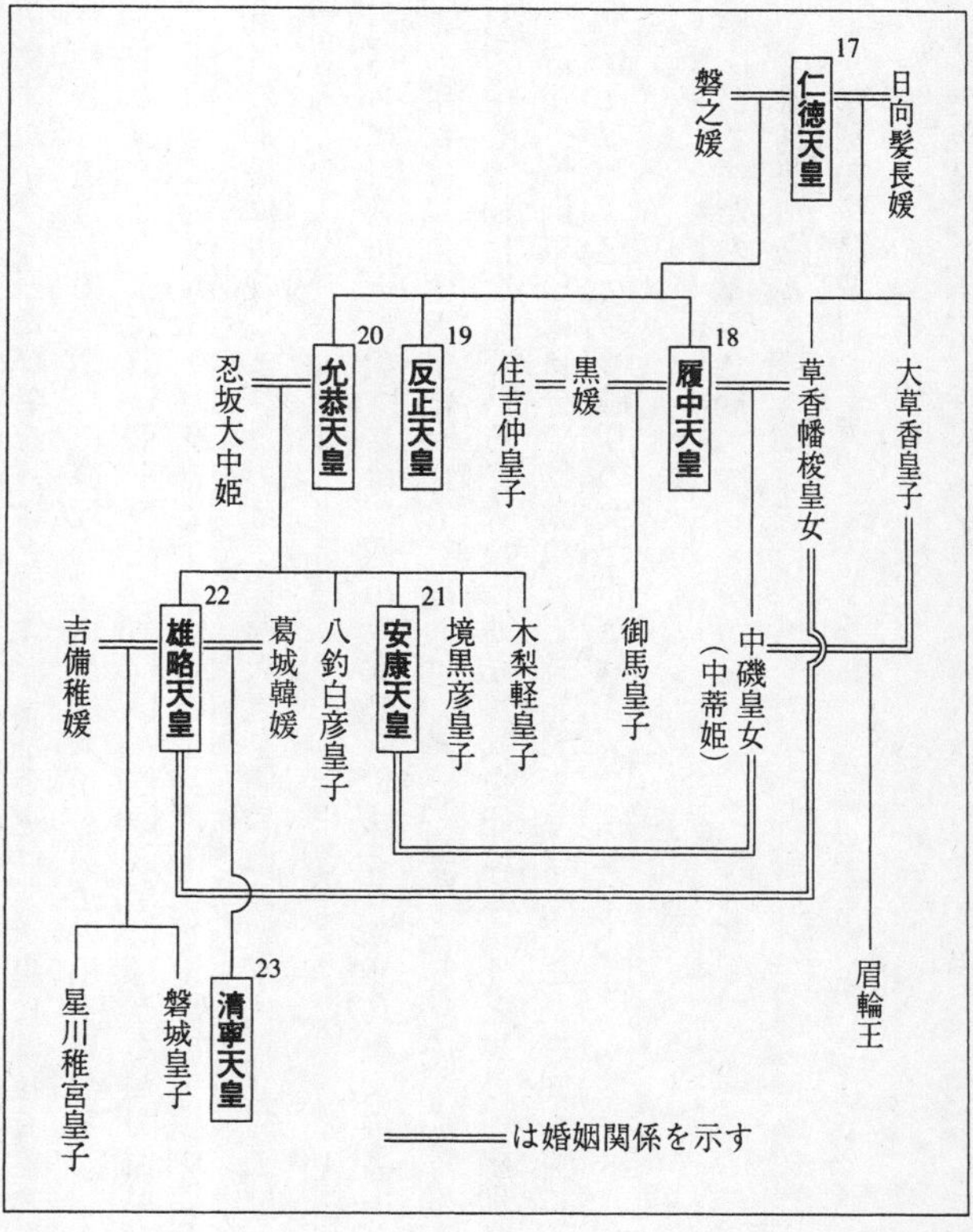
17
仁徳天皇
磐之媛
日向髪長媛
20
允恭天皇
19
反正天皇
住吉仲皇子
黒媛
18
履中天皇
草香幡梭皇女
大草香皇子
忍坂大中姫
御馬皇子
中磯皇女
(中蒂姫)
22
雄略天皇
吉備稚媛
葛城韓媛
八釣白彦皇子
21
安康天皇
境黒彦皇子
木梨軽皇子
眉輪王
星川稚宮皇子
磐城皇子
23
清寧天皇
═══は婚姻関係を示す

屍にまたがって三たび名を呼ぶと、太子は活き返って天皇に即位を勧め、妹の八田皇女を頼むと遺言して、ふたたび死ぬ。天皇は太子を菟道の山上に葬る。

この前のほうの大山守皇子の乱の話には、天皇はほとんど関係がない。菟道稚郎子は、もともと宇治の地方伝説の主人公に過ぎず、それが架空の応神天皇の皇子として皇室の系譜に組みこまれたのは、仁徳天皇を儒教風の聖王に仕立て上げる小道具としてであろう。

さらに「応神天皇紀」には、八田皇女の同母妹として雌鳥《めとり》皇女の名前が挙げてある。この皇女は、「仁徳天皇紀」にも登場して、隼《はやぶさ》別《わけ》皇子と仁徳天皇との恋の鞘当ての歌物語の中心人物になっている。天皇は雌鳥皇女を妃にしようと思い、隼別皇子を使者に立てるが、隼別皇子は自分で雌鳥皇女と結婚してしまう。これを知らずに天皇が皇女の殿を訪れると、皇女の機《はた》織りの女たちが歌う。

ひさかたの　天金機《あめかなばた》
雌鳥が　織る金機
隼別の　御襲料《みおすひがね》
空を飛ぶ

雌鳥が織る金機は、
隼別の王の御襲料です。

皇子は皇女の膝に枕して話していて、「サザキとハヤブサはどちらが速いか」と言う。皇女は「ハヤブサが速い」と言う。
皇子が言う。「だから私が先手になったのさ」。仁徳天皇の本名はオホサザキで、サザキはミソサザイの古名である。
皇子の舎人《とねり》たちが歌う。

隼は　天《あめ》に上《のぼ》り
飛びかけり　いつきが上の
さざき取らさね

ハヤブサは天に上って
飛びかけり、斎場のあたりにいる
サザキをお取りなさい。

天皇は激怒して隼別皇子を殺そうとする。皇子は雌鳥皇女とともに逃走するが、伊勢で追手に殺される。追手は命令にそむいて、皇女が身につけていた玉を盗む。それが後に露見して、死罪の償いに献上した土地を玉手《たまて》と呼んだ。

この物語は、サザキとハヤブサという、二種類の鳥の対照で出来ている。そんな話に登場する、その名も「雌鳥」皇女が、実在の人物らしくないことは言うまでもあるまい。こうして同母兄妹の菟道稚郎子太子も雌鳥皇女も架空だということになれば、八田皇后の実在も怪しくなってくるわけであって、結局、仁徳天皇の后妃として、『日本書紀』のこの王家の物語の筋の上で意味があるのは、磐之媛と髪長媛の二人だけであり、この二人の血統がからみ合って、雄略天皇に至る皇位継承合戦の背景を作っているのである。

皇位継承をめぐる戦い

仁徳天皇の死後、太子の履中天皇は、まだ即位しないうちに、黒媛《くろひめ》という人と結婚しようとし、同母弟の住吉仲皇子を使者に立てた。ところが仲皇子は、太子と自称して黒媛と一夜を過ごし、手の鈴を忘れて帰る。次の夜、本物の太子が、これを知らずに黒媛の家にやって来て、寝室に入る。床のそばで鈴の音を聞いて怪しんだ太子が「何の鈴か」と問うと、黒媛は「昨夜ご自分が持って来られた鈴じゃありませんか」と言う。事情を察した太子は、黙って引き揚げる。

これを知って恐れた仲皇子は、兵を起こして太子を殺そうとし、太子の宮を囲む。近臣たちは太子を救出して難波の京を脱走し、大和に入って石上神宮《いそのかみ》に滞在する。弟の反正天皇は、兄の跡を慕って石上にやって来るが、太子はその心底を疑って会おうとせず、仲皇子を殺して来たら会おう、と言う。反正天皇は難波にもどり、仲皇子の近習の隼人《はやびと》を使って、隙を窺って仲皇子を暗殺させる。こうして石上にもどると、太子は反正天皇と会って、大いに目をかける。

こうして太子の履中天皇は、大和の磐余《いはれ》の稚桜《わかざくら》の宮に即位する。妃の黒媛は、磐坂《いはさか》の市辺押磐《いちのへおしは》皇子・御馬《みま》皇子・青海《あをみ》皇女（別名、飯豊《いひとよ》皇女）を産む。

「履中天皇紀」はそう記しているが、前に顕宗・仁賢兄弟の系譜について言った通り、市辺押磐皇子と飯豊皇女は、本来の形では履中天皇の子どもにはなっていなかったのだから、御馬皇子だけが黒媛から生まれたのであった。そして後で言うように、御馬皇子は雄略天皇に殺されるので、それから派生したのが、押磐皇子も雄略天皇に殺されたという話なのだろう。

それはさておき、「履中天皇紀」によると、天皇は黒媛が筑紫の宗像《むなかた》神社の三女神の祟《たた》りで亡くなったあと、異母妹の草香《くさか》幡梭《はたひ》皇女と再婚し、中磯《なかし》皇女（一に中蒂《なかし》姫《ひめ》）を産む。この中蒂姫は、母の兄の大草香《おほくさか》皇子と結婚して、眉輪王《まよわのみこ》を産む。さて、履中天皇の死後、同母弟の反正天皇が即位して、その死後、同じく允恭天皇が即位するという兄弟相続が行われる。

允恭天皇は、皇后の忍坂大中姫《おしさかおほなかつひめ》との間に五男・四女をもうけるが、そのうち男の子は木梨軽《きなしのかる》皇子・境黒彦《さかひのくろひこ》皇子・安康天皇・八釣白彦《やつりのしろひこ》皇子・雄略天皇である。

木梨軽皇子は、同母妹の軽大娘《かるのおほいらつめ》皇女と恋に落ち、近親相姦のタブーを破る。允恭天皇の死後、木梨軽皇子は群臣にそむかれ、弟の安康天皇と戦って敗死する。

安康天皇は、弟の雄略天皇のために、伯父の履中天皇の末亡人の幡梭皇女をめとってやろうとし、皇女の兄の大草香皇子のもとに使者を立てる。大草香皇子は快諾し、承知のしるしとして玉飾りのついた宝冠を使者の根使主《ねのおみ》に託する。根使主は慾心を起こし、宝冠を隠して、安康天皇には、大草香皇子が侮辱的な返事をした、と報告する。天皇は怒って、兵を起こして大草香皇子を殺し、その妻の中蒂姫は自分がめとり、幡梭《はたひ》皇女を雄略天皇に与える。

大草香皇子と中蒂姫との間に生まれた眉輪王は、母に従って宮中で養われるが、ある日、天皇と皇后の会話をもれ聞いて、自分の実父の悲運を知り、熟睡中の天皇を刺殺する。

弟の雄略天皇は兄たちを疑い、兵を起こして八釣白彦皇子を殺す。坂合《さかひの》（境）黒彦《くろひこ》皇子と眉輪王は、葛城《かつらぎ》の円《つぶら》の大臣《おほおみ》の家に逃げこみ、ともどもに滅ぼされる。

それから雄略天皇は、さきに安康天皇が、市辺押磐皇子を後継者としようとしたのを恨みに思って、狩猟にかこつけて押磐皇子を近江の蚊屋野《かやの》におびき出して射殺する。
また雄略天皇は、御馬皇子が前から三輪《みわ》の君身狭《むさ》と仲がよかったのに仕返しをしてやろうと思って進軍するが、皇子の軍に出会って、三輪の磐井《いはゐ》の側で戦う。皇子は敗れて捕らえられ、殺されるとき、井を指して呪う。「この水は、人民だけが飲め、君主は飲まないように」

以上は「雄略天皇紀」の記述だが、ここで市辺押磐皇子の話だけが調子が違う。坂合黒彦も、八釣白彦も、御馬皇子も、すべて大和の内で、雄略天皇の武力によって滅ぼされるのに、市辺押磐皇子だけは遠く離れた近江で、しかも平和な狩猟の最中に暗殺されることになっていて、どうも全体の非常時の雰囲気としっくり合わない、これはこの話が、御馬皇子の悲劇にちなんで、ここに後から挿入されたものだからである。

「雄略天皇紀」の話を続けると、呉国の使が来朝したとき、根使主が相伴係に選ばれる。根使主は、さきに横領した大草香皇子の宝冠を着用して、呉人のための招宴に出席する。その美しさが評判になり、これを聞いた天皇は、群臣に命じて、宴会のときと同じ服装で殿前に伺候させる。根使主の宝冠を見て、幡梭皇后は泣く。天皇がわけを聞くと、皇后は「この宝冠は、むかし兄の大草香皇子が、安康天皇のお言葉をお受けして、私を陛下にさし上げた時に、私からとして献上したものです」と言う。根使主は逃げ出し、和泉の日根《ひね》に戦って天皇の軍に滅ぼされる。

吉備《きび》の上道《かみつみち》の臣田狭《おみたさ》が、雄略天皇の宮殿の側で、盛んに自分の妻の稚媛《わかひめ》の美しさを自慢している。これを立ち聞きした天皇は、田狭を任那《みまな》国司に任じ、その留守に稚媛を召して、磐城《いはき》皇子と星川稚宮《ほしかはのわかみや》皇子を生ませる。

別に、天皇に滅ぼされた円の大臣の娘の韓媛《からひめ》が、清寧天皇と稚足姫《わかたらしひめ》皇女を産む。

雄略天皇は臨終の床で、大伴《おほとも》の室屋《むろや》の大連《おほむらじ》と、東漢《やまとのあや》の掬《つか》の直《あたひ》に、星川皇子をして清寧天皇を害せしめないように遺言する。天皇の死後、吉備の稚媛は、その子の星川皇子に教えて、大蔵を乗っ取らせる。兄の磐城《いはき》皇子が止めても聞かない。室屋《むろや》と掬《つか》は軍隊を動員し、大蔵を包囲して、火をつけて吉備の稚媛・星川皇子らを焼き殺す。こうして清寧天皇が即位する。

倭王武の表文

どうも血なまぐさい話ばかりの連続で、少々閉口だが、以上が『日本書紀』の「仁徳天皇紀」から「清寧天皇紀」に至る、七代の物語の粗筋である。これを「応神天皇紀」が断片的な話の集まりであるのと比較すると、話の調子がぐっと現実的になり、登場する人物の行動がそれぞれ関連しつつ、物語が全体として展開して行っていることが感じられるだろう。

それではこの七代の物語は、史実を正確に伝えるものとして受け取っていいだろうか。

答えは「否」である。

その系譜は、物語の筋と密接に関連しているから、何か根拠があったと考えてもよい。しかしその物語は、あまりにも皇位の問題だけに関心を集中しすぎていて、それ以外の国内の政治や軍事の重要な問題に触れるところがほとんどない。ただし対外関係については、『日本書紀』には百済の史料からの引用にもとづく記事が多いから、少々事情がちがうが、そうした史料の性質上、国内の情勢とは全く結びつかない。つまり『日本書紀』の記述からわれわれが受ける印象は、当時の実情を極度にゆがめた形でしかないのだ。これは、前にも言ったように、この仁徳天皇から清寧天皇に至る時代は、『日本書紀』の編纂当時の皇室にとって、全く血統上の関係のない時代であり、従ってどうでもよい、むかしむかしのお話の時代だったからである。

ところがわれわれにとって幸いなことに、この七代には、同時代の確実な記録がある。それはほかでもない、例の有名な倭王武の表文《ひょうぶん》である。すなわち四八八年に完成した沈《しん》約《やく》の『宋書《そうじょ》』の「夷蛮伝《いばんでん》」に、四七八年に倭王武の使が、南朝の宋の皇帝のもとに持って来た手紙の文面を、次のように伝えている。

「封国《ほうこく》は偏遠《へんえん》にして、藩《はん》を外に作《な》す。昔より祖禰《そでい》は、躬《み》に甲冑《かっちゅう》を擐《まと》いて、山川を跋渉《ばっしょう》し、寧《やす》らかに処《お》るに遑《いとま》あらず。東は毛人《もうじん》の五十五国を征し、西は衆夷《しゅうい》の六十六国を服し、渡りて海北の九十五国を平らぐ。王道《おうどう》は融泰《ゆうたい》にして、土《ど》を廓《ひろ》め畿《くに》を遐《はる》かにし、累《るい》葉朝宗《ようちょうそう》して、歳《とし》に愆《あやま》らず……」

これは五世紀当時の日本人が建国の歴史を自ら述べたものだから、信用できる度合いは『日本書紀』などとは比べものにならないくらい高いわけだが、この表文の伝えるイメージは、たったいま概観したばかりの『日本書紀』の物語のそれと全然ちがっている。「禰」は父を祭る廟のことで、従って「祖禰」は死んだ祖父と父を意味するのだから、倭王たちが自ら軍隊を率いて東西に征討を行い、海外にまで出兵したのは、倭王武の祖父の代以来だ、ということになる。

ところで『宋書』によると、最初に倭王讃《さん》が姿を現すのは四二一年。讃の次に立った弟の珍《ちん》が現れるのは四三八年。その後、四四三年に、珍との続柄の分からない次の王の済《さい》が現れ、済の子の興《こう》は四六〇年に、興の弟の武《ぶ》が四七七年か四七八年に出現している。

この五世紀という年代が、世代数で逆算した第二王家の年代と合うことと、讃・珍が兄弟、済の子が興・武の兄弟という関係が、それぞれ履中・反正が兄弟、允恭の子が安康・雄略兄弟という関係と一致することから、このいわゆる倭の五王がすなわち『日本書紀』に言う履中天皇から雄略天皇に至る五代だ、と普通に考えられていることは、いまさら言うまでもあるまい。

ところがこれには難点があって、『梁書《りょうしょ》』の「諸夷伝《しょいでん》」には珍を弥《び》と書き、その子が済だとしている。反正天皇を珍、允恭天皇を済とすれば、両者の関係は父子ではなく兄弟とされているから、これは不都合のように見える。しかし『梁書』は、『宋書』より約百五十年もあとの六三六年に出来たものであって、著者の姚思廉《ようしれん》は、『宋書』の文面を要約しただけのことであり、その際、続柄の書いてない済を、父子相続が常識の中国人の感覚で、いい加減に前王の珍（弥）の子と書いたに過ぎない。

そうすると倭王武にとっての祖父の世代は、讃や珍ではなくて、さらにもう一代前であったと考えてよいわけである。このことと、『日本書紀』の伝えを分析した結果の、第二王家の仲哀・神功・応神の三代には実在性がなくて、もっとも古い形の伝承では仁徳天皇が初代の天皇とされていたらしい形跡があることとを考え合わせると、自ら軍隊を指揮して各地に転戦し、「東は毛人の五十五国を征し、西は衆夷の六十六国を服し、渡りて海北の九十五国を平らげ」た建国期の倭王たちは、すなわち仁徳天皇・履中天皇・反正天皇・允恭天皇らだった、という結論になる。

ところが『日本書紀』をいくら読み返してみても、倭王武の表文がドラマティックに描き出しているような建国期の緊張した雰囲気の匂いさえかぐことはできない。わずかに創業の君主の面目らしいものを示すのは、難波に国都を建設し、河内平野を開拓した仁徳天皇だけであって、武力による日本統一の史実はきれいさっぱり忘れ去られ、あたかも日本は最初から関東から九州に及ぶまで統一されていて、その中で血で血を洗う皇位争奪戦がくり返されるだけだったかのような印象を与える。

これが当時の現実を反映したものではないことは言うまでもあるまい。前に『マレー年代記』の例を引いて警告しておいたことだが、この年代記の伝えるマラッカ王国の建国期の歴史が、同時代の中国やポルトガルの記録とはぜんぜん合わず、むしろ一五一一年のポルトガル艦隊の攻撃によるマラッカ陥落の直前ぐらいの実情を過去に投影したようなイメージしか伝えなかったのと同じことで、『日本書紀』も舒明天皇の即位以来の国情と皇位問題をめぐる政争のパターンを、遠い昔の第二王家の時代の描写に持ちこんだだけのことである。そうした性質の『日本書紀』の伝承を、どれほど細かく分析したところで、それによって描き出された古代日本の姿は、それだけでは五世紀などという古い時代の史実からはほど遠いものにしかならない。せいぜいよくて『日本書紀』ができた八世紀の人々が漠然と思い描いていた「むかし」、すなわち昔話の世界の再現にしかならないのである。このことは、何度くり返し念を押しても押しすぎるということのない、古代史を研究するに当たって忘れてはならない観点である。

第五章　大和朝廷は実在しなかった

創作された「大和朝廷」

『日本書紀』の記述を、末尾に近い新しい時代を語る部分から、だんだん前へさかのぼって吟味して行くと、しだいに史実性が薄くなって、どうやら実在の君主らしい最古の人物は、『日本書紀』が第十七代に置く仁徳《にんとく》天皇であることが分かった。そしてその前に来る仲哀天皇・神功皇后・応神天皇の三代は、いずれも実在の人物ではなく、ことに仲哀・神功夫妻は、六六三年の白村江の敗戦の前後に、はじめて人間界に知られた香椎《かしひ》の神々である。

そうなると、すぐに問題になるのは、『日本書紀』がさらに前に置く、神武《じんむ》天皇から成務《せいむ》天皇に至る十三代には、一体どれだけの史実性があるのか、ということだろう。ことにこの十三代は、『日本書紀』によればいずれも大和に都し、奈良盆地の各所に天皇陵をのこす、いわゆる「大和朝廷」の歴代なのだから、ことは重大である。

いったい五世紀の初めに仁徳天皇が難波《なにわ》に国都を建設し、その子孫が河内に壮大な王墓を営む前、山一つ向こうの大和の地に、それに先行する王朝があったのかどうか。もしあったとすれば、この大和王朝と、仁徳天皇に始まる河内王朝との間には、どんなつながりがあったのだろうか。さらに大和朝廷の「ヤマト」と、『魏志倭人伝』に記される三世紀の「邪馬台国《やばだいこく》」とは関係があるのかどうか。

困ったことに、われわれはどうも、太古の紫雲《しうん》たなびく「大和朝廷」の詩的なイメージに弱いようで、二〇〇〇年代の現在でさえ、その実在をまるで疑う余地のないものと頭から決めてかかり、ただその系譜をあれこれいじくり回しては、やれ「葛城《かつらぎ》王朝」だ、やれ「三輪《みわ》王朝」だ、やれ「イリヒコ王朝」だ、などと空想にふけって楽しむ人が多いのは、いったいどうしたわけだろうか。

しかし先入主を去って、冷静に『日本書紀』の記述を検討してみると、神武天皇から成務天皇に至る十三代の系譜にも、事跡にも、史実らしいものは片鱗《へんりん》すら認められない。あるものはただ、この歴代をめぐる伝承のすべてが、仲哀・神功の出現よりさらに新しく、七世紀になってはじめて作り出されたことを示す痕跡ばかりである。

言いかえれば、「大和朝廷」はまったくの幻影であって、七、八世紀のころの大和の政治上の重要性を、遠い過去に投影して出来た映像に過ぎず、決して古くからの伝承を保存したものではないのだ。

こう言うと、それじゃ、今も奈良県の各地に残る、神武天皇の畝傍《うねび》山東北陵（橿原市）以下の十三代の天皇陵は、あれは一体どうしたのだ、という異議が出るかも知れない。しかしこれらの古墳を、神武から成務に至る歴代にそれぞれ割り当てたのは、ほかならぬ『日本書紀』なのである。だから『日本書紀』の本文を分析して、それが新しい創作であり、古くからの伝承を含んでいないことが確かになった瞬間、「大和朝廷」の幻影は雲散霧消してしまうわけで、どれだけ奈良盆地に古墳や出土品が多くたって何の足しにもならない。崇神《すじん》陵や垂仁《すいにん》陵から漢字を刻んだ墓誌銘でも掘り出さない限り、考古学はこの問題については役に立たないのである。

『日本書紀』の系譜では、神武〜成務はすべて直系父子相続だったことになっている。

(1)神武天皇の三男が綏靖《すいぜい》天皇、
(2)綏靖天皇のひとり子が安寧《あんねい》天皇、
(3)安寧天皇の次男が懿徳《いとく》天皇、
(4)懿徳天皇のひとり子が孝昭《こうしょう》天皇、
(5)孝昭天皇の次男が孝安《こうあん》天皇、
(6)孝安天皇のひとり子が孝霊《こうれい》天皇、
(7)孝霊天皇の次男が孝元《こうげん》天皇、

(8)孝元天皇の次男が開化《かいか》天皇、
(9)開化天皇の次男が崇神天皇、
(10)崇神天皇の三男が垂仁天皇、
(11)垂仁天皇の三男が景行《けいこう》天皇、
(12)景行天皇の四男が成務天皇、

というわけで、その間に一回の兄弟相続すらない。
これを仁徳天皇から持統《じとう》天皇に至る二十四代のうち、女帝を除く二十一代の天皇について、その皇位継承の方式を比較してみると、三対二で兄弟相続のほうが多いのである。

父子相続（六例）
仁徳→履中《りちゅう》
允恭《いんぎょう》→安康《あんこう》
雄略《ゆうりゃく》→清寧《せいねい》
仁賢《にんけん》→武烈《ぶれつ》
継体《けいたい》→安閑《あんかん》
欽明《きんめい》→敏達《びだつ》

兄弟相続（九例）
履中→反正《はんぜい》

反正↓允恭
安康↓雄略
顕宗《けんぞう》↓仁賢
安閑↓宣化《せんか》
宣化↓欽明
敏達↓用明《ようめい》
用明↓崇峻《すしゅん》
天智《てんち》↓天武《てんむ》

つまり、五世紀以後の皇室では、兄弟相続の方が父子相続よりも普通だったのに、それよりも古い「大和朝廷」では、直系父子相続だけが、しかも十三世代、と言えば少なくとも三百年以上も厳重に励行され、その間ただの一度の兄弟相続・傍系相続もなかったというのだ。

直系父子相続は、中国では周《しゅう》代以来、三千年の伝統だが、その中国でさえ、兄弟相続や、直系の血統が断絶して傍系が帝位を継承する例が、どの王朝にもかならずあるもので、このことは、どの世界史年表にも付いている、中国の歴朝の系図を見ればすぐわかる。それなのに、いわゆる「大和朝廷」の日本に限って、それが十三代もの間、一度の例外もなく実行できたというのは、どう考えても不自然すぎる。

いまさら言うまでもあるまい。この第一王家の系譜は、『日本書紀』の編纂《へんさん》当時、持統・元明《げんめい》・元正《げんしょう》三代の女帝が情熱を傾けた、直系父子相続の理想に合わせて作り上げられたものなのであって、仁徳天皇以前の日本の実情とは何の関係もない、完全な創作なのである。

こう言い切ると、あるいは異論が出るかも知れない。つまり、この系譜は実在した古い天皇の名前を伝えたものであって、実際には兄弟相続の場合もあったのだが、誤ってすべて父子相続だったようにしてしまったのだ、という意見と、いや、系譜それ自体は正しくて、後世の皇室から見た直系の祖先だけを数えているのであって、皇位の継承の次第はこれとは別で、名前の伝わらない天皇がほかにも居たのだ、という意見である。

この二つの異論は、いずれも一見もっとものようだが、よく考えてみると、そのどちらにしても、『日本書紀』の記述は史実を伝えていない、とする点では同じことである。そんな信用のならない史料を生かして使おうといかに努力したところで、出発点があやふやなのだから、結果が怪しげなものにしかならないのは当たり前だろう。それでもなおかつ大和朝廷の実在を信じ、あくまでその実態を究明しようというのは、もはや歴史学の領域を超越した、個人の好みの問題である。せいぜい空中楼閣でも築いて楽しまれるがよろしい。

崇神天皇は草壁皇太子

神武〜成務の間の皇位継承に関連して、『日本書紀』は皇室のお家騒動の話を三つ伝えているが、そのいずれも七世紀の日本に現実に起こった政治問題によく似ていて面白い。

その第一は、「綏靖天皇紀」のタギシミミの話である。

神武天皇の長男は、日向《ひむか》に居たときにめとった吾田《あた》（薩摩）のアヒラツヒメの腹から生まれたタギシミミであった。天皇が大和に移ったのち、コトシロヌシの神の娘のヒメタタライスズヒメを皇后に迎えて、次男のカムヤヰミミと三男の綏靖天皇が生まれた。タギシミミは年長でもあり、早くから国政にあずかっていたので、神武天皇の死後、喪中の摂政となり、悪心を起こして、二人の異母弟を殺そうと謀った。これを知った二人は弓矢を作り、片丘《かたをか》の大岩屋の中で寝ているタギシミミを襲ったが、カムヤヰミミは心が臆して手足が震え、矢を放てない。弟の綏靖天皇は兄の手から弓矢を取って、たちまちタギシミミを射殺した。兄は恥じ入って弟に皇位を譲り、こうして綏靖天皇が即位することとなった。

この物語が言おうとしているのは、たとえ年長でも庶子には皇位継承権はない、ということと、嫡子《ちやくし》の間でも、武勇のすぐれた弟が皇位を継承してよろしい、ということである。

これを七世紀の皇室に当ててみると、神武天皇は舒明《じょめい》天皇、タギシミミは古人大兄《ふるひとおほえ》王、カムヤヰミミは天智天皇、綏靖天皇は天武天皇をそれぞれ写した人物なことが分かる。前に説明した通り、舒明天皇と蘇我氏の法提郎媛《ほほてのいらつめ》の間に生まれた古人大兄は、皇位継承の有力候補だったのだが、舒明天皇とその皇后の皇極《こうぎょく》＝斉明《さいめい》との間に生まれた天智天皇に殺された。その天智天皇の死後、息子の大友《おほとも》皇子は、父の同母弟の天武天皇に皇位を奪われたのである。

だからこのタギシミミの物語は、古人大兄と天智天皇の皇位継承権をともに否認し、天武天皇こそが舒明天皇の正統の後継者だ、と暗に主張しているわけである。

お家騒動の話の第二は、「崇神天皇紀」のタケハニヤスビコの反乱の物語である。

孝元天皇の皇后ウツシコメは、オホビコ、開化天皇、ヤマトトトビメの二男・一女を産み、妃のハニヤスビメは、タケハニヤスビコを産んだ。オホビコの娘のミマキヒメは、開化天皇の息子の崇神天皇の皇后になった。

オホビコが将軍として北陸に派遣され、大和の和珥《わに》坂までやって来ると、一人の少女が歌って言った。

ミマキイリビコはや
己《おの》が命《を》を　殺《し》せむと

ぬすまく知らに　姫遊《ひめなそ》びすも

ミマキイリビコよ、

自分の命を殺そうと、

時をうかがっていることを知らずに、若い娘と遊んでいて。

ミマキイリビコは崇神天皇の本名である。オホビコが怪しんで少女に問うと、少女はもう一度同じ歌を歌って、たちまち姿が見えなくなった。オホビコの報告を聞いて、天皇の叔母のヤマトトトビモモソヒメは、これはタケハニヤスビコの謀反《むほん》の前兆だ、と判断し、先手を打って討伐することを勧めた。果たしてタケハニヤスビコが軍をひきいて来襲したが、オホビコの軍に敗れて殺された。

これも、前のタギシミミの話と同じく、天智天皇が六四五年に古人大兄を攻め殺した事件の反映である。すなわち、この話の孝元天皇は舒明天皇、その妃のハニヤスビメは法提郎媛、その子のタケハニヤスビコは古人大兄である。一方、皇后のウツシコメは皇極＝斉明天皇、その腹に生まれたオホビコは天智天皇、その弟の開化天皇は天武天皇に当たる。開化天皇の息子の崇神天皇は、この話では何も重要な役を演じておらず、単に「姫遊び」する子どもとして描かれているが、これは天武天皇と皇后の持統天皇との間に生まれたひとり子の草壁皇太子のことである。その証拠に、崇神天皇の皇后はオホビコの娘のミマキヒメになっているが、草壁皇太子の妃は天智天皇の娘の元明天皇だったではないか。

タケハニヤスビコの反乱を予言するヤマトトトビモモソヒメは、「崇神天皇紀」には「天皇の姑《みおば》」と記されている。「姑」は父の姉妹を意味するから、これはヤマトトトビメと同一人で、すなわち天智・天武の同母姉妹の間人《はしひと》皇女のことである。

夫を裏切った間人皇后

「崇神天皇紀」には、この話にすぐ続いて、ヤマトトトビモモソヒメが夫の信頼を裏切った話が載せてある。

その後、ヤマトトトビモモソヒメは、オホモノヌシの神の妻となった。ところがこの神は、日中には姿が見えなくて、夜だけかよって来る。ヤマトトトビメは夫に言った。「あなたは昼間は姿をお見せにならないので、お顔を拝見することもできません。どうか泊まって行って下さいませんか。明日の朝、ご立派なお姿を拝見したいのです」。神が答えて言った。「お前の言うこともっともだ。私は明日の朝、お前の櫛笥《くしげ》に入って居よう。しかし私の姿を見て驚いてはいけないぞ」

ヤマトトトビメは不思議に思い、夜が明けるのを待ちかねて、櫛笥を開けて見ると、美しい小蛇が入っていて、長さも太さも着物の紐ほどであった。ヒメが驚き叫んだので、神は恥じて、たちまち人間の姿になり、妻に向かって言った。「お前は不謹慎《ふきんしん》にも私に恥をかかせた。私もお前に恥をかかせてやろう」。そしてそのまま空中を歩んで御諸山《みもろ》(三輪山)に登って行った。ヤマトトトビメはこれを仰ぎ見て、落胆して尻餅をつき、箸で急所を突いて死んだ。そこで大市《おほち》に葬ったが、そのために人々はその墓を箸墓《はしのみはか》と呼んだ。

この墓は、昼間は人が作り、夜は神が作った。大坂山の石を運んで築いたのだが、山から墓まで人々が行列を作り、手から手へリレー式に運んだ。そのころの人が歌って言った。

大坂に　継ぎ登れる
石むらを　手《た》ごしに越さば
越しかてむかも

大坂山に下から上までつづいている
石、手渡しで渡して行けば、
渡せるだろうかなあ。

以上は「崇神天皇紀」の物語だが、一方、七世紀の間人《はしひと》皇女にも、夫の信頼を裏切った事実がある。

間人皇女は、母の皇極＝斉明天皇の同母弟の孝徳天皇と結婚して皇后となり、難波の長柄《ながら》の豊碕《とよさき》の宮に住んだが、六五三年、皇太子だった天智天皇が、大和の京に移ろうと主張したとき、孝徳天皇は反対だった。しかし皇極＝斉明天皇と、その子の天智天皇・間人皇后・天武天皇らは、孝徳天皇を難波に置き去りにして、群臣とともに大和の飛鳥《あすか》の河辺《かはら》の行宮《かりみや》に移ってしまった。

みんなに捨てられた孝徳天皇は、恨みの歌を間人皇后に贈って言った。

かなき着け　吾《あ》が飼ふ駒は
引き出《で》せず　吾が飼ふ駒を
人見つらむか

かなき（逃げないように首にはめておく木）をつけて私が飼っている駒は（どうしたろう）。厩《うまや》から引き出しもせずに私が大事に飼っている駒をどうして他人が見たのだろう。

その翌年、孝徳天皇は難波の宮で病死した。未亡人となった間人皇后は、その十一年後、六六五年に死んで、さらにその二年後、母の皇極＝斉明天皇の陵に合葬されたのである。

思うに、妻の背信を恨んだオホモノヌシの神が飛び去るのと、皇后に捨てられた孝徳天皇が悶々《もんもん》のうちに死ぬのとは、同じ性質のことであって、神であれば空中を歩んでその霊の住居である山上に登って行くのであるし、人であれば死者の霊魂と化して飛び去るのであろう。だからこの怨念《おんねん》のからんだ事件に関係があることから言っても、ヤマトトトビモモソヒメ、一名ヤマトトトビメが間人皇女であることは間違いない。

そうしてみると、この箸墓の由来の物語は、孝徳天皇のさびしい最期に責任のある人々が、間人皇后を悪者にして、自分たちの良心の負担を軽くしようとする心理から作り上げたものであることが分かる。だからこそ、ヤマトトトビモモソヒメは、あんな悲惨な死によって罰せられなければならないのだ。そしてこの物語が作られた時期は、草壁皇太子が崇神天皇として、その妻の元明天皇がミマキヒメとして登場することから推して、天武天皇が草壁皇子を皇太子に立てた六八一年より後にちがいない。

稲城の悲劇

大和朝廷のお家騒動の話の第三は、「垂仁天皇紀」のサホビコの反乱の物語である。

垂仁天皇の皇后サホビメは、ホムツワケ皇子を産んだ。天皇はこの皇子を可愛がって、常に左右に置いていたが、この皇子は大きくなっても口がきけなかった。

サホビメ皇后に、その同母兄のサホビコ王が、「お前は兄と夫とどちらがいとしいか」と言った。皇后が何心なく「兄のほうがいとしい」と答えると、サホビコは「女は容色がおとろえて可愛がられなくなったらそれまでだ。私が天皇になれば、お前も一生安心じゃないか。私のために天皇を刺し殺せ」と言って、短刀を皇后に渡した。

来目《くめ》の高宮《たかみや》で、天皇は皇后の膝を枕に昼寝をしていた。皇后は、今こそと思ったが、その勇気がなく、涙が天皇の顔に落ちた。天皇が目をさまして、「いま夢を見たが、錦《にしき》色の小蛇が私の頸《くび》に巻きつき、また大雨が狭穂《さほ》の方角から降って来て顔をぬらしたという夢だった。これは何の前兆だろうか」と言った。皇后は恐れて地にひれ伏し、兄の陰謀を白状して、「錦色の小蛇は、兄が私に授けた短刀でございます。大雨が急に降って来たのは、私の涙でございます」と言った。天皇は「これはお前が悪いのではない」と言い、ただちに軍隊を出動させてサホビコを討伐させた。サホビコも軍隊を集めてこれを防ぎ、稲を積んで即席の城を作ったが、堅固で攻め破れず、これを「稲城《いなき》」と呼んだ。

一月たってもサホビコは降伏しないでいると、妹の皇后は悲しんで、「兄王をなくしては、天下に顔向けができない」と言い、ホムツワケ皇子を抱いて稲城に入った。天皇が皇后と皇子の引き渡しを要求しても応じないので、火をつけて稲城を焼いた。皇后は皇子を抱いて出て来て、「私と皇子に免じて兄を許して下さらないのならば、私は死にましょう」と言った。火が燃え上がって稲城は崩れ、サホビコ兄妹はともに城中で死んだ。

ホムツワケ皇子は三十歳になって、長いひげが生えても、赤ん坊のように泣くばかりで、物を言わなかった。あるとき天皇は大殿《おほどの》の前に立ち、ホムツワケ皇子がそばに居た。たまたま白鳥が空を飛んで行った。皇子は見上げて「あれは何だろう」と言った。天皇は大いに喜んで、「誰かあの鳥をつかまえて来る者はいないか」と言った。鳥取造《ととりのみやつこ》の祖のアメノユカハタナが「私がきっとつかまえて参りましょう」と言った。天皇はユカハタナに「お前がこの鳥を持って来れば、きっと手厚く褒美《ほうび》をやろう」と言った。そこでユカハタナは、遠く白鳥の飛んで行った方を目指して追いかけて、出雲に至ってつかまえた。一説では但馬《たじま》国で捕らえたともいう。ユカハタナが白鳥を持って来たので、ホムツワケ皇子はこの白鳥をおもちゃにしているうちに、とうとう言葉が話せるようになった。そこで天皇はユカハタナを厚く賞し、鳥取造の姓を賜い、また鳥取部《ととりべ》・鳥養部《とりかひべ》・誉津部《ほむつべ》を定めた。以上の「垂仁天皇紀」の物語は、サホビコ・サホビメ兄妹の話と、ホムツワケ皇子の話の二部に分かれる。これはもともと別々の話である。

サホビコ・サホビメの話は、要するに、皇后の同母兄弟には皇位継承権はない、と言おうとしているのだが、これはいかにも皇極＝斉明天皇とその同母弟の孝徳天皇を思わせる。舒明天皇の死後、皇位がその妻の皇極＝斉明天皇の手から同母弟の孝徳天皇の手に渡ったために、舒明天皇の実子である天智・天武兄弟と孝徳天皇との間には、隠されてはいたが面白くない気持ちがはさまっていた。それがついに表面に出て、孝徳天皇は捨てられて死んだ。その後ろめたさがあるから、『日本書紀』としては、そもそも孝徳天皇の即位そのものが不法だったのだ、と主張しなければならなかったのであり、そのためにこのサホビコ・サホビメの話が作られたのである。

もっともこの話の素材は別にあった。それは稲作儀礼である。兄妹の名前の「サ」は、稲の精霊を意味する言葉である。苗代から田に移すばかりになった稲の苗をサナエと言い、田植えの前に田の神を迎える祭をサオリと言い、田植えをする少女をサオトメと言い、田植えがすんで田の神を送る祭をサノボリと言い、田植えをする月をサツキと言い、そのころの長雨をサミダレと言うのは、みなこの「サ」である。だからサホビコ・サホビメの「サホ」は、すなわち「稲の霊の穂」であって、秋の刈り入れの前に、田から一株だけ刈り取って田の神の依りしろにするが、これが「サホ」である。その「サホ」を名前に持つ兄妹が、稲積みの中で焼死するのは、刈り入れが終わって田の神を送る祭の行事なのであって、今でも正月の神の依りしろの門松や輪飾りをどんど焼き（左義長）

の火にくべて神送りをするのと同じ意味を持つ。いずれにせよ垂仁天皇の皇后もその兄も、実在の人物ではない。

ホムツワケ皇子の話の意味は、これとはまたちがう。

天智天皇の皇后は、天皇が自分の手で滅ぼした異母兄の古人大兄《ふるひとおほえ》皇子の娘で、倭姫《やまとひめ》王といったが、子どもはなかった。蘇我の山田《やまだ》の石川麻呂《いしかはまろ》大臣の娘二人とも結婚したが、姉の遠智娘《をちのいらつめ》は大田《おほた》皇女・持統天皇・建《たける》皇子を産み、妹の姪娘《めひのいらつめ》は御名部《みなべ》皇女と元明天皇を産んだ。このうち建皇子は、古人大兄の悲劇の六年後、六五一年に生まれたが、唖で物が言えなかった。祖母の皇極＝斉明天皇はこの皇子を特別に可愛がっていたので、六五八年に皇子がわずか八歳で死んだときには、悲嘆に取り乱して、群臣に「私が死んだら、きっとこの子といっしょに葬ってくれ」と命じた。

そして歌を作った。

今城《いまき》なる　小丘《をむれ》が上に
雲だにも　著《しる》くし立たば
何か歎かむ（その一）
射ゆ鹿猪《しし》を　つなぐ川上の
若草の　若くありきと

吾《あ》が思はなくに（その三）
飛鳥川《あすかがわ》　みなぎらひつつ
行く水の　間もなくも
思ほゆるかも（その三）

今城の小丘の上に
せめて雲だけでも、はっきり立つなら
何の嘆くことがあろう（その一）。
射られた鹿猪のあとをつけて行くと行きあたる川辺の
若草のように若かったとは
私は思わないのに（その二）。
飛鳥川を水しぶきを立てて
流れる水の絶え間のないように、
絶え間なく思い出されることである（その三）。

皇極＝斉明天皇は始終この歌を歌っては泣き悲しむのであった。
その年の冬、皇極＝斉明天皇は紀伊の温泉に行ったが、またも孫の建皇子のことを思い出して泣き悲しみ、口ずさんで言った。

山越えて　海渡るとも
おもしろき　今城の中は
忘らゆまじ（その一）
水門《みなと》の　潮のくだり
海《うみ》くだり　後も暗《くれ》に
置きてか行かむ（その二）
愛《うつく》しき　吾《あ》が若き子を
置きてか行かむ（その三）

このように山を越え海を渡り
面白い旅をしても建皇子のいたあの今城の中のことは
忘れられないだろう（その一）。
水門の潮の激流の中を、
舟で紀州へくだって行くが、建皇子のことを暗い気持ちで
後に残して行くことであろうか（その二）。

かわいい私の幼い子を
後に残して行くことであろうか（その三）。
そして秦《はた》の大蔵造万里《おほくらのみやこまろ》に、「この歌を後世に伝えて、忘れられないようにせよ」と命じた。
以上は「斉明天皇紀」の記述である。これを読めばもうおわかりであろう。ホムツワケ皇子が物が言えるようになったという話は、古人大兄のたたりで薄命に終わった建皇子をいたみ、この世で満たされなかった願望を遠い昔の大和朝廷の時代に実現するために書かれたのであり、またしても七世紀の現実の投影である。

『日本書紀』のスポンサー

ここまで論じて来た、神武天皇から成務天皇に至る皇位継承の次第と、それをめぐる内紛の物語とには、ある一人の人物の視点が、そのすべてに共通している。その人物とはほかでもない、『日本書紀』の最大のスポンサーだった持統天皇である。
この十三代を貫く皇位継承の原理が、皇后の腹から生まれた嫡子による直系父子相続であることは、夫の天武天皇の唯一の正皇后を自任し、一粒種の草壁皇子に、また草壁皇子の一人息子の文武《もんむ》天皇に皇位を継がせようとし、天武天皇の異腹の皇子たちを必死に皇位から遠ざけようと努力した持統天皇の主張をみごとに代弁している。そしてその直系父子相続の系譜の途中に現れる三つの皇位争いの物語は、こういう持統天皇の立場から、この原理に従わない者は邪悪であり、かならず滅亡するぞ、と警告しているのである。

すなわちタギシミミの物語では、持統天皇が、父の天智天皇が異母兄の古人大兄を殺して皇位継承権を奪った行為を是認すると同時に、自分と夫の天武天皇が、その天智天皇の息子の大友皇子から皇位を奪った行為をも正当化している。タケハニヤスビコの物語では、持統天皇はさらに一歩を進めて、わが子草壁皇太子の皇位継承権は犯してはならない、と言っているのである。そしてその間に政争の犠牲となった孝徳天皇については、サホビコ・サホビメの物語によって、その皇位継承権を否認し、さらにその死にもっとも責任があった間人《はしひと》皇后をも、ヤマトトトビモモソヒメの物語によって批判しているわけである。ことにこの最後の物語には、「叔母さま、旦那さまにあんな仕打ちをなさっていいのかしら」という、間人皇后に対する持統天皇の女の気持ちが、ありありと出ているとは思わないか。

そうしてみると、大和朝廷の十三代のうち、少なくとも綏靖天皇から垂仁天皇に至る十代についての『日本書紀』の記述は、すべて七世紀の事件をもとにして作ったことになる。もっとも、「崇神天皇紀」と「垂仁天皇紀」には、ここに引用したほかにも多量の記事があるが、そのほとんどが神社の祭祀に関する話か氏族の起源の説明であって、政治上に意味のある史実らしいものは見当たらない。

残るのは第一代の神武天皇と、第十二代の景行天皇・第十三代の成務天皇だけになるが、「成務天皇紀」にはほとんど内容がない。そして「神武天皇紀」と「景行天皇紀」は、いずれも征服戦争の物語で、ほぼ全巻が埋まっているが、これは一見、四七八年の倭王武の手紙が描く、王たちが自ら軍隊を指揮して東西に転戦し、日本の統一を成しとげた時代の様子によく似ていて、あたかも建国期の史実の記憶を伝えたもののような印象を与える。そこで今度は、この二巻の内容を検討してみよう。

親不孝な熊襲の王女

「神武天皇紀」には、この天皇が最初どこに居たのか書いていない。しかし日向《ひむか》国の吾田邑《あたむら》のアヒラツヒメを妃としたと言うから、薩摩国の阿多《あた》郡か大隅国の始羅《あひら》郡のあたりのつもりであろう。七世紀の日向国は、今の宮崎県と鹿児島県の両方を含んでいたから、日向国とは、要するに南九州の総称である。

神武天皇は南九州から船出して、まず北九州の菟狭《うさ》（豊前国宇佐郡）に着き、菟狭《うさの》国造《くにのみやつこ》の祖のウサツヒコ・ウサツヒメの歓迎を受け、ついで岡《をか》の水門《みなと》（筑前国遠賀郡）に至り、そこから瀬戸内海を東へ向かい、安芸《あき》国、吉備《きび》国を経て難波《なには》に達する。そこで抵抗を受けて、紀伊国に迂回し、山路を通って、菟田《うだ》（大和国宇陀郡）に出、そこから大和を平定する。これが「神武天皇紀」の大筋である。

この神武天皇の物語が、南九州を指すのに「日向国」という、割に新しい名前を使っているのに対して、これよりも後に来る「景行天皇紀」は、「熊襲国《くまそ》」という古い名前で呼んでいるのは面白い。「熊襲」は「熊《くま》」と「襲《そ》」の合成語である。球磨《くま》郡は肥後国に、贈於《そお》郡は大隅国にあることから考えて、火《ひ》国（肥前・肥後）が「クマ」であり、日向国（日向・大隅・薩摩）が「ソ」なのであって、結局、北九州の豊前・豊後・筑前・筑後を除く九州全島が「クマソ」だったのであろう。

「景行天皇紀」には、熊襲がそむいて朝貢しないので、天皇が九州に向かって出発したことを記し、以下、九州各地の征服の話を、実際の地理におかまいなく雑然と並べてあるが、その大部分は地名の起源を、景行天皇の行動にこじつけて説明しただけのことである。こうした地名の起源説話を取り除いてしまうと、熊襲征伐の話の原形がはっきりしてくる。

景行天皇は日向国に到り、高屋《たかや》の宮という行宮《かりみや》を建てて住む。それから熊襲征伐について相談し、天皇が群臣に言う。「聞くところによると、襲国《そのくに》にアツカヤ・サカヤという二人の大酋長《しゅうちょう》があって、仲間が多く、これを熊襲の八十《やそ》タケルという。なかなか手ごわいというが、何とか武力に訴えないで、楽にその国を征服する方法はないものか」。一人の家来が言う。「クマソタケルには二人の娘があって、姉をイチフカヤ、妹をイチカヤといいます。容貌も美しいし勇気もあるので、手厚い贈り物をしてお側にお召しなさい。そうして隙をうかがって不意をつけば、戦争をしなくても敵は亡びるでしょう」。天皇は同意し、贈り物をして二人の娘を呼び寄せ、イチフカヤを寵愛《ちょうあい》するふりをした。イチフカヤは天皇に言った。「熊襲が服従しないことを心配なさいますな。私にいい考えがあります。兵士を一、二人私につけて下さいませ」。そうして家に帰って、強い酒をたくさん準備して、自分の父に飲ませた。酔って寝ると、イチフカヤは父の弓の弦を切った。そこでついて来た一人の兵士がクマソタケルを殺した。天皇はその親不孝を憎んで、イチフカヤを殺し、妹のイチカヤを火国造《ひのくにのみやつこ》に与えた。

こうしてすっかり襲国を征服して、高屋の宮に六年のあいだ住んだ。その国にミハカシヒメという美人がいた。それを召して妃とし、トヨクニワケ皇子が生まれた。これが日向国造《ひむかのくにのみやつこ》の始祖である。それから天皇は日向から帰って来た。

この「景行天皇紀」の物語は、要するに、大和の王が熊襲の王女をだまして父を裏切らせ、そうして敵を征服した、というだけのことで、これは世界中どこにでもある民話の一つの型に過ぎない。それにいろいろの飾りをくっつけて、まるで大和朝廷の軍隊が堂々と進撃して九州全土を席巻《せっけん》したように仕立てあげたものである。ことに加工の痕跡をはっきりとどめているのが敵の王の名前で、家来の進言と話の本文ではクマソタケルという一人なのに、その前の景行天皇の言葉の中では、アツカヤとサカヤの二人になっている。クマソタケルは「熊襲の酋長」という意味の普通名詞だが、これが本来の形で、これにもっともらしい個人名をつけ、二人にした上に八十タケルという多数の小王まで登場させて、話をにぎやかにしたのが、今の『日本書紀』の物語なのである。

そういうわけで、景行天皇の熊襲征伐の話には、史実らしいところは全然ない。これはもともと日向国造家の祖先伝説だったものを改作して、大和朝廷の王の話に仕立てたのだろう。

草薙の剣

「景行天皇紀」には、それに続いて、ヤマトタケル皇子の熊襲征伐と東国征伐の物語が記されている。

景行天皇の皇后ハリマノイナビノオホイラツメは、オホウスとヲウスという男の双生児を産んだ。ヲウス皇子は一名をヤマトヲグナ、一名をヤマトタケルとも言った。

熊襲がまたそむいて、国境紛争が絶えないので、ヤマトタケルを遣わして征伐させた。ヤマトタケルは、美濃《みの》のオトヒコノキミ・イシウラノヨコタチ・尾張《をはり》のタゴノイナキ・チヂカノイナキを連れて出発した。

熊襲の国に着いてみると、熊襲の大酋長トロシカヤ、一名カハカミノタケルが、親族を集めて酒宴を開くところであった。ヤマトタケルは髪を解いて少女に変装し、スカートの下に剣をつけて、カハカミノタケルが酒宴をしている部屋に入って婦人たちの中に坐った。カハカミノタケルはこの少女の美貌が気に入って、手を取って側に引き寄せ、酒を飲みながらからかった。夜が更けて人もまばらになり、カハカミノタケルも酔いつぶれた。そこでヤマトタケルは、スカートの中の剣を抜いてカハカミノタケルの胸を刺した。カハカミノタケルが言った。「待って下さい。言いたいことがある」。剣をとどめると、カハカミノタケルは「あなたは誰ですか」。「景行天皇の子で、名はヤマトヲグナという」。「称号をさし上げましょう。お許し下さいますか」「許す」「これからはヤマトタケル皇子と号せられよ」。カハカミノタケルが言い終わると、ヤマトタケルは胸を刺し通して殺した。これ以来、現在に至るまで、ヤマトタケルノミコトと呼ぶのである。それから皇子はオトヒコらを遣わして、その一族をことごとく斬った。

ここでちょっと注釈を入れると、この話は、大和の王が熊襲の王を、美少女を使って酒に酔わせて暗殺する点では、さっきの景行天皇の話と同じで、ただそれが熊襲の王女か、それとも女装の美少年かの違いだけである。だからこれも本来は同じ話だったのであり、やはり民話が種になったものである。

「景行天皇紀」の物語を続けると、今度は東方の異族がそむいて国境が騒然となった。

天皇が群臣に「いま東国が不安で、荒ぶる神々が多く起こっている。誰を遣わして乱を平らげようか」と問うと、ヤマトタケルが「今度はオホウス皇子の番でしょう」と言う。オホウス皇子は驚き怖れて草の中に逃げこむ。天皇はオホウスを連れて来させて叱責し、美濃に領地を与えたが、その子孫が身毛津《むげつ》君・守《もりの》君という二つの氏族になった。

ふたたびヤマトタケルが征伐に出発し、伊勢神宮を拝んで、斎宮《いつきのみや》である伯母のヤマトヒメから草薙《くさなぎ》の剣を授けられる。それから駿河《するが》・相模《さがみ》・上総《かづさ》・陸奥《むつ》・常陸《ひたち》・甲斐《かひ》・武蔵《むさし》・上野《かみつけ》・信濃《しなの》・美濃・尾張と巡回し、尾張氏の娘のミヤスヒメと結婚するが、近江の伊吹《いぶき》山で山神に祟《たた》られて病気になり、尾張にもどる。しかしミヤスヒメの家に寄らずに伊勢に帰り、能褒野《のぼの》で死ぬ。そこに葬ったが、ヤマトタケルは白鳥に姿を変えて陵から出、大和の琴弾《ことひき》原に、ついで河内の旧市《ふるいち》邑に飛び、最後に高く天に昇って行く。その三個所にそれぞれ陵を作ったので、人々はこれらを白鳥陵《しらとりのみささぎ》と呼んだ。ヤマトタケルが帯びていた草薙の剣は、今は尾張国の年魚市《あゆち》（愛知）郡の熱田《あつた》社にある。

以上の「景行天皇紀」の、いわゆるヤマトタケル伝説をざっと見ると、伊勢・美濃・尾張の三国と関係が深いことに気がつく。ヤマトタケルが熊襲征伐に連れて行く四人の家来のうち、一人は美濃の人、二人は尾張の人で、イシウラノヨコタチは、石占《いしうら》が伊勢の地名だから伊勢の人であろう。東方遠征には伊勢神宮から出発するし、尾張で結婚するし、尾張の熱田神宮にその剣を留めるし、伊勢で死んでそこに葬られる。

ところでヤマトタケルの本名のヲウスと対になる名前を持つ、双生児の兄のオホウスは、身毛津君・守君の祖だが、身毛津君は美濃国武義《むげ》郡を本拠とする氏族である。思うに「ヤマトタケル」という名前は、「クマソタケル」と対になるものであり、一方「ヲウス」は、美濃の「オホウス」と対になっている。だから熊襲征伐の話のほうは本来ヤマトタケルが主人公であり、それが少し変形して景行天皇にくっついたので、伊勢・尾張・美濃で活躍する東国の英雄のほうは、もともとヲウス皇子だったのだろう。

こうヤマトタケルを二人に分けておいて、その東国征伐の話はいつごろ、どうして由来したのか考えてみよう。ここで注目しなければならないのは、この皇子が景行天皇とその正皇后の間に生まれた双生児の弟のほうであって、しかも伊勢神宮に参拝することである。そう言えば、すぐ天武天皇のことが思い浮かぶ。天武天皇は、父の舒明天皇と、その正皇后の皇極＝斉明天皇との間に生まれた二人の皇子の弟のほうであったばかりでなく、伊勢で天照大神《あまてらすおほみかみ》を拝んだ事実がある。

六七一年、兄の天智天皇が近江の大津の宮で重態に陥ると、天武天皇は兄の子の大友皇子に遠慮して、出家して吉野の宮に隠退した。その年末に天智天皇が死んで、近江の大友皇子と吉野の天武天皇との間はたちまち緊張した。翌年、近江朝廷が美濃・尾張両国に動員令を発したことを知った天武天皇は、先手を打って三人の部下を美濃《みの》に急行させ、味方の軍隊を召集させたが、その一人は身毛津君広《ひろ》といった。こうして壬申の乱が始まると、天武天皇は妻の持統天皇、子どもの草壁皇子らとともに、少数の部下に護衛されて吉野を出発して東国に向かい、伊賀から鈴鹿峠を越えて伊勢に入り、朝明《あさけ》郡の迹《と》大川《ほ》のほとりで天照大神を望拝した。その間に美濃の軍隊三千人をもって、美濃と近江の境の不破《ふは》道を確保することに成功したので、天武天皇も不破に行って、尾張の軍隊二万人と合流した。かくして天武天皇の軍隊は、不破から近江に、伊勢から大和に進軍し、ついに大友皇子を滅ぼしたのであった。

そうした史実から見ると、「景行天皇紀」の東国の英雄の原型は実は天武天皇であり、そのために伊勢・尾張・美濃と関係が深いことが分かる。そしてヤマトタケルが白鳥と化して飛び去るのは、天武天皇は人ではなく神であったということであって、これは今の「景行天皇紀」のヤマトタケルの物語が、六八六年の天武天皇の死のあとで作られたことを示している。

それにもっと面白いことに、「天武天皇紀」によると、この年の五月に天皇が病の床につき、六月に占うと、草薙の剣の祟りと出たので、直ちに尾張国の熱田社に送ってそこに置いた、七月に朱鳥《しゅちょう》元年と改元した、ということである。そのかいもなく、天武天皇は九月に亡くなるのだが、ヤマトタケルの遺品のはずの草薙の剣が熱田神宮に納められたのが、実は天武天皇の死の直前だったということは、それが天武天皇の遺品でもあることを意味する。またヤマトタケルが白鳥と化して飛び去るのに対して、天武天皇が朱鳥改元の直後に死去するのとは、いかにも関連がありそうである。

はっきり言ってしまおう。ヤマトタケルとは、古くから語り伝えられた伝説の主人公なんかではなく、天武天皇の影として、七世紀末になって新たに創作された人物なのである。

神武天皇の出現

ここで『日本書紀』が記す順序に従って、いわゆる大和朝廷の九州征伐の歴史をたどり直してみよう。

一番最初の「神武天皇紀」では、南九州の日向が、大和朝廷の発祥の地になっている。ところがそれより後の「景行天皇紀」では、天皇とヤマトタケルの熊襲征伐の物語は、いずれも南九州が皇室の祖先と関係があったなどと、一言も言っていない。まるで神武天皇のことを忘れてしまったかのようである。

さらに景行天皇は、南九州だけでなく、北九州をも含む全島の各地をぐるぐる巡回するが、不思議なことに、北九州の中でももっとも古く開けた要地であるはずの岡《をか》・伊《い》覩《と》・儺《な》・山門《やまと》・松浦《まつら》だけには、どうしたわけか行っていない。

そして「仲哀天皇紀」・「神功皇后紀」に至ってはじめて、これら五県が皇室に服属するのである。

言いかえれば、大和朝廷は自分から一番遠い不便な南九州をもっとも早く手に入れ、近くて交通の便利な北九州を征服したのは一番あとだったことになるのだが、これは理屈に合わない。

もちろんこれは「仲哀天皇紀」・「神功皇后紀」が先に出来たため、その後で書かれた「景行天皇紀」では五県の地を景行天皇の経路からはずしたのであり、さらに後で皇室の故郷を日向とすることを思いついて「神武天皇紀」を作ったからである。

そういうわけで神武天皇は、大和朝廷の十三代の中でもっとも後で出現した人物、という結論になるのだが、面白いことに『日本書紀』には、この天皇を誰が、いつ、どこで、なぜ、どうして発明したかが、はっきり書いてあるのである。

それはやはり六七二年の、あの壬申の乱の最中のことであった。「天武天皇紀」によると、このとき大和の飛鳥京には大伴《おほとも》の連《むらじ》吹負《ふけひ》が居て、天武天皇のために兵を集めて守っていたが、近江朝廷の軍と奈良山で戦って大敗し、宇陀《うだ》の墨坂《すみさか》まで逃げて来たところ、伊勢から鈴鹿峠を越えて救援に来た友軍と出会い、ふたたび引き返して金綱井《かなづなのゐ》（橿原市）に陣を張り、味方の敗残兵を集めていた。

このとき吹負の陣中にいた高市《たけち》郡（橿原市）大領の高市県主《あがたぬし》許梅《こめ》は、突然口がきけなくなり、三日の後に神がかり状態になって、「私は高市社に居る、名はコトシロヌシの神である。また身狭《むさ》社に居る、名はイクミタマの神である」と名のり、さらに口走って「カムヤマトイハレビコ（神武）天皇の陵に、馬および種々の兵器をささげよ」と言い、また「西の道から敵軍が来る。気をつけよ」と言い終わって、正気に返った。そこで直ちに許梅《こめ》を遣わして、御陵を祭り拝み、馬や兵器をささげさせ、また高市社と身狭社の神々にもささげ物をして礼し祭らせた。

すると本当に近江軍が河内から二上山《ふたかみやま》の北の逢坂《あふさか》を越えて進んで来たので、吹負はこれを当麻《たぎま》に迎え撃って大いに破った。このころになると伊勢からの援軍が続々と到着して、形勢は吹負に決定的に有利になり、やがて北方から飛鳥京に進攻して来た近江軍をも撃破して、大和からは近江朝廷の勢力は一掃されたのである。

これが実は、神武天皇の名が人間界に知られた最初であった。つまり戦場の不安と緊張のために一時的な精神異常に陥った高市県主《たけちのあがたぬし》が、地元の無名の大古墳に宿る霊の名前を口走ったに過ぎない。しかしその御利益で大伴の連吹負は敵軍を破り、大和の地を平定できたわけで、この時から神武天皇の大和平定の物語が発生したのである。

「神武天皇紀」を見ると、熊野《くまの》の山中に踏み迷っていた天皇の軍勢は、天照大神が送ったヤタノカラスに導かれ、大伴氏の遠祖ミチノオミの指揮する大来目部《おほくめべ》を先頭として菟《う》田《だ》（宇陀）に出て来る。そこでミチノオミは土地の酋長を斬る。天皇はその功をほめて来目歌《くめうた》を歌う。

次に天皇は国見丘《くにみのをか》の八十《やそ》タケルを破り、また歌う。

神風《かむかぜ》の　伊勢の海の
大石にや　い這《は》ひもとほる
細螺《しただみ》の　細螺の
吾子《あご》よ　吾子よ
細螺《しただみ》の　い這ひもとほり
撃ちてし止まむ　撃ちてしやまむ

伊勢の海の
大石に這いまわる
細螺のように、
わが軍勢よ、わが軍勢よ、
細螺のように這いまわって、
必ず敵を撃ち負かしてしまおう、撃ち負かしてしまおう。

続いてミチノオミは大来目部を率いて忍坂《おしさか》に大室屋《おほむろや》を掘り、その中に残敵を招いて、酒宴を張り、酔ったところを一時に殺しつくす。大来目部は悦んで来目歌を歌う。

次に墨坂を越えて、磯城《しき》の酋長を斬る。

最後に天皇の最大の敵、鳥見《とみ》のナガスネビコと戦い、飛んで来た金色のトビのおかげで勝つ。ナガスネビコは味方に殺される。

これで大和の平定はほぼ終わり、神武天皇はコトシロヌシの神の娘と結婚して、橿原《かしはら》の宮に即位する。

この「神武天皇紀」の物語で、天照大神に助けられ、「神風の　伊勢の海」と歌う神武天皇は、すなわち伊勢に入って天照大神を拝み、そこから巻き返しに成功した天武天皇であり、宇陀の墨坂から大和に攻め入る大伴氏の遠祖ミチノオミは、やはり墨坂から勢を盛り返して敵を破った大伴の連吹負である。だから神武天皇に敗れて味方に殺されるナガスネビコは、瀬田の戦に敗れて自殺した大友皇子である。高市県主許梅の口を通じて神武天皇の名を顕わしたコトシロヌシの神が、天皇の皇后の父になるのは何の不思議もあるまい。

そういうわけで「神武天皇紀」の大和平定の物語は、大和に発生した古い王家の伝説のように見えるけれども、実は徹頭徹尾、六七二年の壬申の乱の産物なのであった。

最後に、その神武天皇が日向から大和にやって来るようになっているのはなぜか、という問題が残る。

それは六六三年の白村江《はくそんこう》の敗戦の影響である。このとき日本は、唐軍の本土進攻を覚悟し、それに備えて対馬《つしま》・壱岐《いき》・筑紫《つくし》・長門《ながと》・讃岐《さぬき》に要塞を築き、都を大和の飛鳥《あすか》から近江の大津に移し、河内と大和の境に高安城《たかやす》を設けた。以上は天智天皇の時代のことだが、壬申の乱のあと、天武天皇はこれまで放置されていた南九州と南西諸島の開発を強力に推し進めはじめ、六七九年には多禰島《たね》（種子島）に使節団を送って実情を調査させた。一方、南九州の隼人《はやびと》にもしきりと働きかけていたのであって、その効果が現れて、六八二年には隼人が数多く来朝して方物《ほうぶつ》を貢し、大隅《おおすみ》の隼人と阿多《あた》（薩摩）の隼人に相撲を取らせ、大隅の隼人が勝った。また多禰人・掖玖《やく》（屋久）人・阿麻弥《あまみ》（奄美）人も来朝した。六八六年に天武天皇が亡くなったときには、大隅・阿多の隼人の代表者が、群臣とともに弔辞を述べている。

さて、『日本書紀』の編纂がはじまったのは、ちょうど天武天皇が南九州の確保に強い関心を持ち、その開発に力を入れていた最中の六八一年のことであった。もし日本の皇室が南九州に発祥したことにすれば、唐・新羅との間に九州の帰属が問題になった際には有利である。また南九州の隼人を皇室に引きつけるには、初代の天皇を隼人の婿にしたほうが便利である。そのために「神武天皇紀」では、この天皇が隼人の吾田《あた》のアヒラツヒメと結婚させられるのであり、それを大和へ連れて来るために、いわゆる東征の話が必要になっただけのことである。

「神武天皇紀」よりもさらに後になって出来たらしい「神代下」の巻では、さらに一歩を進めて、神武天皇の祖先そのものが隼人だったことにしてしまっている。すなわち神武天皇の曾祖父のヒコホノニニギは、天から日向の襲《そ》の高千穂《たかちほ》の峯《みね》に降りて来て、それから吾田の長屋《ながや》の笠狭《かささ》崎に到り、そこでカシツヒメと結婚するが、高千穂の峯は隼人の聖地、笠狭も加志《かし》も隼人の地名である。

カシツヒメが産む三人の息子のうち、長男のホノスソリは、隼人の始祖と明記されている。次男のヒコホホデミは、海神の娘のトヨタマビメと結婚して、ヒコナギサが生まれる。ヒコナギサも、海神の娘のタマヨリヒメをめとり、神武天皇が生まれる。しかし神武天皇の別名も、祖父と同じヒコホホデミであって、話の原形では、隼人の始祖と大和朝廷の初代天皇とが同母兄弟ということになっていたものである。

意味のない九州説・畿内説

だいぶ話が長くなったから、ここらでおさらいをしよう。『日本書紀』に記された四十人の天皇・皇后のうち、実在の人物と認めてよいのは、第十七代の仁徳《にんとく》天皇からあとだけである。

仁徳天皇の前に置かれている仲哀天皇・神功皇后・応神天皇の三代は、六六三年の白村江の敗戦の前後に、北九州の皇極＝斉明天皇の大本営において発生し、天智天皇が持ち帰った神々であり、人間ではない。

仲哀天皇の前の景行天皇・成務天皇は、これらの神々よりさらにおくれて作り出されたものであるし、景行天皇の皇子で仲哀天皇の父とされるヤマトタケルは、六七二年の壬申の乱での天武天皇をモデルにした架空の人物である。

さらに景行天皇の前に来る、第二代綏靖天皇から第十一代垂仁天皇までの歴代の事跡は、六四五年のいわゆる大化の改新から、六八六年の天武天皇の死までの政治上の事件を下敷きにして作り上げた話ばかりで出来ていて、そのすべてが天武・持統夫妻の立場を弁護するためのものである。

そして第一代の神武天皇も、壬申の乱の最中に出現したことがはっきりしていて、従ってその事跡も、ヤマトタケルと同じく天武天皇をモデルにしている。その神武天皇が日向の出身で、祖先は高千穂の峯に天降ったというのは、隼人の同化に努力した天武天皇の政策から生まれた話に過ぎない。

最後に、これらの歴代の系譜に一貫している直系父子相続の原則は、わが子草壁皇太子・わが孫文武天皇に皇位を継がせようという持統天皇の強烈な意志が作り出したものである。

手っ取り早く言えば、いわゆる大和朝廷の歴史は、持統天皇にとっての現代史のあるべき姿を描き出したものであって、それ以上でも以下でもない。さらにこれらの歴代が、仲哀・神功まで含めて、いずれも大和の各地に都したようにしてあるのは、難波に居た孝徳天皇・近江に居た天智天皇に対して、大和の飛鳥京・藤原京・平城京に都した天武・持統・文武・元明・元正五代の、大和こそ帝王の地だ、という主張を忠実に反映しただけのことである。

大和朝廷が『日本書紀』の完全な創作であり、七世紀末より前には、それについての一片の伝承すら存在していなかったことが、以上でご納得いただけたと思う。して見れば、奈良盆地の東部にいかに多数の前期古墳が集中していたところで、それだけでは日本国家の起源は大和にあった、などという論は成り立たない。前期古墳群は大和だけにあるのではないのだから。

このことは、『魏志倭人伝』の「邪馬台国」の解釈にたちまち関連してくる。すでに『三国志』の成立の事情を論じたところで、『倭人伝』の道里記事は政治上の必要から故意に作ったものであり、これをもとにして邪馬台国の所在を割り出すことは不可能なことを説明しておいた。今また『日本書紀』の大和朝廷が、全くの幻影だったことが明らかになった。

こうなって来ると、「邪馬台」を「大和」や「山門《やまと》」と結びつけたり、九州の邪馬台国が近畿に移動して日本国家が出来た、などと空想を馳せることには、ほとんど意味がなくなるわけである。

われわれはむしろ、そうした既成の観念から解放されて、新しい眼で史料を見なおすべきであろう。

第六章　『古事記』と『三国史記』の価値

『古事記』は『日本書紀』より古いか

日本の古典の随一とされている『古事記《こじき》』と、朝鮮で最古の史書の『三国史記《さんごくしき》』との間には、いくつかの奇妙な共通点がある。

まず第一に、両方とも、それが扱う時代よりはるかに後世に出来たこと。

第二に、どちらもオリジナルな内容のものではなく、それ以前に存在したもっと確実な材料を勝手に書き直したものであること。

第三に、そうした改作の目的が、著者の家柄を持ち上げるためだったこと。

従って、六世紀やそれ以前の古代史の資料としては、全く役に立たないか、多少は役に立っても、信用度が極めて低いこと、の四つである。

ことに『古事記』は、今さら言うまでもなく、本居宣長《もとおりのりなが》以来、日本の古伝承をありのままに記録したもので、古代人のおおらかな気分をうかがわせてくれる貴重な書物であり、この点、中国風の文飾が過ぎて古伝承の原形が失われている『日本書紀』よりずっとすぐれている、と、何となくそうした観念が通り相場になってしまっている。

　ところが実は、そうした先入主には大して根拠はないのである。根拠らしいものはただ一つ、『古事記』に「正五位上・勲五等・太朝臣安万侶《おほのあそみやすまろ》」の序と称するものが付いていて、それに『日本書紀』の完成よりも八年早い和銅五年（七一二）五月二十八日の日付があること、またその文中に、天武天皇が姓は稗田《ひえだ》、名は阿礼《あれ》という二十八歳の舎人《とねり》に古記録を誦《よ》み習わせたこと、のちに和銅四年（七一一）九月十八日、元明天皇が太安万侶に命じて、稗田阿礼が誦むところを一書にまとめて献上させたこと、安万侶がこれを奉じて、上・中・下の三巻を作ったことを記しているからである。

　もしこの太安万侶の序なるものが『古事記』に付いていなかったとしたら、この書物を『日本書紀』よりも古いもの、従って古伝承の原形をよりよく保存したものなどとは、いかな本居宣長でも主張しなかっただろう。しかしこの序文の内容には、後で言うが、数々の怪しむべき点があり、すでに賀茂真淵《かものまぶち》ですらこれを指摘していた。それにも拘らず、いまだに『古事記』が日本最古の古典として通用し、『日本書紀』や『万葉集』など、八世紀の奈良時代に出来た書物といっしょにして、「記・紀・万葉」と併称されるのは、『古事記』の本文の内容がロマンティックに文学性が高いからのことである。

　しかし水をさすようで申しわけないが、いくら『古事記』が読んで面白いからと言っても、だからその成立が古く、その内容が古代日本の真相をありのままに伝えている、ということにはなるまい。むしろわれわれが、『古事記』の物語の美しさのゆえに、その古さを信じたい衝動に駆られるのは、古代を神秘な自由の時代と観じ、そこに世智辛い現世からの解放、魂の安らぎを求めたがる、われわれのセンティメンタリズムに過ぎないのではなかろうか。古代に憧れるのは個人の自由だが、古代といえども人間の世である。人間の世であれば、現代と変わらず、やはり息苦しく、住みにくい時代だったに違いない。だから『古事記』の浮世離れした物語がいかに魅力があっても、それに古代らしい真実味を覚えるのは、われわれの批判的精神の弱さの証拠以外の何物でもないのである。

『古事記』は、七一二年というような古い時代に太安万侶が書いたものではない。実はそれより百年以上も後の平安時代の初期の偽作であって、日本古代史の資料としては何の価値もないものである。なぜ、そう言えるのか、これから説明しよう。

怪しい『古事記』の序

順序として、まず『古事記』の序文から取り上げる。

怪しいことの第一は、天武天皇が稗田阿礼に特に勅語を下して、「帝皇《ていこう》の日《ひ》継《つぎ》、および先代の旧辞《きゅうじ》」を誦み習わせた、ということである。これが事実ならば、『日本書紀』

の「天武天皇紀」に何か一言ぐらいあってもよさそうなものだが、似寄りの記事はおろか、稗田阿礼の名前すらどこにも見えない。

稗田阿礼自身の実在さえ問題で、「姓は稗田、名は阿礼」とあるが、ここでは「姓」は「カバネ《かばね》」ではなく、「氏《うじ》」の意味に使われている。そうすると稗田阿礼は、氏と名はあるが姓のない人間になってしまう。

「姓」は「生」で、「生まれ」の意味であり、生まれついての身分であって、古代の日本では原則としてあらゆる氏族が「姓」によるランクづけを持っていた。ちょうどインドのカーストと同じで、ヒンディー語でカーストのことを「ジャーティー」と言うのも、やはり「生まれ」の意味である。

インドでカーストを持たない人間が、社会の一員として待遇されないのと同様、姓のない稗田阿礼も、古代日本では一人前の人間だったはずがない。その稗田阿礼が、天皇の側近に奉仕する舎人《とねり》の職にあり、しかも国史の編纂の基礎作業である古記録の誦習《しょうしゅう》を命ぜられた、というのである。

この「誦習」というのは、漢字の使いかたを一定にすることを目的とした作業を意味することとして、この「序」では用いられている。すなわち「稗田阿礼の誦むところの勅語の旧辞を撰録《せんろく》して献上せよ」という元明天皇の詔旨《しょうし》にこたえたと称する著者は、自分の仕事の内容を説明して、「漢字の意味に従って綴ったのでは日本語にぴったりしないし、といって漢字の音だけを使って書くと長たらしくなる。そこで字音と字訓を混ぜて使ったり、字訓だけで書いたりし、それで意味が分かりにくくなる場合は註をつけるが、分かりやすいものにはつけない。『クサカ』を『日下』、『タラシ』を『帯』と書くような慣用はそのままにした」という意味のことを言っている。

つまり著者のやったことは主として用字法の統一だったことになるが、その作業の基礎になったのは稗田阿礼の研究だったのである。して見れば稗田阿礼は漢語学・漢文学に精通した、当代切っての大学者だったわけである。

ところがその大学者が、人並でない無姓の人間であり、『日本書紀』にもその他の奈良時代の書物にも、一切その名が見えていないというのは、何とも変な話である。

変なのはそればかりではない。元明天皇が和銅四年九月十八日に太安万侶に『古事記』の撰録を命じたということも、太安万侶が翌和銅五年正月二十八日に『古事記』三巻を天皇に献上したということも、この時代の正史である『続日本紀《しょくにほんぎ》』には全く記事が見当たらないし、太安万侶自身が国史の編纂に当たるような学者であった形跡もない。『続日本紀』では、「太朝臣《おそん》安麻侶」は慶雲元年(七〇四)にはじめて姿を現し、霊亀《れいき》二年(七一六)には氏の長《おさ》となり、養老七年(七二三)七月七日に死んだ時には民部《みんぶ》卿《きょう》・従四位下の官位を持っていた。だから実在の人物には相違ないが、『古事記』の撰進はおろか、『日本書紀』の編纂にも関係があったとは、『続日本紀』は一言も言っていないのである。

序はそれくらいにして、今度は『古事記』の本文に入ろう。『古事記』の上・中・下三巻のうち、上巻は、天地がはじめて発生した時に、高天原《たかまがはら》に出現した天之御中主神《あめのみなかぬしの》から、日向の高千穂の宮に住んだ三代目の天津日高日子波限建鵜葺草葺不合命《あまつひこひこなぎさたけうがやふきあへずのみこと》まで、神々の事跡ばかり記してあって、人間の世界ではなく、幽冥界《ゆうめいかい》の話だから、もちろん歴史ではないし、『古事記』の著者自身だって、これを過去に実際に起こったことと考えていたわけではない。

神々は人間と違って、過去・現在・未来といった時間の区分を超越した存在だから、その行動を語る神話だって、過去に起こった事件の叙述ではない。むしろ本当の神話では、それを語るにつれて神々が出現して行動するのであって、神々の時間は常に今日ただいまなのである。

これはここでは余計なことだけれども、昨今のわが国では、人々がよほど神々と疎遠になったらしくて、こんな自明のことすら知らないらしく、いわゆる「記・紀の神話」を何か歴史上の事件をたとえ話で語ったもののように解釈したがる風潮が見えるので、ついでに一言しておく。

さらに言えば、一般に歴史がまず出来て、その後で神話が作られるものであって、神話の成立年代は新しいものなのである。先に『日本書紀』について言ったとおり、「神代下」の巻の内容は、歴代の天皇の「紀」のなかでも最も新しく作られた「神武天皇紀」よりもさらに新しいのだから、日本神話の成立も、せいぜい古くて七世紀末をさかのぼらないわけだ。こんな新しいもののなかに、日本民族の起源、日本文化の源流を求めようというのは、どだい無理な相談である。

さて『古事記』にもどると、その中巻は神武天皇から応神天皇まで、下巻は仁徳天皇から推古天皇までを扱う。この分けかたは、先に分析した『日本書紀』の歴代の天皇の系譜と比較すると、なかなか意味がありそうである。

つまり、『古事記』の中巻に収められているのは、『日本書紀』の書きかたから見て実在の人物ではなく、六六三年の白村江の敗戦の前後から、六七二年の壬申の乱までの間に考え出されたらしい架空の歴代なのであり、『古事記』の下巻はこれとは対照的に、古くから伝承のあった日本の建国者の仁徳天皇からはじめて、『日本書紀』にとっての現代史の起点であった六二九年の舒明天皇の即位の直前で筆を止めているわけだ。このことに注意しておいて、今度は『古事記』の本文の内容の検討にかかろう。

『日本書紀』にない出雲神話

『古事記』の上巻に載っている神話を、これに対応する『日本書紀』の「神代上・下」の両巻の内容と比較して見ると、大部分は文章がよく似ているが、それは『日本書紀』

が『古事記』を写したのではなく、逆に『古事記』が『日本書紀』から材料を採って書き直したのである。

『日本書紀』の「神代上・下」の大きな特徴は、本文の物語が一段落するごとに、多数の異伝を「一書にいわく」として註記していることである。もし『日本書紀』よりも前に、『古事記』という勅撰の書が出来ていたのならば、当然『古事記』も「一書」の一つとして、『日本書紀』に引用されていなければならない。ところが『日本書紀』の「一書」のどれ一つとして、『古事記』とぴったり一致する内容のものがない。

これは『日本書紀』では並列してあるだけの、本文と多数の「一書」の異なった伝承を材料に使って、一本の記述にまとめ挙げたものが『古事記』だからである。その際に『古事記』の著者が採った方針は、並行する伝承のなかから、もっとも内容の豊富なものをそのつど取り入れることであった。

ところがもともと起源の違う伝承どうしのことだから、ここではこっちを採り、次にはあっちを採りしていると、前後で矛盾するところがどうしても出来てくる。そうした場合には、『古事記』はやむを得ず、『日本書紀』のある伝承を落としたり、新しく文章を作ったりしてつじつまを合わせている個所がある。そうした個所を除外しても、なお『古事記』には『日本書紀』に見られない新しい要素がいくつもある。

そうした新しい要素の第一が、『古事記』が神々のなかで最初に出現したとする「天之御中主神」である。この神は、『日本書紀』の「神代上」第一段の七種の伝承のうち、第四の「一書」にしか登場しないが、そこでは最初の神ではなく、三番目に出現したことになっている。ところでこの神を重要視し、天地の発生の最初に持って来るのは、八〇七年に斎部広成《いむべのひろなり》が書いた『古語拾遺《こごしゅうい》』など、平安時代の初期の書物に初めて現れる説であって、『日本書紀』の成立よりも百年近くも後の思想である。

この高天原の天之御中主神に対して、『古事記』はこれと一対になる名前を持つ、葦《あし》原中国《はらのなかつくに》を作った大国主神《おほくにぬしのかみ》をも大いに持ち上げ、この神を主人公とする面白い物語を数多く盛りこんでいるが、こうしたいわゆる「出雲《いづも》神話」は『日本書紀』には全く載っていない。ところがこれらの話は「風土記」類に採られて中央に報告されたものらしくて、少なくとも有名な因幡《いなば》の白ウサギの話は『因幡国風土記《いなばのくにふどき》』に載っていたことが分かっている。

『因幡国風土記』の原本は伝わらないが、他書に引用されている断片と比較してみると、ウサギがワニの背中を渡りながら数えることを、「その上を踏みて読み来たり渡る」と言い、ワニがウサギを裸にすることを「衣服《きもの》を剝ぎつ」と言うような、表現の細部に至るまで『古事記』によく似ている。とてもそれぞれ独自に書かれたものとは言えない。

ところが「風土記」の上進が諸国に命ぜられたのは和銅六年（七一三）で、「古事記序」の日付の翌年である。それでも「風土記」に記載すべき事項はあまりに多く、調査には大変な手間のかかるしろものである。そのために大多数の諸国は未提出に終わり、どうにか提出にこぎつけた国は少なく、しかも完成まで長い年月を要したようである。今も完全に残っている『出雲国風土記』でさえ、出来たのはやっと七三三年のことで、七二〇年の『日本書紀』の完成にも間に合わず、従ってその内容は『日本書紀』に採り入れられていない。それなのに『古事記』には「風土記」とよく一致する文章があり、『日本書紀』にはそれがないのだから、『日本書紀』よりも『古事記』のほうが新しいことになる。

要するに『日本書紀』が『古事記』を参考にせず、『古事記』に載っている大国主神の物語を完全に無視したのは、参考にしようにも『古事記』がまだ存在していなかったからなのである。

『古事記』の上巻はそれくらいにして、中巻に進もう。

成立は平安朝

『古事記』の中巻に収められている、神武天皇から応神天皇に至る歴代の記述の特徴の一つは、それぞれの天皇を祖先とする、いわゆる皇別《こうべつ》の氏族名をうるさく数え上げていることである。これは『日本書紀』とはきわ立った対照をなしていて、たとえば『日本書紀』の「神武天皇紀」が多臣《おほのおみ》だけしか挙げていないのに、『古事記』は神武天皇の子孫として、意富臣《おほのおみ》をはじめとする、実に二十一氏族の名を数えている。しかしその中で、八一五年に出来た『新撰姓氏録《しんせんしょうじろく》』にも載っているのはわずか七氏族に過ぎない。

言いかえれば、皇別を自称する氏族の数は、七二〇年の『日本書紀』から、八一五年の『新撰姓氏録』までの間にこれだけ増えたのである。『古事記』が神武天皇の子孫とする氏族の数が、その『新撰姓氏録』よりもはるかに多く、三倍に達することは、『古事記』が『新撰姓氏録』よりもさらに新しいと見てはじめて説明がつくことである。これを七一二年の成立としたのでは、『日本書紀』がなぜここでも『古事記』を参照していないのか分からない。

さらに『新撰姓氏録』は、それに登録した氏族の起源について、いちいち『日本書紀』を参照し、伝承が一致するかどうかを註記しているのに、『古事記』にこれだけ豊富に載っている皇別氏族の記載を完全に無視し、一度でさえ引用していない。このことは、『古事記』が八一五年にもまだ存在していなかった証拠である。

いずれにせよ、皇別と称する氏族の大多数は、神武天皇から応神天皇に至る歴代の血筋をひくことになっているのだが、これらは七世紀末にはじめて作られた架空の人物なのだから、こうした氏族の本当の素性も怪しいもので、いずれも大して古い起源のものではあるまい。そうした皇別の氏族の一つが、『古事記』の著者といわれる太安万侶の多臣《おほのおみ》（意富臣）であることは面白い。

なお、『古事記』中巻の最後に記されている応神天皇について一言しておきたい。前に言った通り、『日本書紀』の「応神天皇紀」では、この天皇は、宮《みや》も陵《みささぎ》も、その所在がはっきりしなかった。それが『延喜式《えんぎしき》』の「諸陵式《しょりょうしき》」に至って「恵我《ゑが》の裳《も》伏崗《ふしをか》陵、軽《かる》島《しま》の明《あきら》の宮に御宇《ぎょう》せる応神天皇、河内《かふち》国の志紀《しき》郡に在り」と明記されるようになった。『延喜式』が出来上がったのは九二七年のことだが、その内容は八三〇年の『弘仁式《こうにんしき》』のものを引き継いでいる。だからこのころになって初めて応神天皇の宮や陵が確定したのだろうが、『古事記』には応神天皇が「軽島之明宮」に居て天下を治めた、と言い、御陵は「川内恵賀之《かふちのゑがの》裳《も》伏岡《ふしをか》」にある、と言っていて『延喜式』と全く一致している。これも『古事記』が平安時代に降る証拠である。

さて、いよいよ実在した天皇を扱った『古事記』の下巻に入る。この巻の内容は、ほとんど『日本書紀』のものと同じで、ただ『古事記』のほうが話が簡略になっているだけである。言いかえれば、日本古代史の史料としては『古事記』は不十分なもので、『日本書紀』さえあれば、なくてもすむようなものである。

ただ『古事記』の特徴は、歌に異常な関心を示すことである。『日本書紀』に載っている歌はほとんどすべて『古事記』にもあり、そのうえ『古事記』にしかない歌も多い。その結果、ことにこの下巻の歴代の物語は、大多数が歌物語になってしまっている。

それればかりではない。そうした歌には、曲名が註記されていることが多く、

志都《しつ》歌
志都歌の歌い返し
本岐《ほき》歌の片歌
志良宜《しらげ》歌
読《よみ》歌
天語《あまがたり》歌
宇岐《うき》歌
夷振《ひなぶり》の上げ歌
夷振の片下ろし
宮人《みやびと》振
天田《あまだ》振

などの曲名が見えている。これは『古事記』の著者が、宮廷音楽と関係が深かったことを示している。

もう一つ、これと並んで奇妙な事実は、『古事記』では古い時代の天皇ほど、物語も歌も分量が多いのに、新しい時代、史実が豊富に伝わっていそうな時代になると、尻すぼみに内容が少なくなり、下巻の末の仁賢・武烈・継体・安閑・宣化・欽明・敏達・用明・崇峻・推古の十代については系譜だけしか書いてないことである。

もし本当に『古事記』が七一二年に出来た歴史書ならば、こうした当時の皇室にもっとも血統上の関係の深い歴代について、一つの物語すら記そうとしないのは、どうにも不自然な話であり、『日本書紀』とはこの点できわ立った対照をなしている。『古事記』の歌曲の偏重と考え合わせると、その著者は政治音痴・歴史音痴であったと言うほかはない。

しかしもし『古事記』の成立が七一二年などではなく、それよりもずっと後の、たとえば舒明天皇の即位をめぐる紛争などが遠い遠い昔になって、もはや読者の関心をひかなくなった時代に『古事記』が書かれたものとすれば、うんと古い時代にロマンティックな興味が集中するのも無理からぬことである。この点から言っても、『古事記』の成立年代を平安朝に引き下げたほうが話の筋が通るのである。

太安万侶の後裔

ところでその平安朝になって、初めて太安万侶の『古事記』を取り上げて問題にした書物が現れた。それは多朝臣人長《おほのあそみひとなが》の『弘仁私記』である。

多人長は九世紀はじめの学者で、弘仁三年（八一二）、十余人の高官を相手に『日本書紀』の講義をしたことが、『日本後紀《にほんこうき》』に伝えられている。こうした講義の筆記が「私記」と呼ばれるものだが、『弘仁私記』はこの弘仁三年の時のものではなくて、その

「序」によると、翌弘仁四年（八一三）、六人の下級官吏に対して『日本書紀』を講じた記録である。

この「弘仁私記序」が、太安万侶が『古事記』を書いたこと、『日本書紀』の編纂にも参加したことを伝えた最初の文献なのである。この序には、講義の対象である『日本書紀』はそっちのけで、太安万侶と『古事記』のことばかり、いやに熱を入れて書いてある。これはどうも変な感じだし、第一、太安万侶が『日本書紀』の編纂に加わっていたとは、『続日本紀』にも他の古い記録にもいっさい見えず、この「弘仁私記序」がはじめて言い出したことなのであった。

それればかりではない。この「序」で多人長《おほのひとなが》は系譜に異常な関心を示し、五種類の書物の名をあげて、系譜の記載の不正確を批判し、『日本書紀』や『古事記』のような「旧記」を読まないからいけない、とやっつけているが、そのなかでも激しく攻撃するのが『新撰姓氏録』である。

『新撰姓氏録』は、弘仁六年（八一五）に万多《まむた》親王らの手で完成した書物で、平安朝貴族の姓氏の集大成だが、前に言った通り、『日本書紀』の記事はていねいに参照しているのに、『古事記』は一度として引用していない。多人長はこれが気に入らないと言うのである。

しかし多人長が本当に不満であったのは、『新撰姓氏録』で自分の氏族が成り上がり者の茨田連《まむたのむらじ》や豊島連《てしまのむらじ》と同族とされたからであった。『日本書紀』では、神武天皇の嫡子はカムヤヰミミと綏靖天皇の二人しかなく、兄のカムヤヰミミの子孫が多臣《おほのおみ》らとなっていた。ところが『新撰姓氏録』では、編者の万多親王と同名の茨田連と豊島連が、カムヤヰミミの息子のヒコヤヰミミの子孫になっている。このヒコヤヰミミという名前は『日本書紀』にはなく、『新撰姓氏録』の発明である。ところで多人長が持ち上げ、その祖先の太安万侶が書いたことになっている『古事記』では、この名前から敬称のミミを省いてヒコヤヰと呼びすてにし、しかもカムヤヰミミの兄にして、自分たちの意富臣《おほのおみ》とは別の血統のように書き換えている。

さらに『日本書紀』で茨田連が登場する記事は、『古事記』ではことごとく削除され、茨田連が作った河内国茨田郡の茨田堤でさえ、秦氏《はた》が作ったことにしてある。

これは多人長が万多親王の『新撰姓氏録』を好まないのと同様、太安万侶の作とされる『古事記』も茨田連を好まなかったことを示す。

これは多《おほ》(太、意富)氏が新羅《しんら》系の帰化人の秦氏と関係が深いのに対し、茨田氏が百《ひゃく》済《さい》系の帰化人であって、六六三年の白村江《はくそんこう》の敗戦以来、ずっと仇敵の間柄であったからである。この両派は六七二年の壬申の乱でも対立し、新羅派は大友皇子、百済派は天武天皇を支持した。その後も同派の勢力には消長があり、七九四年に桓武天皇が平安京に移ったのは新羅派の勝利であった。新しい都のある山城国葛野《かどの》郡は、新羅系の帰化人である秦氏の本拠地だったからである。

ところがその桓武天皇の後を継いだ皇太子の平城《へいぜい》天皇は、病弱のため弟の嵯峨《さが》天皇に皇位を譲り、平城京に隠退した。しかし愛人の藤原薬子《くすこ》に口説かれてその気になり、再び平城京に都を移すように嵯峨天皇に命じた。すでにそれまで平安京の天皇と、平城京の平城上皇との間は緊張していて、政府が二つあるような状態だった。嵯峨天皇は百済系の大将軍坂上田村麻呂《さかのうへのたむらまろ》に命じて平城京を包囲させ、薬子の兄の藤原仲成《なかなり》を殺した。上皇と薬子は脱出して東国へ向かったが、途中で逮捕され、薬子は自殺し、上皇は出家した。これが弘仁元年（八一〇）の薬子の乱である。

この乱で、上皇の腹心のひとりであった多朝臣入鹿《おほのあそみいるか》は失脚し、これから多氏は勢力を失って、わずかに雅楽寮《ががくりよう》の大歌所の大歌師として、宮廷音楽を管理するだけの家柄となった。

それに引きかえて、上皇の側近にありながら、嵯峨天皇に内通して上皇の東国入りを食い止めたのは上毛野公頴人《かみつけのきみほひと》で、その功績によって朝臣の姓を授けられて昇進し、『新撰姓氏録』の実際の編纂に当たったのもこの上毛野朝臣頴人であった。この氏族はもと田辺史《たなべのふびと》で、田辺史は百済系の帰化人である。

新羅派の多朝臣入鹿の一族である多人長にとって、裏切り者の上毛野朝臣頴人の手に成った『新撰姓氏録』が面白かろうはずがない。それに反撃するために人長が作り上げたのが、先祖の氏族長の太安万侶の名前をかたった『古事記』なのであって、しかもそれを元明天皇の勅命を受けて出来たものとし、『日本書紀』の完成よりも八年前の七一二年のものとした。しかも『古事記』が『日本書紀』よりも権威があるように見せかけるため、太安万侶が『日本書紀』の編纂にも参加したように、「弘仁私記序」でほらを吹いたのであった。

だから『古事記』の成立は、『新撰姓氏録』が完成した八一五年のすぐ後であり、『日本書紀』より百年ばかり新しい。とても「記・紀」と併称して、日本古代史の資料に使えるような性質のものではない。

多氏は代々後宮の婦人たちに仕えて、天皇の私生活の世話をし、宮廷音楽を管理した家柄であったが、この特徴は『古事記』にはっきり表れている。『古事記』の物語には、恋愛と酒宴を主題とする話があまりにも多すぎ、政治上の事件にはほとんど関心を示していない。これは政治が中心の、男性的な『日本書紀』とはい対照で、『古事記』の女性的な性質がよく出ている。また、そうした話の大部分が歌物語になっているし、しばしば曲名を註記しているのは、音楽をつかさどる多氏の家柄からきたことである。

また、歌曲には古風な言葉が使われることが多く、正確な発音も大事である。そのため『古事記』は、日本語、それも古語の発音の表記法に異常な注意を払い、古代日本語の八つの母音を一つの例外もなく整然と書きわけているが、それに使った漢字の種類は『延喜式』の祝詞《のりと》のものとそっくりである。『延喜式』の内容は、八三〇年の『弘仁式』を引き継いでいるのだから、『古事記』の漢字の使い方は、やはり平安時代の初期の特徴を示しているわけである。

多氏は代々、新羅派の帰化人の秦氏と姻戚であり、新羅派に属していた。だから『古事記』も新羅に好意的で、『日本書紀』に多く載っている新羅につごうの悪い記事はすべて落とし、代わりに新羅国王の子というアメノヒボコの来朝を大々的に書き立てたり、秦氏の祭る神々の系譜を載せたりしている。

要するに『古事記』は、その成立の事情から言っても、九世紀という年代の新しさから言っても、七世紀以前の日本古代史の資料として使えるようなしろものではない。われわれが利用できるのは、日本側では『日本書紀』だけなのである。

『三国史記』の由来

『古事記』の記事は、六二九年の舒明天皇の即位の直前で終わっているが、この本が出来たのはそれより二百年ほど後であった。朝鮮で最古の史書ということになっている『三国史記』も、九三六年に高麗の太祖王建《おうけん》が半島を統一したところで筆を止めているが、この書物も、それから約二百年後の一一四五年にはじめて作られ、しかも面白いことに、その著者も新羅系で、自分の家柄を持ち上げるために『三国史記』を書いたのであった。

『三国史記』の著者の金富軾《きんふしょく》（一〇七五〜一一五一年）は、新羅王家の一族で、もと新羅の王都だった慶州《けいしゅう》の出身である。これより先、新羅は唐と連合して、六六三年の白村江の戦で日本を破って百済を滅ぼし、六六八年には高句麗《こうくり》をも滅ぼした。両国の故地は唐の直轄領となったが、新羅は間もなく唐と開戦して、半島の南部を統一した。しかし大同江《だいどうこう》の北は放置された。

新羅王家は金《きん》氏で、貴族は朴《ぼく》氏であったが、十世紀のはじめになって三代の朴氏の王が現れ、そのあとにまた金氏の敬順王《けいじゅんおう》が即位した。

このころになると新羅王家の実力はおとろえて、慶州の近辺にしか支配権が及ばなくなり、地方には多くの独立の勢力が乱立したが、そのなかでも半島の中部の高麗《こうらい》と南部の後百済《こうひゃくさい》がもっとも強力で、永年にわたって対抗した。しかし高麗の太祖王建が勝って、九三五年には新羅を、翌九三六年には後百済を併合して、半島をふたたび統一した。

太祖には二十五人もの息子があり、兄弟があいついで王位に即いたが、この高麗朝の八代目の王である顕宗《けんぞう》は、太祖の第九子の郁《いく》の子であって、この顕宗の子孫が、これから十四世紀の末まで、高麗の王位を世襲したのである。

ところでこの後世の高麗王家の直系の祖先となった郁という王子は、太祖の多くの妻のなかでも、大良院夫人《たいりょういんふじん》という称号を持つ、李《り》氏の女性の腹から生まれたのであった。高麗王家の結婚法は変わっていて、王族の女子は決して他の氏族の男子とは結婚しない。必ず王族の男子と結婚しなければならない。そのため太祖の息子たちは、王という姓のほかに、母の姓をもう一つ持っていて、それぞれの子孫はこの第二の姓によってグループに分かれ、このグループの間で結婚した。つまり王氏という氏族の内部に、小さい氏族がいくつもあったのである。

たとえば郁の場合は、母が陝州《こうしゅう》(一名、大良州)の李氏の出身だから、その子の顕宗も、さらにその子孫も李氏でもあるわけである。しかも半島では結婚は古くからすべて婿入り婚で、生まれた子どもは母方の祖父の家で育てられた。だから顕宗の家系と陝州の李氏とは同族で結びついていた。即位前の顕宗は大良院君《たいりょういんくん》とよばれたが、大良院というのは、陝州の李氏が王都の開城に建てた屋敷の名前であって、太祖の妻の大良院夫人も、その子の郁も、孫の顕宗もここに住んでいたのである。

ところで顕宗の誕生には、一つの面白い説話がある。高麗朝の第五代の王の景宗《けいそう》の后妃のひとりはやはり王族で、景宗の従妹だったが、景宗の死後、私邸にもどっていた。ある夜の夢に、鵠《こく》嶺という山に登って小便をしたところが、それが流れて国中に溢れ、一面の銀海となった、と見た。占うと、子どもを産み、その子が王となって一国を治める前兆だ、と出た。妃は、自分はもう未亡人なのに、子どもを産むわけがない、と言っていた。ところが郁の大良院が近くなので、往き来しているうちに関係が出来て妊娠した。九九二年のことだったが、妃が郁の家に泊まりこんでいたところが、家の者が庭に薪を積み上げて火をつけた。大騒ぎとなり、百官がかけつけ、当時の王の成宗《せいそう》もやって来た。事情が分かって、郁は追放され、妃は泣きながら家に帰り、門前で産気づいて、柳の枝につかまって分娩して死んだ。こうして生まれたのが顕宗であった。

この話は実はヴァリエーションがある。それは新羅の武烈王金春秋《きんしゅんじゅう》と、七世紀の英雄金庾信《きんゆしん》の妹の文姫《ぶんき》との恋愛物語である。『三国遺事《さんごくいじ》』によると、文姫の姉の宝姫《ほうき》が、西岳に登って小便を捨てたら、都に一杯になった夢を見た。この話を妹の文姫にすると、文姫は、錦のスカートと引きかえに、その夢を買おうと言い、話はまとまった。数日後、金庾信は自分の家で友だちの金春秋と蹴鞠《けまり》をしていて、わざと春秋のすそを踏んづけてほころびを作り、家に入って縫わせましょう、と言った。春秋が家に入ったが、最初に呼ばれた宝姫は断った。次に文姫が呼び出された。庾信が何を考えているのか勘づいた春秋は、そこで文姫と関係し、それからしばしばやって来るようになって、文姫は妊娠した。それから庾信は、わざと妹を責めて、庭に薪を積み、妹を焼き殺すと都中に触れ回った。そして春秋が、当時の善徳《ぜんとく》女王のおともをして南山に行ったのを見すまして、薪に火をつけた。煙が上がるのを見た女王が、臣下に事情を聞き、春秋の顔色が変わったのを見つけて、お前だろう、早く行ってやれと言い、春秋は馬を飛ばして女王の命を伝えて、これを止めた。それから天下晴れて結婚式を挙げた。

これはいずれも本当ではあるまい。ヘーロドトスの『歴史』には、これらと同じ話が、ペルシアのアカイメネース王朝の初代のキューロス王の誕生について語られていて、これは古い民話のモチーフに過ぎない。しかしこうした話が金春秋や王都について語られるというのは、彼等がキューロス同様、新しい王家の血統の、事実上の創始者だったからである。

王室の系譜の偽作

ところが金富軾《きんふしょく》の『三国史記』は、顕宗の家系の起源について、まるで事実と違うことを主張している。

末期の新羅王家にとって、高麗の太祖は反逆者のひとりだったから、少なくとも新羅は高麗に好意を持ったはずはない。それなのに、『三国史記』の「新羅本紀」には、一度として両者の間に衝突があったようには記さず、常に友好関係を保っていたように描かれている。ことにおかしいのは、九三〇年に高麗軍が進出して、国都慶州の周辺がことごとく占領され、翌九三一年に太祖が慶州に入城したときにも、一度として戦闘があったことを記さず、かえって敬順王の大歓迎を受けたように書いていることで、あまりにもわざとらしい。

その四年後の九三五年、太祖は正式に新羅を併合し、敬順王を廃位して開城に移した。この時のこととして、「新羅本紀」は次のように記している。

はじめ新羅が降伏したとき、太祖は大いに喜んで手厚く礼遇し、使者に伝言させて「いま王が私に国を与えてくれるのは有り難いことだ。願わくはわが家と婚姻を結んで、とこしえに姻戚となりたい」と言った。王はこれに答えて、「わが伯父の億廉《おくれん》は大耶郡《たいやぐん》（大良州）の知事だが、その娘の気立ても容貌もよいので、この子がよいでしょう」と言った。それで太祖はこの娘と結婚して、生まれた息子が顕宗王の父である。

そして「新羅本紀」の末尾には総論をつけて、敬順王の降伏は大きな功績であった、とほめそやし、「顕宗は、新羅の外孫であって王位に登った。その後の王統を継いだ王たちは、みなその子孫である。これが陰徳の報いでないと言えるだろうか」と結論している。

ここでは顕宗の祖母は、陝州の李氏ではなく、新羅王の一族である慶州の金氏になっているが、これはもちろん事実ではなく、高麗の歴代に慶州金氏の血をひいた王は一人も存在しなかった。それにもかかわらず、慶州金氏の一人である金富軾は、自分の家は王室と同族だと主張したいがために、『三国史記』五十巻の大著を書いたのである。

こういう大胆な歴史の偽造が可能だったのは理由があった。それは一一二六年の李資《りし》謙《けん》の乱という騒動で、それまで七十年以上も王室の外戚として政権を独占して来た仁州《じんしゅう》李氏の一族が勢力を失い、開城の宮殿もことごとく焼け落ちたことである。この事件で、平壌《へいじょう》の勢力が相対的に強くなり、けちのついた開城を棄てて平壌に遷都しようという運動が盛んになった。これに断乎として反対したのは、慶州金氏の金富軾の一族であって、平壌と慶州の間の引っぱり合いになった。ついに一一三五年、平壌は独立を宣言して南北戦争が始まり、金富軾は南軍の総司令官として北上し、翌一一三六年、平壌を占領して反乱を鎮圧した。これを妙清《みょうせい》の乱というが、金富軾にこうした大きな功績があり、王室の実力が弱くなっていたから、金富軾が『三国史記』を作って王室の系譜を書き換え、自分の氏族に有利にしても、当時はそれで通ったのである。

そうした事情で出来た『三国史記』なのだから、いくら朝鮮で現存する最古の史書だからと言って、その内容の信用度は、日本の『古事記』と大して変わらない程度のものに過ぎない。それに『古事記』が『日本書紀』に材料を取った二番煎じであるのと同様、『三国史記』も三国時代の歴史を記した書物としては最初のものではなく、その前に『旧三国史』または『海東三国史』と呼ばれる、もっと詳しい史書があったことが知られている。金富軾はこの『旧三国史』の文章に手を入れて要約し、中国の史書の朝鮮関係の記事をなるべく取り入れて、『三国史記』を作ったのである。

ことに金富軾の編纂方針をよく示しているのが、『三国史記』というその題名である。金富軾は、中国の宋の新しい文学運動であった古文《こぶん》の復興を信奉した学者であって、自分の名前も古文の大家である蘇東坡の本名の軾から取っていたが、『三国史記』もやはり古文家の欧陽脩《おうようしゅう》の著作の『五代史記』にならって書いたものである。

中国の五代の時代（九〇七〜九六〇）の史書としては、すでに『旧五代史』があったが、これは歴朝が自ら編纂を続けて残していった史料を、ほとんど手を加えずにまとめたものであった。だから史料としては価値が高いが、やたらと分量が多く、文章も平凡で、一貫した歴史哲学もない。これを不満とした欧陽脩は、『旧五代史』の内容を思い切り圧縮して、文章も自分の好みのぴりっとした古文に書き直し、儒教哲学の主張を強烈に打ち出した議論を付けて、『五代史記』を作ったのである。その結果、簡にして要を得てはいるが、史料としてはあまり頂けない書物が出来上がった。

いつからが歴史時代か

金富軾の『三国史記』も、その体裁は明らかに『五代史記』のまねをしているし、『旧三国史』を圧縮したこともよく似ている。そういうわけで、『三国史記』の記述は、一等史料としての価値はない。要するに二番煎じなのであって、利用にはよほど気をつけなくてはいけない。

『三国史記』は中国の正史の体裁にならったものだから、もちろん「本紀」・「表」・「志」・「列伝」の四部に分かれているが、そのなかでも分量の多いのは「本紀」で、全体の半分以上を占めている。そしてこれを新羅・高句麗・百済の三本立てにしてある。

この三国の中で、実際にもっとも歴史の古い国は高句麗であった。この国が中国の記録に現れるのは紀元一二年で、二世紀のはじめには宮《きゅう》という王が出て、一二一年のその死まで、後漢の東北国境に猛威をふるった。その後、宮の子の遂成《すいせい》、遂成の子の伯固《はくこ》を経て、三世紀のはじめ、伯固の子の伊夷模《いいぼ》が王の時に、遼東《りょうとう》の軍閥の公孫康《こうそんこう》の攻撃を受けて、国は二つに分裂し、伊夷模は東へ移って、今の中鮮国境の通溝に新国を作った。伊夷模の子の位宮《いきゅう》は、二三八年の司馬懿《しばい》の公孫淵《こうそんえん》征伐に協力したが、二四四〜二四六年には魏軍の討伐を受けて国都も占領され、高句麗は大打撃を受けた。以上は中国の記録から分かる史実だが、『三国史記』の「高句麗本紀」の記述は、ほとんどこれと合わない。

その後、位宮の四世の孫という乙弗利《いつふつり》が、三一三年に晋の楽浪《らくろう》郡・帯方《たいほう》郡を占領し、その子の釗《しょう》が三四二年に前燕《ぜんえん》軍に敗れて国都を占領され、父の乙弗利の屍《しかばね》を持ち去られる。「高句麗本紀」の内容がいくらか本当らしくなるのは、やっとこの後になってからである。

高句麗の次に開けた国は百済である。その名前だけは、三世紀の『魏志東夷伝』に「伯済《はくさい》国」として見えているが、まだ小さな聚落《しゅうらく》国家で、実際に王国として独立したのは四世紀後半の王の余句《よこう》の時であり、三六九年に高句麗王釗が軍隊を率いて南下して来たとき、これを迎え撃った句の王子の須《しゅ》（貴須）は、高句麗軍を破って釗を殺した。『三国史記』の「百済本紀」の記述は、この戦を境として歴史時代に入るのであって、句は近肖古《きんしょうこ》王、須は近仇首《きんきゅうしゅ》王という名前になっている。ところがこの「百済本紀」には、日本関係の記事が非常に少ない。これは『日本書紀』が百済の古記録を多量に引用して、この国と日本との密接な関係を強調しているのと対照的である。

むしろ日本関係の記事が多いのは「新羅本紀」である。ところが新羅は半島の東南隅の、中国からもっとも遠い地方に興った国なので、文化が開けるのも、楽浪郡・帯方郡に接触していた高句麗・百済よりもさらに遅かった。

「新羅本紀」によると、建国は紀元前五七年で、最初に朴氏の王朝があり、次に昔《せき》氏、次に金《きん》氏の王朝が現れたことになっている。これはもちろん嘘で、紀元前五七年というのは、前一〇八年に漢が半島に四郡を置いたから、その後に建国を持って来、しかも「高句麗本紀」で高句麗の建国の年となっている前三七年より前にしただけのことである。それに新羅では、王族の姓は金、貴族の姓は朴ときまっていたが、昔という姓はいまだかつて存在しなかった。新羅の碑文を見ても、金氏の王しか出て来ない。だから普通、実在の王は第十七代とされる金氏の奈勿《なもつ》王からだろうと考えられている。

ところがこれも問題がある。奈勿王の在位は三五六〜四〇二年ということになっている。なるほど、この頃に新羅が王国らしくなったことは間違いなく、三八二年に新羅王の使者が、そのころ華北を統一した前秦《ぜんしん》に朝貢したことが伝えられている。

しかし、この王の名前は「楼寒《ろうかん》」と記されていて、奈勿とは似ても似つかない。その後、新羅は久しく中国の記録に現れず、一世紀半近くを経た五二一年になって、募秦《ぼしん》という名前の新羅王が華南の梁《りょう》の皇帝に使者を遣わすのである。

実をいうと、新羅が歴史時代に入るのはこの後からなのである。募秦王の時代は、「新羅本紀」では法興《ほうこう》王という人の治世になっていて、五三六年に、はじめて年号を立てて建元元年といったとある。そして次の真興《しんこう》王（在位五四〇～五七六年）は、中国の記録にも「金真興」として登場するし、碑文も残しているし、五四五年には、新羅ではじめての国史を編纂させたという。

要するに『三国史記』に関する限り、その内容がどうやら史料として使えるようになるのは、「高句麗本紀」「百済本紀」では四世紀の後半から後、「新羅本紀」ではさらにおそく、六世紀に入ってからなのである。

ところが困ったことに、その「新羅本紀」の、しかも歴史時代以前の古い部分に、日本関係の記事が集中している。

たとえば、初代の赫居西《かくきよせい》王の治世には、紀元前五〇年に倭人の兵が辺境に侵入しようとしたが、王が神徳《しんとく》があると聞いて引き揚げた、とあり、これからほとんどの王の治世について倭人の侵入を記しているが、これらはみな架空であることの明らかな王たちの時代だから、もちろん創作である。

ところが、こうした日本関係の記事は、いざ六世紀の歴史時代に入ると、ぱったりと絶えて、全くと言っていいほどなくなってしまう。つまり「新羅本紀」の倭人たちは、昔話の世界でしか活躍しないのであって、こうした怪しげな記事は、とても日本古代史の材料として使えるようなものではない。古代における日本と半島の諸国との関係は、やはり『広開土王碑《こうかいどおうひ》』（四一四年）と、『日本書紀』（七二〇年）に頼るしか、研究の方法はないのであって、ずっと後世の一一四五年に出来た、しかも高麗王家の系譜の偽作をおもな目的として書かれた『三国史記』のような価値の低い書物は、せいぜい参考程度にしか使えないのである。

さて、これで『魏志倭人伝』『日本書紀』『古事記』『三国史記』と、中国・日本・朝鮮の四大史書の成立の事情をそれぞれ検討して、それがどういう性質の記録であり、史料としてどの程度まで使えるかが分かった。そこでいよいよ本論に入って、古代日本の建国の事情を説明することになるのだが、これは日本列島の内部で、孤立して起こった現象ではなかったことは、今さら言うまでもあるまい。また朝鮮半島との関係だけで説明できることでもない。だいたい半島の住民が、一つの民族らしくなるのは、七世紀よりも後のことで、それ以前の日本の建国時代には、朝鮮民族とか朝鮮文化とかいったものはまだ固まっていなかったのである。

半島や日本に民族国家らしいものが出現するのは、どう早く見ても四世紀のことだが、これらの地域の住民は、それまで数百年の長い間、中国の政治・経済のネットワークにがっちりと組みこまれ、中国文化を自分の文化として生活していたのである。決して土着の固有文化が先にあって、それがだんだんに中国化されたのではない。言いかえれば、朝鮮文化と言い、日本文化と言っても、それはもともと中国文化であって、それが民族文化らしくなったのは、四世紀の中国に政治上の大変動が起こって、中国文化のネットワークが崩壊し、中国の周辺の住民が独り歩きを始めなければならなくなってからのことである。

そういうわけだから、今度は古代中国とはどんな世界であったのか、そのへんから話をはじめよう。

第七章　中国はアジアをつくる

古代中国はいわばEU

現代のわれわれ日本人の観念では、国家といえば民族国家のことである。四面を海に囲まれて、陸上に人工的に引いた国境というものもなく、国内ではみんなが同じ言葉を話し、容貌も体格もほとんど変わらず、階級の上下にかかわらず、同じ祖先の血を引いたことになっている。そしてわずか百年前までは、日本人は日本列島にしか住んでおらず、外国人の居留民は無きに等しかった。

そういった特殊な事情に加えて、日本が開国した十九世紀は、フランス革命が生み出したナショナリズムの興隆期だったせいもあって、国家や民族をストレートに人種や言語と同一視する民族国家の観念がわれわれにしみついてしまったのである。

そのために戦後、久しくタブーだった中国史料、ことに『魏志倭人伝』を利用する日本古代史論が盛んになっても、どうも中国や朝鮮をそれぞれ単一の民族から成る国家と頭から思いこむくせが抜けない。

　せっかく日本における国家の成立を、列島の内部の事情からだけでなく、朝鮮半島や中国大陸からの影響をも考慮に入れて説明しようとしながら、まるで中国民族や朝鮮民族がすでにその時代に、現在のような形で厳然と存在し、これまた純血の日本民族と交渉を持ったかのような、とんでもない見当違いを犯すのである。

しかし西ヨーロッパでさえ、十八世紀までは民族国家などという観念は存在せず、国家とは君主と土着の勢力との間の個人的な関係に基づいて出来るもので、その関係の変動とともに離合集散をくり返し、国境はしょっちゅう変わるし、一国の内に言語がいくつあっても誰も不思議には思わず、まして民族意識などあるはずもなかった。

東アジアでも事情は同じで、十九世紀に西ヨーロッパの近代思想が流れこんで、中国人はすべて黄帝《こうてい》の子孫だという神話が発明されるまでは、中国は今の言葉で言う多民族国家だったし、また国家とはそうしたものとして、疑問を抱く者はなかった。いや、多民族国家という表現は正確ではない。むしろ経済共同体と言ったほうが当たっていよう。いわば現在のEUの統合がもっと進んだようなもので、中国は単一の国家というよりは、一つの連邦である。そして朝鮮半島の諸国は、この経済共同体の域外メンバーとでも言うべき地位にあった。

古代の日本は、そうした性質の中国や朝鮮の影響を受けつつ育ってきたものだった。

このことを理解せず、現在の中国や韓国・朝鮮のイメージを過去に投影して歴史を解釈したり、古代の日本人を現代のわれわれのような民族主義者のように考え、中国文化・朝鮮文化の影響を受ける前から、日本列島に固有の民族文化が存在したように言ったりするのは、十九世紀的な態度であって、全くの時代錯誤と言うほかはない。

紀元前一世紀の倭人

台北の故宮博物院《こきゆうはくぶついん》には、唐の閻立本《えんりつぽん》（六七三年没）の筆という、「職貢図《しよくこうず》」と題する有名な絵がある。縦六一・五センチ、横一九一・五センチの画面には、いずれも鼻が高く、眉が太く、ひげの濃い、イラン人かと思われる容貌の男たち、全部で二十七人の行列が描かれている。ある者は頭にターバンを巻き、袖口の寛《ひろ》い長衣を着て、足にはサンダルを履《は》く。ある者は片肌を脱いで、短い腰布《こしぬの》を纏《まと》い、裸足《はだし》で歩いている。

この異様な一団は、これから中国の皇帝のもとに謁見《えつけん》に向かうところと見え、手に手に献上品らしい物を携えているが、その献上品がまた奇怪な物ばかりである。先頭の一人が大事そうに捧げているのは、どうやら中国人が「霊芝《れいし》」と呼ぶキノコの一種らしい。その他、象牙あり、香油の大瓶あり、香木あり、孔雀《くじやく》の羽扇《はねおうぎ》あり、カモシカあり、ヤギあり、籠に入ったオウムあり。この雑然とした行列の中ほどに、ひときわ目立つ偉丈夫《いじようぶ》が白馬に打ち跨《また》がり、侍者の差し掛ける紅い天蓋《てんがい》の下、悠然と歩を進めるのは、一行の

（1）

「職貢図」（唐）閻立本筆（229ページ参照）

(2)

正使と覚しい。

この異国趣味に溢れる図の題名の「職貢《しょくこう》」は、中国の古い用語で、地方の特産物を皇帝に贈ることを意味し、これをまた「貢献《こうけん》」とか、「方物《ほうぶつ》を献ずる」とか言う。こうした贈り物を携えて皇帝に会いに来ることが、「朝貢《ちょうこう》」という行為なのである。

この「朝貢」という言葉は、古代の日本人と中国との関係を論ずる際にかならず出てくるもので、中国の史料を使って日本古代史を組み立てようとすれば、この語を避けて通ることは出来ない。

たとえば、中国で一番古く、日本について伝えた記録は、ご存じの通り、『漢書《かんじょ》』の「地理志《ちりし》」である。この書物には、紀元前一〇年代の東アジアの人文地理を総論してあるが、その中に日本人の祖先が、前漢朝の中国の皇帝のもとに朝貢にやって来ていたことを、次のように記している。

楽浪《らくろう》の海中に倭人《わじん》あり、分れて百余国となる。歳時《さいじ》をもって来りて献見《けんけん》す。

「献見」というのは、「貢献」と「朝見」のことだから、要するに朝貢と同じことである。

ここで一言注意しておきたいが、いま引用した「地理志」の原文には、文末に「云《うん》」の一字がある。そこで人によっては、この字を日本式に「という」と読み、これは伝聞による知識だ、などと説をなす向きもあるようだ。

つまり、倭人たちは前漢の都の長安（西安）まではやって来なかったので、朝鮮半島北部の楽浪郡止まりだった。だから漢の中央政府の記録に基づいて書かれた『漢書』には、倭人に関する記事に「という」の一語を付け加えて、これが楽浪郡を通して入った間接の情報であることを示しているのだ、というのである。

たしかに「云」の字は、それが文章の頭につけば、引用文であることを示すのだが、ここでは文末に来るのだから、そうはいえない。

本来の「云」の意味は「然」と同じで、「その通り」ということである。そして「地理志」を通じて、この字は六回使われているが、いずれも文の切れ目を示す助詞であって、伝聞を表すものは一つもない。だから「献見」の字義から言って、倭人たちは紀元前二〇年代にはすでに長安まで来ていたと考えなければなるまい。

さて「地理志」の文の解釈だが、「楽浪の海中に倭人あり」というのは、倭人の朝貢は楽浪郡を窓口として行われる、という意味である。「分れて百余国となる」とは、楽浪郡に倭人の朝貢国として登録されているものが百いくつある、ということで、あくまでも中国側の帳簿の上の数字であり、倭人の政治組織の実態とは、直接の関係はない。そして「歳時をもって来りて献見す」というのは、そうしたいわゆる朝貢国には、それぞれ何年かに一遍と、朝貢を許される間隔が指定されていて、毎年その年の番の諸国の代表が朝貢に来ることを意味する。

しかしそう言っただけでは実感が湧かないだろうから、実際の朝貢がどんな手続きで行われるのか、これからなるべく具体的に説明してみよう。もっとも前漢時代の制度の詳細は、残っている史料が少なくて正確には分からないが、朝貢の制度それ自体は、十九世紀の清朝末期までほとんど変わらなかったから、後世の例から推して、ほぼ見当がつくのである。

朝貢の情景

まず、倭人の朝貢の窓口になった楽浪郡とは、どんな所だったろうか。

「郡」というのは、古代の中国では軍管区のことで、首都から遠い地方に置かれ、それぞれ一定の区域の防衛と治安を担当するものであった。楽浪郡の管区は、鴨緑江《おうりよくこう》以南の朝鮮半島の大部分にわたり、ここに二十五の「県」と呼ばれる都市が散在していた。「県」というのは、ローマ帝国の時代にゲルマニア（ドイツ）やガリア（フランス）に建設された都市のようなものだと思って、まず間違いない。ライン河の渓谷に北から南へ連なっているケルン、ボン、コブレンツ、フランクフルト・アム・マインなどの西ドイツの都市は、いずれもその中央部にローマ時代の城壁の跡や、碁盤の目に区画された街路などが残っているが、楽浪郡でも似たようなものであった。

県はそれぞれ交通路線上の要地を選んで建設される。粘土《ねんど》をつき固めた城壁を方形にめぐらし、四面の門には厚い頑丈《がんじょう》な扉をつける。この扉は日中だけ開かれ、日没とともに閉じられる。城内は縦横に交叉する街路で整然と区画され、中央には広場と市庁の建物がある。城内の住民は主として屯田兵《とんでんへい》と商人で、兵営のような家屋に住み、ブロックごとに高い塀で囲まれていて、街路に通ずる出入り口には木戸がある。この木戸も、日没とともに閉まるので、夜間の外出は禁止されている。もし暗くなってから路上に居ると、夜警のパトロールに捕まってさんざん殴られたうえ、朝まで留置場に放りこまれる。県というのは、大体そうした性質の都市である。

楽浪郡の軍管区司令部は、そうした県の中でも、北朝鮮の大同江の南岸、今の平壌市の対岸にあった「朝鮮《ちょうせん》県」という都市に置かれていた。しかしその管轄区域が広すぎるので、東方の日本海岸には「東部都尉《とい》」、南方には「南部都尉」が任命されて、それぞれの方面の監督に当たっていた。

南部都尉が駐在していたのは「昭明《しょうめい》県」という都市で、たぶん漢江の渓谷の、今のソウルのあたりにでもあったのだろう。半島南部や日本列島の住民との交渉を直接担当していたのはこの南部都尉であって、県城の市場での中国人と原住民の交易を監督し、境外へ商品を売りこみ、買いつけに出かけて行く中国商人を保護し、原住民の襲撃を防ぎ、友好的な酋長《しゅうちょう》のもとに将校を派遣して情報を集めたりする。西部劇に出てくるアメリカの開拓時代の情景を思い浮かべればいい。

さて倭人の朝貢使の一行は、閻立本の「職貢図」よろしくの風態で、海を渡って昭明県の南部都尉のもとにやって来る。都尉のほうではその身もとを調べて、本物の朝貢使であって詐欺ではないと認定すれば、楽浪郡の司令官である「太守《たいしゅ》」に報告して、一定の人数を限ってヴィザを発給する。

朝貢の権利を認められた酋長には、そのランクの上下に応じて、金印・銀印・銅印がそれぞれ与えられており、酋長が死ねば、その後継者は楽浪郡を通じて届け出て、相続を許可されるのだが、この印は朝貢には絶対に必要な「表《ひょう》」、つまり皇帝に対する友好の意を述べた手紙を封じるのに使うのであり、同時に朝貢使が他人の詐称でない証拠にもなるのである。

「表」は気の利いた酋長なら、自分のほうで準備してもよいのだが、書式などに手落ちや失礼があれば、楽浪太守にも責任が及ぶので、大抵は中国側で作ってやる。木簡《もっかん》に漢文で御機嫌伺いの決まり文句を書き、名前と日付を入れ、持参する献上品、すなわち貢物のリストを添える。

貢ぎ物は実用性も、高価である必要もなく、ただ珍しい特産品でありさえすればよいので、品目は慣例でだいたい定まっている。

さて朝貢のために入国を許された倭人の使節団は、その時点から費用すべて中国持ちの接待を受ける。その待遇は派遣した酋長の格や、使者自身のランクによって基準があるが、いずれも迎賓館に泊められて三度三度の食事を供され、宴会に招待され、小遣いを支給され、長安への往復旅行には護衛兵が付き、荷物の輸送に至るまで一切を中国側が負担する。

長安の城外に着くと、外務省に相当する大鴻臚《だいこうろ》から係官が出迎えて、その案内で使節団は、「倭人朝貢」と大書した旗を立て、楽隊を先頭に城門をくぐり、見物の群衆の人垣の間を都大路を練り歩き、所定の宿舎に入って、謁見の期日を待つのである。

謁見の当日は、使節団は全員、午前二時ごろに起きて支度をし、真っ暗な中を宮中に向かう。午前三時に宮門が開き、構内に入ると、そこは広大な中庭で、その真ん中に何段にも高く築き上げた基壇の上に、正殿の巨大な建物が黒々とそびえ、所々に焚かれたかがり火の光に照らされている。この中庭が「朝廷」であり、その四周や建物の囲りには、衛兵が武装して整列している。

文武の百官が左右の通用門からぞろぞろと入場して、それぞれ位階に従って、殿上から、階段の両側、前庭に至るまで、所定の位置につく。朝貢使たちは、そのランクに応じて、相当する席に案内される。貢ぎ物はすでに前夜、殿前に運びこんで陳列してある。

長い長いあいだ待って、夜が白々と明けそめるころ、音楽が奏される中を、正殿の奥の方から灯火の行列が近づき、先導の衛兵と侍従たちが左右に分かれて、皇帝の乗った小さい馬車が姿を現す。衛兵がぴしっぴしっと鞭を鳴らして静粛を命じ、皇帝は車を降りて、正殿の中にしつらえられた高い玉座に登る。儀典係の号令に合わせて、出席者一同は三回ずつ最敬礼を行う。丞相《じょうしょう》（総理大臣）が群臣を代表して御機嫌伺いを言上し、皇帝がこれに答える。続いて使節団が皇帝に紹介され、「表」と貢ぎ物のリストが取り次がれ、読み上げられる。使節は皇帝の御前に進んで最敬礼を三回ずつくり返し、皇帝はこれに答え、ねぎらいの言葉をかける。謁見が終わるとその場で宴会になる。膳部が配られ、酒が注がれる。乾盃が三回くり返されると宴会は終わり、朝日の光のなかを皇帝は退場し、朝会《ちょうかい》はこれでお開きとなる。

この朝貢の儀式で皇帝が受納した貢ぎ物のほとんどは、「天子の徳化《とくか》が遠夷《えんい》に及んだ」、つまり皇帝が友好国の支持を受けていることを誇示するために、群臣にお裾分けされる。朝貢使には、返答の詔書と、貢ぎ物の返礼の下賜品のほか、使節個人にも慰労の引き出物が与えられる。使節団の見物や買い物がすむと、ふたたび長安を出発し、中国側の接待を受けながら、はるばる楽浪郡へ、本国へと帰って行くのである。

皇帝個人の名誉

まずそういったものが「朝貢」の実態だが、以上の話でも分かるように、朝貢は中国側の一方的な出費なのである。それにもかかわらず、この制度は十九世紀末まで、二千年以上も維持された。それは何故だろうか。

実はわが国には、朝貢をもっぱら経済上の意味を持つものと解釈し、「朝貢貿易」などというわけの分からぬ述語を使う風潮があり、それがほとんど定説のようになっている。

たとえば『世界歴史事典』(平凡社、昭和三十年)には、朝貢を以下のように定義してある。

「東洋の古代、中世を通じて中国とそれをめぐるアジアの諸国あるいは諸部族との間に存在した朝貢という関係は、後者の前者に対する形式的な服属関係ではあるが、実質的には特殊な形態の外国貿易であったので朝貢貿易ともいわれている……。」

これは「朝貢」という長い項目の最初のセンテンスだが、たったこれだけの文中に、すでに五つの誤りがある。

まず第一に、朝貢は「中国とそれをめぐるアジアの諸国あるいは諸部族」との間に行われる、というのは全くの間違いである。

一七九三年、イギリス王ジョージ三世の大使ジョージ・マカートニーの一行は中国を訪れ、九月十四日、熱河《ねっか》の夏の宮殿において、清朝の高宗《こうそう》(乾隆《けんりゅう》帝)に謁見した。八十三歳の老皇帝はこれを斜《なな》めならず喜び、

「博都雅《ポルトガル》は昔、職貢を修め、

英吉利《インギリ》は今、藎誠《じん》を効《いた》す」

で始まる詩を作っている。

マカートニーが残した『中国訪問使節日記』(坂野正高訳注、平凡社、昭和五十年)で見ると、この時の謁見の式次第は、漢代の朝貢の儀式とほとんど違っていない。ただ北京の宮廷ではないから、いくらか簡略になっているだけであって、マカートニーらは午前四時に宿舎を出発し、万樹園《ばんじゅえん》の式場に、三マイルの距離を一時間かかって到着した。テントで待つこと一時間、銅鑼《どら》と音楽が響いて皇帝の接近を告げた。中国人たちは平伏し、使節たちはヨーロッパ式に片膝をついて敬意を表する中を、皇帝は旗や傘を立てた大勢の士官に囲まれ、十六人のかつぐ轎《こし》に乗って入場し、大テントの中央の玉座に登った。マカートニーはイギリス国王の書翰(すなわち「表」)を納めた、ダイヤモンドをちりばめた黄金の箱を捧げて進み出、玉座の横の階段を上って、片膝をついて皇帝に箱を手渡した。皇帝は国王への返礼として玉《ぎょく》の如意《にょい》をマカートニーに与え、二人の君主の間の友好がつづくようにとの希望を述べた。続いてマカートニー個人にも玉の如意を与え、七宝細工のダイヤモンドをちりばめた時計を受け取った。

使節団全員もそれぞれ礼物を受け終わると、参列の皇族・大臣たちといっしょに、並べてあった食卓に向かって着席し、テントの外で演ぜられている相撲・軽業《かるわざ》・綱渡り・芝居などの余興を眺めながらの宴会となり、皇帝はマカートニーと副使のストーントンに、手ずから一杯ずつの酒を賜わった。儀式は全体で五時間ほどかかったと、マカートニーは記している。

乾隆帝の御製《ぎょせい》の詩から見れば、ポルトガルやイギリスの使節の表敬訪問は、立派な朝貢なのであった。だから方物を携えて謁見に来る者は、ヨーロッパ人だろうがアメリカ人だろうが朝貢使なのであって、何も「アジアの諸国あるいは諸部族」ばかりが中国の皇帝に朝貢を行うのではない。

さて、先ほどの「朝貢」の定義の間違いの第二は、それが中国という国家と、外国または外部族との間に行われるものだ、と考えていることである。

しかし朝貢使が訪問して敬意を表す対象は、決して中国という国家ではなく、個人としての皇帝なのである。乾隆帝がマカートニーの来訪を喜んだのも、臣民に対して面子《メンツ》が立ったからであった。現にマカートニーの一行が北京を出発して帰途につくやいなや、乾隆帝はイギリス国王からの贈り物を、内外の大臣に分け与えて、「共に声教《せいきょう》の覃《あまね》く敷くの盛んなるを知らしめ」ようとした。帝としては、大臣たちからの礼状に、それが「英吉利国の呈進」した貢物であることを認識し、特記してあることを期待したわけだが、山西巡撫《さんせいじゅんぶ》（省主席）の蔣兆奎《しょうちょうけい》の礼状には、サージの服地一着分ありがたく拝受、とあるだけで、かんじんのイギリス使節朝貢の盛事には一言も触れてなかった。プライドを傷つけられた帝はかんかんに怒って、蔣兆奎を叱責し、学問もない秘書なんかに代筆させるからこんな失態を起こすんだ、といい、直ちに命令を発して、まだ礼状を発送していない地方長官たちは、かならずイギリス国使の朝貢に言及して、聖徳をたたえるように注意を促した。もって朝貢が、それを受ける皇帝にとって、いかに個人的な名誉の問題であったかが窺われる。

朝貢は貿易ではない

第三に、朝貢というものは、かならずしも中国の国外から皇帝のもとにやって来るものばかりではなかった。中国の国内でも、首都の周辺の直轄地以外に赴任している地方長官が、任期中に政務報告に朝廷に帰って来て皇帝に謁見する場合、常識として任地の特産物を手みやげとして持参するが、それはやはり朝貢と呼ばれたのである。

漢代では、郡の太守や地方王国の相《しょう》（家老）たちは、毎年、「上計吏《じょうけいり》」という使者たちを報告に長安に派遣し、同時に方物を送ったが、彼等が謁見の日を待つあいだ泊まった宿舎（郡邸・国邸）は、外国の朝貢使節団の宿舎と同じく、大鴻臚《だいこうろ》の管轄であり、やはり朝会の日に方物を献上して、皇帝に敬意を表したのである。

要するに中国の国内たると国外たるとを問わず、首都の地域の外の実力者が、皇帝に贈り物をして、それによって支持を表明する行為が「朝貢」と呼ばれるのである。

だから朝貢は、中国に対する「形式的な服属関係」の表現でも何でもなく、むしろ皇帝から大なり小なり独立した勢力の代表者である証拠である。言い換えれば、朝貢とは、友好関係の表現であり、皇帝の支持者・同盟者であることを示すものなのである。これが先の定義の第四の誤りである。

最後に、第五の誤りは、朝貢を「実質的には特殊な形態の外国貿易であった」とする、いわゆる「朝貢貿易」説である。考えてもみたまえ。田中角栄首相が北京に行って、毛沢東主席と会見し、郷土新潟の特産品を贈るのは、中国古代の用語では正に朝貢である。そのさい返礼に主席が首相に『楚辞集注《そじしっちゅう》』一部を贈るのは、昔の皇帝の「回賜《かいし》」に当たる。だからと言って、これが貿易だろうか。また首相の随員が北京の国営百貨店で日本へのおみやげを買いこんだからとて、これを「特殊な形態の外国貿易」と呼べるだろうか。

もっと身近の例を引こう。盆暮れにわれわれがお中元やお歳暮の贈り物を、上役や取引先、子どもの学校の先生、親戚や友人の家に届けさせたり、自分で持って行ったりするのは、「服属関係」の表現でもなく、「特殊な形態」の商取引でもなく、日ごろの御厚情に対する寸志、つまり個人的な親善の保証である。これを受ける方が、贈り主の格と、来たのが本人か代理かによって、玄関で会ったり、座敷に通したり、茶を出したり酒や料理を出したり、その場でお返しをするか、あとであらためてこちらから答礼に出掛けるかの区別をするのは当然である。

中国の皇帝にとってもこれは同じことで、世界最大の人口を持つ、世界でもっとも富んだ皇帝の経営者としては、他の中小企業の外国から贈り物が来れば、そのランクに応じて恥ずかしくない程度の返礼をしないことには、社員たる臣民に対してしめしがつくまい。また訪問客の数が減ったりしたら、経営の手腕を疑われて、会社の先行きも不安になり、理事会や株主総会で難儀をするばかりか、悪くすると代表権を失う恐れもある。

そういったわけで、朝貢と貿易はぜんぜん別のことである。貿易が順調に行われるためには平和と友好が絶対条件だが、それを保証するのが朝貢による親善の意思表明なのであって、朝貢それ自体は経済のレヴェルの問題ではない。これは中国にとっても外国にとってもそうなのである。

余談になるが、この愚劣な「朝貢貿易」説が『世界歴史事典』に載って普及したのが昭和三十年だということは、何やら示唆的である。その直前の二十九年末に、吉田茂が引退して、鳩山一郎内閣が出現していることなどから考えると、この説は戦後の軍事離れ、外交離れ、経済復興一本槍の異常な時代の産物であり、そのために朝貢という外交上の行為を、貿易とストレートに同一視しているのではなかろうか。いずれにせよ、その時代から何十年以上も経った今も、こんなえせ理論が通用しているのは、何とも知恵のない話である。

われわれの祖先の倭人たちは、そうした朝貢を通じて中国の政治力の、貿易を通じて中国の経済力のインパクトにさらされながら、次第に文化を身につけ、民族らしい外見を具え始めたのであったが、そうしたプロセスは、決して『漢書地理志』の紀元前二〇年代に始まったわけではない。その前に長い長い歴史があったのである。

都市国家の発生

東アジアでもっとも古く都市国家が発生したのは、言うまでもなく華北《かほく》の黄河《こうが》の渓谷であった。その理由は地勢である。

モンゴル高原から南に突き出した山西《さんせい》高地が、東側では太行《たいこう》山脈、南側では黄河の北岸になって、急激に落ちて華北平野となる。この黄土《こうど》層で出来た山西高地は、今でこそ自然環境の破壊で荒廃しているが、昔はカエデ、ボダイジュ、カバ、チョウセンマツ、カシ、クルミ、ニレなどの森林に蔽《おお》われていて、この森林が内モンゴルからずっと東北に延びて、満洲・シベリア・北朝鮮の森林に続いていた。

この高地は雨量が少なく、しかも降る時期が不安定である。しかも黄土は浸蝕《しんしょく》されやすいので、河の水は深い深い谷底を流れ、両岸は切り立った断崖絶壁になっている。とても人工灌漑《かんがい》は出来ない。それで焼き畑農耕だけに頼っていては生活が成り立たないので、山西高地の住民は古くから商業に従事していた。商品は森林で採れる毛皮や薬草を始めとして、モンゴル高原に多い塩湖《えんこ》の食塩、遊牧民から集めた家畜、羊毛、乳製品など、それにさらに遠く中央アジアから運ばれて来る玉などである。高地の狩猟民はこうした商品を携えて、太行山脈を下って低地の農耕民のもとへ交易に行き、物々交換によって穀物や絹を手に入れる。そうした境界地帯の交易場がもとになって都市が発生し、都市が成長して国家になったのである。

その証拠に、紀元前一〇〇〇年以前の古い都市は、ほとんどが太行山脈の東麓《とうろく》の、山西高地から下りて来る通路の出口に建設されている。紀元前十四世紀から前十二世紀末の滅亡まで殷《いん》（商）王朝が都した殷墟《いんきょ》の遺跡を始めとして、やはり殷の遺物が出土する邢台《けいだい》・湯陰《とういん》・淇県《きけん》などもそうだし、太行山脈の南端から南に黄河を渡った対岸には、殷墟に移る前の殷王朝の都城趾が発掘された鄭州《ていしゅう》がある。鄭州の西の偃師《えんし》は、殷の最初の王都だったという伝説があり、その隣の洛陽《らくよう》は、殷を滅ぼした周王朝が東都を置いたところである。

こうした古代都市の構造は、千年後の漢代の県城と同様で、やはり土壁《どへき》を方形にめぐらし、城内は縦横に交叉する街路で区画され、その中心に王宮があった。『周礼考工記《しゅらいこうこうき》』という漢代の文献に、古代の王宮を説明して、「左祖《さそ》、右社《うしゃ》、面朝《めんちょう》、後市《こうし》」と言っている。その意味は、南向きに立っている王宮の左側、つまり東側には「祖」、右側になる西側には「社《しゃ》」がある。そして王宮の前面、つまり南に接しては「朝《ちょう》」が、背後の北側には「市《し》」がある、ということである。

後には「祖」は王宮の祖先の霊の廟、「社」は土地の神の宿る樹木や塚のことになったが、本来は「且」・「土」という字の形が示す通り、境界標であって、王宮のある一画への入り口に立っていたものである。その王宮の南の「朝」は朝廷、すなわち朝会《ちょうかい》のための広場であり、王宮の北の「市」はもちろん市場である。

ところで面白いことに、この王宮をはさんで南北に連なる「朝」・「市」二つの広場は、もともと同じものだったらしい。すなわち「朝」も「市」も古くは同音で、また交易・貿易の「易」とも同音であった。つまり朝廷も、本来は市場と同じで交易場だったわけで、その真ん中に王宮があるということは、古代中国の王そのものの起源を暗示している。

ここでひとつ、大胆に想像をめぐらしてみよう。

古代中国の文献は、山西高地の狩猟民を「狄《てき》」・「翟《てき》」と読んでいるが、これは「易」・「市」・「朝」と同音で、交易に来る人を意味する。それに対して華北平野の農耕民は「夷《い》」と呼ばれるが、これは「低」・「底」と同音で、低地人の意味である。

低地の「夷」人の村に、高地の「狄」人の一団が交易にやって来る。村はずれの手ごろな場所に縄張りをして前の晩から準備にかかり、夜のうちに会場の入り口をはさむ境界標（祖・社）に犠牲を捧げて、交易を成功させ、入場する「夷」人たちに付いて来る邪霊《じゃれい》を「阻」止してくれるよう、親分をはじめ全員が祈る。これが朝会の起源であり、そのために市場の南寄りの入り口に近い部分が、後に集会専用の広場となって、朝廷として独立するのである。

現在は故宮博物院になっている北京の清朝の紫禁城《しきんじょう》の構造もこのようで、正殿である太和殿《たいわでん》の南正面が、朝会のための広い前庭である。そしてその前庭の南入り口をはさんで、東側に太廟《たいびょう》、西側に社稷《しゃしょく》がある。太廟は、境界標が朝廷の保護者として祭られているうちに、発展して王朝の「祖」先神を祭る建物になったものである。

交易場の内側から見れば、境界標は外界への出発点でもある。だから旅立ちに当たっては「祖」を祭って道中安全を祈願したので、これが道「祖」神の起源である。古代ギリシアでは同様な境界標をヘルメースと呼び、これが発展してやはり商業の神、旅行の神になった。そればかりでなく、中国最古の字書『説文解字《せつもんかいじ》』には、「且」は男根《ファロス》の象形だと説明してあるが、ギリシアのヘルメースも立派なファロスを具えていた。

総合商社・中国

さて、朝会がすんで夜が明けると、交易場の外に集まって待っていた「夷」人たちが、日の出とともに入場するが、それには持参した物品の十分の一を入場料として、入り口の「祖」に供えなければならない。これが「租」であり、また十分の一を「脱」《ぬ》き取るから「税」とも呼ばれる。これが租税の起源である。

後世の中国の県城でも、城門は税関であって、通過する貨物は関税を徴収されるのが原則であった。清の乾隆帝《けんりゅう》の寵臣《ちょうしん》であった和珅《ヘシエン》は、マカートニーの謁見にも関係していて、その日記に一筋縄ではいかぬ人物として描かれている。

この和珅は北京の崇文門《すうぶんもん》税務監督として産を成し、乾隆帝の死後、自殺を命ぜられたが、没収された財産は帝国の歳出入の十数倍に達したということである。

とにかくこうした交易場がやがて常設となり、周囲に城壁がめぐらされ、市場組合長は王となり、組合の役員は官吏となり、平《ひら》の組合員は民兵となる。こうして古代中国の都市国家が誕生したのである。

そうした性質のものだから、都市の住民は、外来の「狄」人が中核となり、それに、個別に参加した「夷」人が入っていて、狩猟民特有の強固な氏族組織のもとに、規律のきびしい共同生活を営んでいたのであったが、これはちょうど清朝時代の北京城内の情景の通りであった。

今でこそ北京の城壁は全部とり払われてなくなったが、以前は北寄りの内城と南寄りの外城に分かれていて、内城の住民はすべて満洲人であった。満洲人の中核はツングース系の狩猟民だが、その外に漢人系、モンゴル系、朝鮮系の満洲人が加わり、「八旗《はっき》」と呼ばれる八つの大集団に分属していた。そしてそれぞれ所属の旗ごとに固まって、紫禁城の周囲の指定の街区に住み、皇帝から受ける俸禄《ほうろく》で暮らしていた。

八旗の組織は一九〇〇年の義和団《ぎわだん》の乱で、北京が八国連合軍に占領されてから事実上解体したが、現在でも北京の旧市街の住民は満洲人が多く、美しい正統北京語を話すのは漢族ではなくこの人たちである。まずそうしたものが、古代の都市国家の実態だったと考えてよろしい。

そうした古代都市の公用語は、「夷」と「狄」が肩を並べる交易場で発生したマーケット・ランゲージで、これが中国語である。「夷」は多数で「狄」は少数だから、基礎になったのは、タイ語に近い「夷」語のほうで、それをアルタイ系の「狄」人に分かりやすいように、語彙《ごい》も文法も発音もうんと簡単にしたものである。

『論語』によると、孔子はふだんの会話には方言を使い、学問についての高度な話には「雅言《がげん》」を使ったという。「雅」はブローカーを意味する「牙」、商人・商売を意味する「賈」、それに「価」と同音だから、「雅言」は正にマーケット・ランゲージのことで、古代中国の公用語・共通語の本質が何であったかを窺わせる表現である。

ついでに言えば、殷王朝の前に存在したという伝説の「夏《か》」王朝の「夏」も、「賈」・「価」・「牙」・「雅」と同音であり、殷王朝の本名も「商《しょう》」だから、どちらも交易に結びついた名前ということになる。

殷は太行山脈の東麓に都市をいくつも建設したが、殷人はもともと「狄」であったらしく、伝説によれば、その始祖の母神は「簡狄《かんてき》」という名前であり、有娀《ゆうじゅう》という氏族の出身だったが、「戎《じゅう》」はチベット高原の遊牧民のことで、「狄」の隣人である。さらに始祖の六世の孫の王亥《おうがい》という人は、「有易《ゆうえき》」の君とトラブルを起こして生命を落としたという話がある。

黄河の渓谷にそうして成立した古代都市が、山西高地の縁辺から東へ、南へと水路を利用して貿易路を延ばし、その線上の要所要所に新しい都市を建設して、首都から移民団を送りこむ。これが「封建《ほうけん》」であって、「封《ほう》」は「方」・「邦」と同音同義であり、首都に対して方面・地方の意味である。

封建された植民都市は言わば支社であって、本社たるメトロポリスにして見れば、はるか遠方まで拡がっているチェーン網が全体として効率よく機能して業績を上げるためには、連絡を密接にすることが第一である。そのための手段は三つあって、第一は「巡狩《じゅんしゅ》」といい、殷・周の王たちは頻繁《ひんぱん》に旅行をして、遠方の植民都市の世襲の市長たち、つまり諸侯を集めて会議を開いた。秦・漢の皇帝たちも同様で、ことに秦の始皇帝は大規模にこれを実行し、七十メートル幅の大道路を全国に建設して、ほとんど毎年のように出張し、旅行中に死んでいる。

連絡の手段の第二が、先に説明した「朝貢」である。植民都市の支社の方から、諸侯かその代理人がメトロポリスの本社へ出かけて行って、本社の朝会に出席し、社長たる王との間に贈り物を交換して、今後も変わらぬ協力提携を確認し合うのである。

資本系統が違う取引会社の代表が同じことをやってくれれば、本社の社長としてこれにまさる面目はないが、これが外夷《がいい》の朝貢である。

ただし秦の始皇帝は、封建制を廃止して郡県制を敷いたが、これは支社を吸収合併して支店に格下げし、任命制の支店長を置いたという意味であって、業務は今まで通り続けさせた。この支店長が郡の太守であって、郡から「朝貢」と同じ意味で、営業報告のために首都に派遣される使者が「上計吏《じょうけいり》」であり、やはり朝会に出席して、皇帝と贈り物を交換し、本店・支店の一体感を強めたのである。これが第三の手段であった。

中国という国家の実態は、そうした一大総合商社であり、黄河の渓谷から東方や南方に拡がる商業都市のネットワークであった。そのシステムは歴史の始まりから、一九一一年の辛亥革命まで、三千年以上も全く変わらず、ただ人口の増加と自然破壊の進行から、一方では新たな資源の供給地を求めて、都市のチェーンが先へ先へと延びて行き、一方では都市の数もサイズも大きくなっていっただけのことであった。

だれが中国人か

中国のシステムがいかに不変であったかは、先に描写した漢代の県城の構造が、二十世紀の初めになるまで全く変わらず、やはり日没とともに城門の鉄の扉を閉めて、夜間の外出を厳重に取り締まっていたことでも分かるだろう。また皇帝でさえ個人経営の企業を自分で持っており、最上の品質の絹織物・陶磁器は皇帝直営の工場で生産されて、一般人でも金さえ払えば買うことが出来たし、皇帝はまた中国最大の銀行でもあり、利子を取って金を貸した。要するに商人皇帝だが、これは古代の市場組合長であった王の性格そのままである。

これは一つには、いくら中国の皇帝でも機密費・交際費にはやはり枠があって、無制限に社用で落とすわけにはいかないからである。しかも戦争や外交は金が掛かるもので、経常費として予算に組んでない支出項目が多く、それは皇帝のポケット・マネーから出さなければならない。ことに朝貢の贈答品は、国費でなく皇帝の私費で調達するのが原則であった。

そうした皇帝の下で働く官吏たちも、市場の役員の性格を保存していて、職務上の事項でも、それが金になる性質のことであれば、口利き料としてコミッションを取るのが当然の権利とされており、その率は常識で妥当な線がほぼ定まっている。これは決して汚職ではなくて、現に金に縁の遠い職務ほど、俸給を高くしてある。

さらに直接に税金徴収の責任を負う地方官ともなると、これはさらに徹底して、実質的には俸給も赴任費もゼロであるが、その代わり、一定の責任額を中央に送金した残りは、いくらあっても合法的に自由に出来る。だから投機に失敗して公金に穴をあける地方官もあれば、賢明な投資で収益を上げ、公金を増やす地方官もある。総じて地方官のポストは、財産作りには最上とされている。要は経営手腕の問題である。

そうした性格の商業システムで統合されている中国は、当然のことながら民族国家ではなく、中国人という人種は存在しない。このことは前に『魏志倭人伝』を論じたくだりで説明したことだけれども、現代の中国でさえ、出身の省が違えば、漢族どうしでも話が通じないのが普通であって、古代の中国ならなおさらである。

孔子は「雅言」を公の場で話すことが出来た人だが、日常生活には別の土語を使っていた。漢代になっても、その雅言自体が、地方ごとに大きく違っていたことを、揚雄《ようゆう》(前五三～後一八)の『方言《ほうげん》』という書物が詳しく伝えている。

これは首都を遠く離れた植民都市ほど、市民の内に現地出身者の占めるパーセンテージが高くなる、言い換えれば現地採用の社員が多くなるために、もともと「夷」語と「狄」語の接触によって出来た中国語が、ますます「夷」の要素の強いものになっていくからである。

これを裏返せば、いかなる異民族の出身でも、家でどんな外国語をしゃべっていても、一定の条件さえ満たせば中国人になれる、ということである。その条件とは、最寄りの植民都市に登録して、その市場の組合員になり、組合費を払い、労役の割合を負担し、非常時には召集に応じて武器を取ることである。

この条件を満たして中国人になった者が「民《みん》」であり、そうしない者は「夷」である。

華北の平野部では、春秋時代（前八〜前五世紀）を過ぎると、都市網が密になったので、「夷」はほとんどが「民」化して姿を消したが、ネットワークの末端の楽浪郡などでは、中国化のペースはずっと緩やかであって、それが完了しないうちに中国本土で政治上の大変動が起こったために、ついに中国人になり切れないまま終わったのが、後の朝鮮民族や日本民族なのである。

楽浪郡の誕生

その楽浪郡が設置されたのは、紀元前一〇八年のことだった。しかしこの方面の中国化が始まったのは、それよりも約二百年前であった。

紀元前十二世紀末に殷王朝が周王朝に倒されたころ、殷の植民都市網の最北端は、太行山脈の東麓に沿って、現在の北京市のあたりに達していた。

この地は、北は居庸関《きようかん》を通って内モンゴルに連なり、東は遼寧省《りようねい》西部の山地を抜けて、遼河の流域の瀋陽《しんよう》・遼陽《りようよう》方面に通じる交通の要衝で、朝鮮・満洲・モンゴル・シベリアの産物がここに集まって中原《ちゆうげん》に入り、また中原の商品がここから積み出されるところである。この地を押さえるため、周は同族の燕《えん》という集団を送りこみ、北京の西南約六十キロの易県《えき》に植民都市を建てた。

この燕は後に北京に移ったが、紀元前三世紀の初めに大王国となり、遼河の流域を占領して、遼陽に「遼東郡《りようとうぐん》」という軍管区の司令部を置いた。

遼東郡の任務の一つは、もちろん朝鮮半島を縦に貫いて日本列島に達する貿易路の確保だったのであって、そのために燕は大同江《だいどうこう》・漢江《かんこう》の流域の「朝鮮《ちようせん》」族、洛東江《らくとうこう》の流域の「真番《しんばん》」族の地に要塞を設け、軍隊を駐屯させた。こうして半島の地に中国の勢力が直接はいりこんで来ると、さらにその先の九州方面にまで燕の商人が買い付けに行ったり、原住民が商品を自分で運んで来たりするようになるのは自然の勢いである。

秦の始皇帝が他の諸王国を滅ぼして、紀元前二二一年に中国を統一すると、燕の遼東郡も秦に接収されたが、半島の住民に対するコントロールはそのまま継続した。ところがその十一年後、始皇帝が死ぬと秦帝国は崩壊し、諸王国は一斉に復活した。その一つの燕王国は、復興早々で半島までは手が回らず、清川江《せいせんこう》以南の地を放棄した。

前一九五年になると、この新しい燕王国は漢の高祖《こうそ》の軍隊に叩き潰され、遼東郡は皇帝の政府に直属した。この戦争で、燕人の衛満《えいまん》という者が、千余人の同志とともに清川江を渡って半島に逃げこみ、秦代以来放置されていた要塞を占拠した。彼等は多分軍人だったのだろうが、その配下には、燕の撤退で取り残された「朝鮮」族や、同じく戦乱を避けて河北や山東から亡命して来た中国人たちが集まって、大同江流域に王国を作り、王険城《おうけんじよう》に都を建てた。

王国とはいっても、どうせ土匪《どひ》に毛が生えた程度で、『水滸伝《すいこでん》』の宋江《そうこう》が立て籠る梁《りよう》山泊《ざんぱく》のようなものだろうが、漢の遼東太守は、自ら半島に介入する余力がなかったので、この華僑と原住民の連合組合を利用することにし、武器や物資の援助と引き換えに、半島方面の治安を維持し、国境の安全を保障する契約を結んだ。商社にたとえれば、駐在員を引き揚げて、その業務を現地のエージェントに委託したようなものである。

漢のソール・エージェントになった衛満は、中国貿易の独占権と新式装備の軍隊の力で半島全体に勢いを伸ばし、南部の真番族、東海岸の「臨屯《りんとん》」族もその命令を聴くようになった。これが日本列島にも影響しなかったはずはないので、この時代の倭人は「朝鮮」王国と取引し、その中継で中国の経済と間接に結びついていたのだろう。

ところがそれから約七十年を経て、漢の人口も増加し、資本も蓄積されてくると、漢の武帝という積極型の経営者が出て、営業方針を拡張に転換する。その一部として、朝鮮半島方面の利権の回収が企てられた。

『漢書《かんじょ》』によると、紀元前一二八年、「穢貊《わいばく》・朝鮮を穿《うが》って」蒼海郡《そうかいぐん》という機関が置かれ、「東夷の薉《わい》君南閭《なんりょ》ら、口二十八万人」がこれに協力を申し出、この作戦の基地になった漢の河北・山東は上を下への大騒動になったという。

この蒼海郡計画は、投資ばかり大きくて実効が挙がらず、結局一年ちょっとで中止になったが、二十年後の前一〇八年、武帝は再び陸海の兵力を半島に送りこんで、衛氏の朝鮮王国を取り潰し、その地に楽浪・臨屯・真番・玄菟《げんと》の四郡を置いた。つまりエージエントの会社を合併吸収して、その業務を回収したのである。

こうした業務縮小、外注、再拡張、合併という経過は、朝鮮・日本貿易ルートだけに見られたものではない。南海貿易ルート、雲南・アッサム貿易ルートでも同じ現象が並行して起こっている。中でも参考になるのは、南海貿易の例である。

先に言った通り、黄河の中流域には、その南岸に鄭州《ていしゅう》・偃師《えんし》・洛陽などの殷・周の古代都市が栄えた。これは山西高地の南端に接しているからだけではなく、黄河の南北を結ぶ渡河点はここにしかなかったからでもある。つまりこの辺より上流では、両岸は高さ百メートル以上に達する黄土の断崖だし、下流は茫々《ぼうぼう》果てしのない大湿原で、黄河の流れは増水期ごとに変わる。とても人間が安心して住める所ではない。

南海の貿易ルート

ところで洛陽盆地から伊水《いすい》をさかのぼって、南へ山一つ越えれば漢江の流域に出る。舟で漢江を下れば、武漢《ぶかん》市で長江《ちょうこう》に入る。そこからさらに南へ長江をさかのぼり、洞庭《どうてい》湖から湘江《しょうこう》に入れば、湖南省都の長沙《ちょうさ》である。殷王朝の植民都市チェーンは、少なくともこの長沙までは延びていたらしく、ここで殷の銅器が出土している。

長沙から南へ湘江を上り、広西省に入って西江《せいこう》を下れば、広東省都の広州《こうしゅう》に達する。広州は今でも貿易見本市で有名だが、それは今言った内陸水路の出入り口に当たるため、古くから外国の商船がやって来ていたからである。

広州から先の航路をたどると、最初の大きな寄港地は、中部ヴェトナムのフエ、ダナンあたりであった。ここからインドシナ半島の海岸に沿って南下し、南端に近いプロ・コンドル島から海を横断して、マレー半島の東岸のトレンガヌあたりに達する。マレー半島からインド洋を渡って南インドに達すれば、そこから先はペルシア商人の勢力圏で、ローマ商人も進出している。

この貿易ルートを握っていたのは、湖北省の楚《そ》王国だったが、秦の始皇帝はこれを滅ぼしたあと、紀元前二一四年に軍隊を南方に送りこんで、広西に桂林《けいりん》郡、広東に南海《なんかい》郡、ヴェトナムに象《ぞう》郡を設置し、貿易の利権を手中に収めた。

秦帝国が崩壊したとき、南海郡の司令官であった中国人の趙佗《ちょうた》は、桂林郡・象郡を併合し、土着の越《えつ》人を支配して、新しく南越《なんえつ》王国を作った。漢の高祖は、衛満の朝鮮王国に対するのと同じように、趙佗とも契約を結び、湖南省の南辺の漢の国境の安全を保障させた。そのために南越王国の勢力は大いに伸びて、ヴェトナム、広西、広東から福建にまで及んだ。

漢の武帝は、この南越王国をも武力で征服した。紀元前一一一年のことで、朝鮮王国の併合の三年前のことである。南越の地には九郡が置かれたが、最南端の日南《にちなん》郡はヴェトナム中部の海岸に沿い、その象林《ぞうりん》県は、広州に向かう外国商船がかならず寄港するところであった。だから武帝の南方作戦の最大の目的が、南海貿易の利権を、華僑と原住民の連合王国の手から取り返すことであったことは間違いない。

さらに同じ紀元前一一一年には、雲南方面に四郡を置いているが、これは中国の四川の産物が、インド経由で中央アジアに行っていることを知った武帝が、雲南からビルマ北部を経てアッサムに抜ける貿易ルートを手中に収めようとしたからであった。

こうして同時に東方、南方、西南方に向けて実施された郡県の設置のうち、南方と西南方が商業交通路の確保を目的としていたことが明らかなのだから、朝鮮半島に置かれた楽浪などの四郡の性質も同じようなものでなければならない。つまり南方や西南の郡県が、その先のインドの市場に狙いをつけたものであったのと同様、朝鮮の四郡の存在理由も、半島のすぐ向こうの日本列島の市場を抜きにしては考えられないのである。これは燕王国の半島進出以来、すでに三百年を経過していて、中国の経済力が間接にもせよ日本列島に浸透するのに十分すぎるほどの時間があったのだから、そう考えないほうがおかしいだろう。

その四郡のうち、倭人との交渉を担当したのは、洛東江流域の真番郡だったが、武帝が五十四年の長い在位のあとで死ぬと、放漫経営でがたがたになった漢の財政を立て直すため、後継者の昭帝《しょうてい》は前八二年、真番郡を縮小して楽浪郡に統合した。ここで初めて楽浪郡が倭人関係の窓口になったわけである。

東海岸の臨屯郡も同様に楽浪郡に接収されたが、その時期は正確には分からない。最後に玄菟郡は鴨緑江の上流域にあって、遼東郡から臨屯郡へ通じる連絡路だった。その名前は、中鮮国境の通溝盆地にある丸都《がんと》山から取ったものらしく、その司令部は「高句《こうく》驪《り》県」という都市に置かれていた。臨屯郡の廃止とともに、玄菟郡も後退して、事実上は遼東郡の一部になったらしく、前七五年には遼東郡に玄菟城が築かれている。

放棄された玄菟郡の故地には、かつての衛満の朝鮮王国のように、土着の狩猟民が国家を作り、県名にちなんで高句驪（麗）王国と呼ばれた。これは玄菟郡の約三十年間にわたった統治が都市文化を持ちこみ、それによって新しい政治の技術を学び取った原住民が、やがて玄菟郡の後退とともに、それに代わる自前の組織を作ったことを意味する。これは東アジアの歴史では何度もくり返される建国のパターンである。

とにかく、そうした情勢のもとに、紀元前一世紀の倭人たちは前漢の皇帝に朝貢し、それが『漢書』に記載されたのであった。燕王国の朝鮮半島進出から、ここまですでに三百年。それからさらに二百年で、女王卑弥呼の登場となる。この五百年の中国との接触が、金印の倭奴国や『魏志倭人伝』の邪馬台国を作った原動力であり、やがてその基礎の上に難波京の仁徳天皇の王国が築かれることになるのである。

第八章　奴国から邪馬台国へ

半島を縦断する交通路

公的な行事である朝貢とはちがって、貿易は私的な性質のものだから、中国の「正史」に記載されることもなく、従って日本の建国を論ずる歴史家に取り上げられることもない。しかし日本列島の原住民の社会に刺激を加えて、その成長を促し、国家らしいものができる基礎を準備したのは、中国貿易の力であって、高天原から天降って来る神々でもなければ、ノルマン人よろしく海峡を押し渡って来る騎馬民族とやらの艦隊でもない。日本建国の本当の原動力は、実は華商だったのである。

国家というものは、放っておいてもどこの社会にも自然に形成されてくるものではない。国家が出来るためには、何よりも先ず、人間の頭数が必要であり、それを一個所に集めて養っておくことが必要である。言い換えれば、都市があって初めて国家があり、政治があり、歴史があるのだ。

現代の日本に住むわれわれは、幸か不幸か、あまりに能率のよい国家の組織に護《まも》られて暮らしているために、日々の生活には国家が必要にして不可欠のように思いこんでいる。しかしこれは全くの錯覚で、農民・漁民・狩猟民・遊牧民を問わず、国家なんかなくたって、食っていく分には差しつかえはない。それが王様やら、役人やら、兵隊やら、働かずにごろごろして、飯ばかり人一倍食う連中を抱えこむ、つまり国家の組織を持つというぜいたくが出来るようになるためには、食糧をよほど余分に生産しなければならない。

食糧の生産の効率が一番いいのが農業であることは異論があるまいが、しかしその農業で生計を立てる農民でさえ、自然な状態では、自分たちの食い扶持以上の食糧を作るというような、余計な骨折りをするわけもない。このことはネパールに行って見ればすぐ分かる。ヒマラヤの山歩きをしようと思えば、首都のカトマンドゥの、薄暗くじめじめしたアシャン通りのインド人かチベット人の商店で携帯食糧を山ほど買いこみ、ポーターにかつがせて行かねばならない。同じ山国でもスイスとはわけが違って、いくら金を持っていても、山の村には売ってもらえるほどの余分な食糧などありはしない。せいぜい買えるのは卵ぐらいのもので、堅くて歯の立たないような老鶏を一羽分けてもらえれば上々の部である。

この事情は、先史時代の朝鮮半島や日本列島の、焼き畑耕作を主な生業とした村々でも同じだったに違いない。そうした静かな山の村の人々が、自分たちが消費する分よりも多くのアワなりヒエなりを、張り切って作り出すようになるためには、少なくとも毎年、定期によそからやって来る人々、つまり旅の行商人の来訪が必要である。それによって村の産物に対する安定した需要が生じるし、また行商人が物々交換のために村に持ちこむ、遠い国の便利な製品や珍しい産物が、さらに村人の生産意欲をそそる。言い換えれば、市場経済が浸透してきて、はじめて農村に余分の食糧が出現し、食糧生産以外のことに従事する人間の生存が可能になる。これが国家へ、政治へ、歴史への第一歩であった。

朝鮮・日本でこの刺激剤の役割を果たしたのは、言うまでもなく中国商人であり、彼らが大挙してこの地方に進出して来たのは、紀元前三世紀に燕国が朝鮮半島の北部・南部に前進基地を設置して、半島を縦断して日本列島に向かう貿易ルートを手中に握った時からであることは疑いない。

いったい交通路というものは、そうそうむやみやたらな所を通るものではない。遠くや飛行機の上から眺めたのでは、ただのっぺらぼうの平原でも、いざ実際に歩いて見れば、通れる路はおのずと決まってしまう。まして山の多い朝鮮半島では、南北を結ぶ交通路は、昔から今までほとんど変わっていない。ただ鉄道が開通し、高速道路が建設されて、多少は事情が違って来たが。

朝鮮半島の交通路

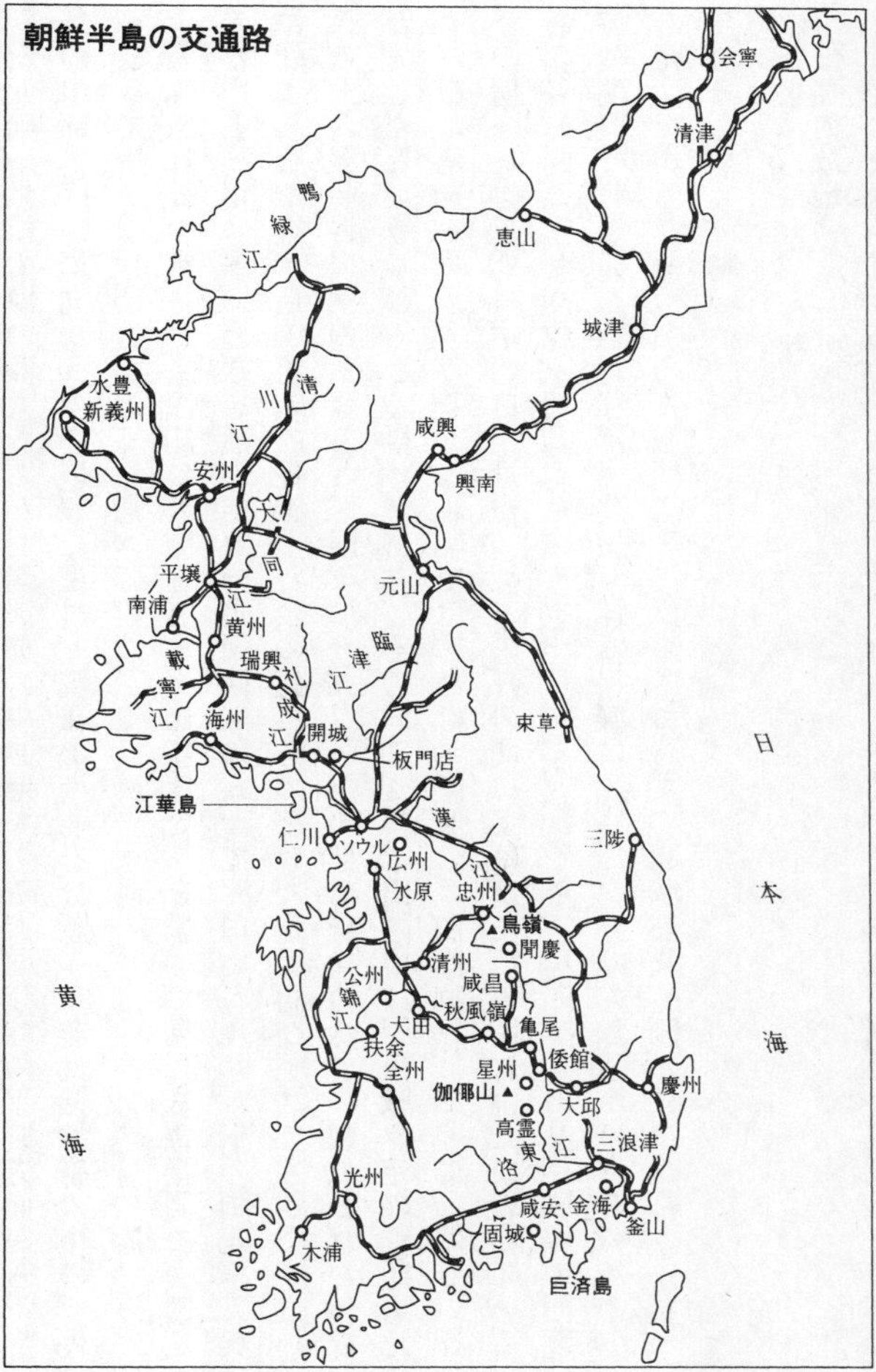
会寧
清津
鴨緑江
恵山
城津
水豊
新義州
清川江
咸興
興南
安州
大同江
平壌
元山
南浦
黄州
臨津江
瑞興
載寧江
礼成江
海州
開城
板門店
束草
江華島
漢江
仁川
ソウル
広州
水原
忠州
三陟
鳥嶺
聞慶
清州
公州
錦江
咸昌
秋風嶺
大田
亀尾
扶余
倭館
全州
星州
慶州
伽倻山
大邱
高霊
洛東江
三浪津
光州
咸安
金海
固城
釜山
木浦
巨済島
黄海
日本海

紀元前一世紀の漢の商人たちが、楽浪郡の中心地である大同江畔の平壌方面から、半島の中部・南部に向かうのに取った道は、現在の南北を分断する非武装地帯の中の、停戦会談で有名な板門店《パンムンジョム》の近くを通っていた。

大韓旅行社のバスで臨津江《りんしんこう》の仮橋を渡り、無表情で手を振って見せる共産側の警備兵のガード・ポストのわきを通って共同警備区域に入って、白いヘルメットの国連軍憲兵に囲まれながら木造の粗末な停戦委員会の建物をのぞいた後、再びバスで左手の小高い丘の上の展望台に案内されると、眼下に一九五三年の俘虜《ふりょ》交換の時に、釈放された俘虜が渡ったという「帰らざる橋」があり、その向こうの水田の中に、停戦協定の調印場だった白い建物が見え、ガイドの説明では、今は共産側の宣伝博物館になっているという。その傍を通って、一本の白い道が、彼方の丘の間に切れこんだ谷間に消えて行っている。あの谷の向こうが高麗《こうらい》王朝（十世紀〜十四世紀）の都のあった開城《ケソン》であり、開城の西北方の瑞興《ソフン》で慈悲嶺《チャビリョン》を越えれば、黄州《ホワンジュ》を経て平壌に通じた。今でも鉄道がほぼこのルートを走っているが、もちろん板門店までは来ておらず、開城が共産側の鉄道の終点になっているという。

任那の故地

大昔の交通路は、この開城あたりから水路を利用した。開城が臨む礼成江《れいせいこう》を舟で下って、すぐ江華島《こうかとう》を右に見て、漢江の河口に入れば、左手のソウルは高句麗の南平壌《なんぺいじょう》城である。さらに遡《さかのぼ》れば、左手から北漢江が合流し、右手には広州《クワンジュ》の町があるが、これは百済の最初の王都であった慰礼《いれい》城の故地である。また広州には風納里《プンナムニ》の漢代の土城の遺跡があって、真番郡や帯方郡の中心地はこのへんだったのではないかと思われる。ここから南漢江をさらに溯って行くと、忠州《チュンジュ》の町に着くが、ここは新羅時代に中原京《ちゅうげんけい》が置かれていた要地である。

忠州から鳥嶺《チョリヨン》の険を南に越えると、ここから南は洛東江の流域で、すなわちその昔の加羅《から》（伽耶《かや》）の諸国の地であり、昔の中国商人は、鳥嶺の南麓《なんろく》の聞慶《ムンギョン》から再び舟で洛東江の本流を下って行ったのであった。聞慶のすぐ南の咸昌《ハムチャン》という小さな町は、六伽耶の一つに数えられた所である。さらに南に下ると、右手の伽耶山の麓に、星州《ソンジュ》と高霊《コリヨン》の二つの伽耶国がある。やがて洛東江の流れが東に転ずるあたり、右岸の咸安《ハムアン》も六伽耶の一つである。釜山《プサン》市の西で洛東江は海に注ぐが、その西岸の金海《クムヘ》こそ、『魏志』の狗邪韓《くやかん》国である。金海と対馬の間には巨済《コジェ》島があるが、その西側の固城《コソン》も六伽耶の一つであって、金海が巨済島の東側を回って対馬に向かう航路の出発点であるのに対し、固城はその西側を回る航路の出発点であった。

つまり咸昌・星州・高霊・咸安・金海・固城といった昔の加羅の諸国は、ことごとく鳥嶺から洛東江を下って日本に達する貿易ルートの沿線に発達したわけで、この事実は、いわゆる任那《みまな》日本府の問題を解くためには見逃してはならないものである。ただし近代になってから、鉄道も高速道路も南漢江を離れた西海岸寄りを通るようになったので、昔の面影をしのぶのは困難である。

ソウル駅は、昔の東京駅を思わせる、赤煉瓦《れんが》の典雅な建物である。その向かって左端にある専用プラットフォームから、特急セマウル一号列車に乗りこむと、さすが広軌の国だけあって車室の幅もひろく、新幹線のグリーン車そっくりの作りで、リクライニング・シートの坐り心地も快適。ディーゼル機関車に引っぱられて午前十時に発車、釜山に向かって一路南下する。

はじめ京畿道《けいきどう》の西海岸に近い平原を走る線路は、次第に山がちの忠清道《ちゅうせいどう》に入り、錦江《きんこう》の上流の大田《テジョン》に着くのは十一時四十八分。このあたりは昔の百済王国の地で、かつての王都の公州《コンジュ》も扶余《プヨ》も、この大田からバスで錦江の渓谷を下ったところにある。

大田から線路は東方に転じて、山は次第に深くなり、やがて秋風嶺のトンネルを抜けると慶尚道《けいしょうどう》。韓国特有のごつごつした岩山も、ここまで来ると何となく丸く線が柔かくなったようで、これまで乾燥していた空気もしっとりと潤いを含む。南国らしい日射しの中に、やがて亀尾《クミ》を過ぎると、左側の車窓一ぱいに、悠々と南流する洛東江の大河の渓谷がひろがる。右側には標高一四三〇メートルの伽倻山が姿を見せるが、古い伝説の一つでは、この山の女神が加羅の初代の王たちの母になったと言う。

列車は間もなく倭館《ウェグワン》の鉄橋を渡って大邱《テグ》に向かい、しばらく洛東江の本流を離れる。大邱の市街を走り抜けて、郊外の東大邱《トンデグ》の駅に着くのが十三時三十分。二分間の停車ののち南下を続ける列車は、三浪津《サムナンジン》で洛東江と再会し、いちじるしく幅の増した河の左岸の河原を走る。発動機船が河を上って行くのが見える。両岸の平地は一面の水田だが、人家はなく、はるかに遠い山腹に村落がかたまっている。弁辰《べんしん》や加羅や任那などと呼ばれた時代の諸国も、実際はああした聚落で、洛東江の渓谷のあちらこちらに、山ふところに抱かれていたのだろう。十四時五十分、列車は海の見える釜山駅にすべりこむ。プラットフォームに下りると、強い潮風が顔を打つ。この町では、福岡で放送するカラーテレビ番組が受像できるという話である。

竜頭《ヨンド》山《サン》公園の展望塔の真下のホテルに投宿して、夕暮れの港の眺めを楽しみながら南《ナム》浦洞《ポドン》の夜店の雑踏の中を歩くと、生きナマコの酢の物やウナギのぶつ切りの塩焼きを食べさせる低い台がずらりと並んで、小母さんたちが盛んに坐れと勧める。そのほか野趣に満ちた食べ物の数々、まことに楽しく旅情をそそる光景である。大昔に洛東江を下って来た楽浪郡の中国商人も、海峡のかなたから渡って来た倭人たちも、ここらでこうした市場の雑踏の中で肩を並べて取引をしたり、飲み食いをしたのであろう。

中国商船の来航

さて、そのころの華商は、このへんで船を仕立てて、対馬へ、壱岐へ、北九州へ、瀬戸内海へと交易の旅に出かけたのだが、その実際の有り様を想像するには、十三世紀のフィリピンが一番よい手掛かりになる。

前に説明したように、東南アジアの海上貿易の幹線ルートは、大昔から広州↓中部ヴェトナム↓マレー半島↓マラッカ海峡↓南インドという西寄りの路線だったので、この沿線にチャンパや、カンボジアや、シュリーヴィジャヤなどの王国が古く開け、交易にやって来るインド商人から政治・軍事の技術を取り入れた関係で、ヒンドゥー教文化や仏教文化の花を咲かせた。しかしフィリピンの島々は、この幹線からはるかに遠い東方の海上にあったので、インド文化の影響をほとんど受けないままで、またインド商人に代わって東南アジアに進出して来たペルシア商人の活動もフィリピンには及ばなかった。

そのため、十世紀以後、華南の開発が進んで人口も増加し、中国の商船が華南の福《ふっ》建《けん》・広東《カントン》海岸の港から本格的に東南アジアに乗り出して来た時、フィリピンは文化の処女地のまま、いわば先史時代の日本列島のような状態で、華商の進出を迎えたのである。

その実態を生き生きと伝えてくれる面白い記録が、一二二三年に書かれた『諸蕃志《しょばんし》』という本である。この書物によると、当時の中国の商船は、ボルネオ島の北岸のブルネイを回ってフィリピンにやって来たらしい。

ブルネイは、今でこそ東マレーシアのサラワク州の東部海岸に、二つの飛び地に分断されて食いこんだ小王国で、面積はわずか五、七六五平方キロメートル、人口十万足らず、石油の産出国として以外にはこれといった特徴もないが、十九世紀までは、今のサバ・サラワクの両州を領有した、南海の大国だった。この国は十五世紀にイスラム教に改宗し、今のフィリピン南部のミンダナオ島西部やスル諸島に拠って、ハイジャックや誘拐でカトリック教徒に抵抗しているモロ民族解放戦線のモロ族も、もとはと言えばこのブルネイ王国からの移民の子孫である。

十三世紀の中国の商船は、ブルネイに寄港した後、東北に航行して、細長く延びるパラワン島の南岸沖を通り、ミンドロ島に達する。ミンドロ島はやや開けていて、マイトという小王国があった。ミンドロ島からは、小野田寛郎《ひろお》少尉で名を知られたルバング島を過ぎて、ルソン島のマニラ湾に入る。マニラからはバタアン半島を回って、サンバレスの西岸を北上し、リンガエン湾からイロコス海岸に沿って北に進み、ルソン島の北端の沖合のバブヤン諸島まで至るのであった。『諸蕃志』に見る、この航路沿いの諸国での交易の様子は、何と言ってもブルネイのそれがいちばん手がこんでいる。

商船が入港して三日すると、ブルネイ王は王族一同と大人《マンダリン》たちを連れて、船に挨拶にやって来る。船のほうでは岸に渡した踏み板に錦を敷いてお迎えし、酒を勧め、一行にそれぞれ金銀の器や、敷物や、日傘などを贈る。それが済んではじめて船をもやって上陸するのだが、それでもすぐに交易を始めるのではなくて、商人は毎日、中国の飲食を王にさし上げなければならない。だからブルネイ行きの商船には、かならず腕のいい料理人を一人や二人は乗せて行くのである。そのうえ月の一日と十五日には、お祝いの儀式に参加しなければならない（これは中国の宮廷の朝会のミニチュア版である）。こうして一月以上も経ってから、王や大人たちと協議して商品の値段を定め、話がまとまってから、太鼓を叩いて遠近の人々を呼び集め、交易を許す。値段の協定が出来る前に勝手に交易をする者には罰金を科する。この国は商人を大事にするので、商人が普通なら死刑に当たる罪を犯しても、罰金だけで殺すことはない。交易が終わって船が出帆する日には、ブルネイ王は酒を調え牛を殺して送別の宴を催し、商人に香薬や土産の布などを贈って返礼とする。

このブルネイに比べると、ミンドロ島のマイト国の様子は一段と素朴である。この国に入港した商船は、官場《かんじょう》というものの前に碇泊《ていはく》する。官場というのは、周りに囲いのある指定交易場である。この国の酋長は、位の象徴として白い日傘を用いるので、商人はかならずそれを持って行って贈り物にする。交易のやり方は、原住民の商人が大勢で押し寄せて来て、それぞれ竹籠に商品を入れてかついで行くのである。最初のうちは、誰が何を持って行ったとも見わけのつかない状態だが、そのうちに慣れれば分かって来るし、実際には間違いは起こらない。原住民の商人は、それからその商品を持って他の島々へ行って交易し、八カ月から九カ月も経ってからやっと帰って来て、自分が手に入れた商品で中国商人と決済をする。なかには一年経っても帰って来ない者もある。それでマイトに行った中国の商船は、帰国が非常におそくなる。

このミンドロ島の酋長は、官場を設けて交易を保護してはいるものの、まだブルネイ王のように華商を束縛して貿易を統制するところまではいっていない。ブルネイからミンドロ島までの間に通過するパラワン島などの島々になると、さらにその状態は原始的になる。

パラワン島などでは中国の商船は、一つの聚落に着くと、すぐには上陸せず、中流に泊まったまま、太鼓を叩いて到着を知らせる。すると原住民の商人たちは、先を争って小舟をこぎ、綿や黄蠟や土産の布や椰子《やし》の繊維のマットなどを持って交易にやって来る。値段がなかなか折り合わなければ、原住民の商人の頭《かしら》が自分でやって来て調停をする。話がつけば、頭に絹の日傘や磁器や籐の籠などの贈り物をし、一人か二人を人質として船上に留めておいて、それから上陸して交易をする。取引が終われば人質を陸上に返す。こうして一つの聚落に三、四日も泊まった後、また次の聚落へと航行を続けるのである。

このパラワン等の諸島には、まだ酋長すら存在しない。その代わりに原住民商人の頭が現れて、来訪する中国商人との交渉に当たっている。華商との取引が盛んになるにつれて、この商人頭が成長して、ミンドロ島のような酋長になり、官場を設け、長期に滞在する中国商人の保護に当たることになる。それからさらに発展すれば、ブルネイ王のように、交易を完全に統制するだけの王権を持ち、宮廷生活を営み、国家の外観を整えるところまでいくわけである。

つまり北ボルネオやフィリピンの原始社会に国家が芽生え、王権が育ってきたのは、一に華商の進出によって刺激を受けた結果であった。同じように中国大陸の沖合に分布する日本列島の原住民が、それより約一千年前に起こした社会の変化の本質も、やはり似たようなものだったのである。

華商と倭人

先史時代の日本列島に華商が来航するようになって、先ず第一に起こった変化は、河口に近い平地に人間が住むようになったことだろう。

今でこそ世界の人口の大部分は、海岸の平野部に集中しているが、人類の長い歴史から見れば、これは極めて最近の現象である。大昔の人口のまだ少ない時代には、河口のデルタ地帯は、増水期には水びたしになるし、それでいて飲料水はなく、そのうえマラリアや寄生虫などの風土病がはびこって、とても人間が生きていけるような環境ではなかった。むしろ人間の生存に適していたのは山の上であって、それとは離れた海岸にぽつりぽつりと漁村があり、山の焼き畑の村との連絡には、河を遡って無人の平野を抜けて行くという状況だった。

こうした古い時代の環境の面影は、インドネシアのスマトラ島に残っている。ここではマラリアを媒介するアノフェレス蚊の生息高度以上の山岳地帯の中心に、アサハン計画で有名になったトバ湖があり、これを囲んでバタク族の諸王国が昔から栄えてきた。その麓の広大な平原は、ほとんど無人のジャングルの連続で、海岸にはマングローヴがびっしりと生い茂って、からみ合った根を潮に洗われている。そうした海岸のところどころに、ちょっとした岩山になって飲める水の湧く所があり、ここに商船が集まって港町が出来る。そうした海の世界と山の世界とを結ぶのが、ムシ河のような大河である。この河を溯った、山の世界への入り口にあるのが、『マレー年代記』の建国神話に登場する聖地シ・グンタンの丘で、その麓にシュリーヴィジャヤ帝国の都パレンバンが建設されたのであった。

マラッカ海峡の対岸のマレー半島でも同じようなものである。今でこそマレーシア連邦政府は、マレー人やオラン・アスリ（山岳地帯の原住民）をひとまとめにしてブミプトラ（土地の子）と呼び、華人・インド人・欧亜混血のユーラシアンなどの非ブミプトラと区別しているけれども、実はそのブミプトラの大多数は、一五一一年にポルトガルがマラッカを征服してから後、ポルトガル、オランダ、イギリスの支配下のマレー半島に、スマトラなどから移住して来た人たちの子孫であって、十六世紀以前のマレー半島はほとんど無人の地であり、山の上のオラン・アスリの村々を除いたら、海岸にマラッカのような港町がぽつりぽつりとあるだけで、オラン・スラト（海峡人）と称する漁業と海賊業を営む連中がその間をうろついていたのである。

日本列島の事情も似たようなものだったが、中国の商船が定期に来航するようになって、交易のために山から下りて来た人々や、浦々から集まって来た人々が、河口の船着き場に近い、ちょっと小高くなって増水期にも水没の心配のない所に聚落を作る。その人たちの食糧を作るために、少し離れた山の谷間が開墾されて農園が出来る。やがて頭の回転が速くて中国語の弁の立つ原住民が、仲間と中国商人との間に立って斡旋《あっせん》するようになり、さらに取引の規模が大きくなり、参加する人数も多くなって来ると、この仲介の機能が組織化されて、指定交易場が出現し、これを管理する世襲の酋長が出現する。このころになると、交易は港町だけに限られないで、そこから内陸へ、奥地へと延びる交通路をたどって、中国商人から信用で借りた商品をかついだ原住民の行商人が、日本列島の隅々まで散って行き、物々交換で手に入れた商品を運んで再び港町にもどって来る。そのあいだ港町で待っている中国商人は、懇意な原住民の家に下宿したり、あるいは現地妻をもらったりして生活する。中国商人によそへ行かれてはうま味がなくなるから、酋長は極力保護を加え、かたがた行動を拘束して、自分以外の原住民商人との間に抜け荷商いをさせないようにする。これによって奥地の村々は、交易のためには港町の酋長の言うことを聞かねばならなくなって、経済的にも政治的にも系列化されてくる。これが王国の起源である。

要するに倭人の社会は、中国商人がやって来るようになったおかげで、『諸蕃志』に描かれたパラワン島などの段階から、ミンドロ島の段階へ、さらにブルネイの段階へと発展してきたのであった。そしてこのブルネイ王国の状態にまで達したのが、あの『漢書地理志』に「楽浪の海中に倭人あり、分かれて百余国となる」と記された紀元前二〇年代だったのである。

紀元前一世紀の倭人の諸国は、それぞれ海岸や、河口や、大河の沿岸に陣取って、来航する中国の商船を迎え、後背地に対する商権を握り、時には帰り船に使節を便乗させて、楽浪郡の司令官や長安の皇帝に仁義を切り、自分の縄張りを認めてもらおうとしたのであった。ところが間もなく中国側の社会に大変動が起こって、そのために中国は倭人側の窓口を一本にしぼり、手間と費用を省こうとする。こうした中国側の都合から出現するのが、金印で有名な委奴国王《いどこくおう》なのである。

王莽の乱と倭国

その大変動の原因というのは、漢朝の中国のひどい人口過剰だった。『漢書地理志』に記録されている紀元二年の統計によると、当時の中国の人口は五九、五九四、九七六人で、ほとんど六千万人に近い。

しかし当時の人口分布が華北に集中して、農地面積に限りがあり、また農業技術の水準がまだ低かったことから考えると、中国が無理なく養える人口の最大限は、せいぜい五千万人程度だったと思われる。それがこの紀元二年の約六千万人以後、千数百年もの間、中国の総人口は遠くこれに及ばず、華南の開発がほぼ完了した一三八一年になって、やっと五九、八七六、七七九人という数字が現れるのだから、紀元前一世紀の中国がいかに人口過剰だったか、想像がつくだろう。

人口過剰のそのまた原因は、漢の武帝の積極財政であった。彼の五十四年にわたった放漫経営は、一方では政府の屋台骨をがたぴしさせることになったが、また一方では景気を刺激して都市の急激な成長を促し、大きな人口を農村から流入させることにもなった。ちょうど一九七〇年代のアメリカで、ルーズヴェルト、トルーマン、またはケネディ、ジョンソンと、引き続いた民主党政権のもとで、ケインズ流の積極財政が実施された結果、南部の農作地帯からプア・ホワイトや黒人が大量に北部の工業都市に流れこみ、また南部のテキサスや西部のカリフォルニアが急激な経済成長を遂げたのとよく似た現象である。

紀元前一世紀の中国でも、大規模な人口の移動は、社会の内部に緊張を作り出した。人口が都市に流入すると、必然的に農業人口の比率が低くなる。一方、都市に出て来た人々の大部分は、零細な仕事にしがみついてやっと生計を立てる貧民になる。農村での生活より少しはましであるが、しかし決して楽ではなく、慣れない都市の生活環境の心細さに耐えるため、たがいに仲間を求め合って、宗教的な色彩を持った互助組織を結成する。後にこれが過激化して革命運動に走ったのが宗教秘密結社であり、その教義が道教になるのだが、それはもっと先のことである。

とにかく武帝の死（前八七年）後、歴代の皇帝はひたすら財政の立て直しと食糧の増産に努力し、平和が続いたので、人口は自然と増加して六千万人に近づいたのである。しかし都市の肥大化によって経済は成長したが、農業の生産性が低いから、ちょっとした自然災害でも食糧の供給にひびきやすく、物価にはね返りやすい。紀元前一世紀の中国の社会は、こうした危険をはらんでいた。しかし繁栄は繁栄であって、平和と成長が三十年も続くと、武帝の世の戦争の記憶を持たない世代が育って来て、思想の面でも非実際的な原則主義がはばをきかすようになる。この時代の中国の知識層に流行したのが、空想的・神秘的な傾向の強い、儒教《じゅきょう》という宗教であった。

儒教はもともと、文字の技術と故実《こじつ》の知識を切り売りして生計を立てる下級官吏の宗教であって、山東省の曲阜《きょくふ》の町に、その教祖の孔子《こうし》を祭る教団本部を置き、そこで訓練を受けて就職した信者からの寄進で経営していたものである。しかしどちらかと言うと野党的な思想であって、具体的な政治のプログラムを持たず、これまで中国の正統イデオロギーの地位を獲得したことはなかった。それが漢の武帝の治世以来、政府機構の膨張に伴って官僚の人数が増えたので、儒教も自然と勢力を伸ばし、太平のムードに乗って、支配階級にまでシンパが現れるようになった。

なかでも漢の元帝《げんてい》（在位前四九～前三三年）は、皇太子の時代から儒教に心酔し、父の宣帝《せんてい》を「我が家を乱すものは太子なり」と嘆かせたほどであった。

そこへ紀元前七年に成帝《せいてい》が死んで実子がなく、後を継いだ養子の哀帝《あいてい》も、即位後まもなく半身不随となり、これまた息子のないまま、二十六歳の若さで紀元前一年に死んでしまうと、おりしも漢の建国二百周年を過ぎたことも手伝って、もはや漢朝の運命は終わった、新しい社会がこれに取って代わるのは歴史的な必然だという気分が高まり、当時の最新の科学であった数学・天文学・暦学の知識による予言の理論がこれに力を与え、科学的儒教主義の革新運動の波が巻き起こった。この革新運動の波頭に乗った貴公子が、漢の帝室の外戚の王莽《おうもう》であって、その知的な風貌のために知識階級の人気の的となり、熱狂的な支持を受けて、紀元八年、ついに正式に皇帝の位に即き、漢朝に代わって新朝を建てた。

それから十五年間、王莽の指導下に科学的儒教主義の改革が次から次へと打ち出され、皇帝を地上における神の代理者、宇宙の秩序の中心として世界を改造することを目指したが、およそ科学的を標榜するものに科学的なものはない道理で、あまりに空想的・観念的な改革の強行は、ちょうど毛沢東のプロレタリアート文化大革命のように、国際関係を決定的に悪化させ、全国的な内戦を引き起こし、紀元二三年、反乱軍が長安を陥れて、王莽は同志とともに宮中で殺された。こうして儒教の壮大な実験は失敗に終わった。

王莽は亡びたが、一度崩壊した社会の秩序はなかなか回復せず、漢の帝室の遠い一族であった劉秀《りゅうしゅう》、すなわち後漢の光武帝《こうぶてい》の手で内乱がほぼ平定され、統一と治安が再建されるまでには、さらに十数年を要した。この長い戦乱の間、食糧の生産がストップしたために、すでに過剰気味だった中国の人口は、一挙に五分の一に転落したといわれる。事実、光武帝の死んだ年である紀元五七年の人口統計は、わずかに二一、〇〇七、八二〇人を示し、紀元二年の六千万人弱の三分の一ちょっとという、すさまじい激減ぶりである。

人口六千万人の国家と、二千万人の国家とでは、経営方針はおのずと違ってこなければならない。光武帝は住民の少ない都市を整理して、八郡・四百余県を廃止したり統合したりし、政府の規模を思い切り縮小して経費を極力節約し、ひたすら生産の回復と人口の増加を計った。その結果、人口は年二パーセント前後の増加率で順調に伸び、紀元二世紀に入るころには五千万人前後に達して安定した。

光武帝がこうして底をついた中国経済の再建に努力しているその時期に、韓《かん》という民族名がはじめて記録に現れるのである。

『後漢書《ごかんじょ》』の「光武帝紀」には、紀元四四年の条に、「東夷《とうい》の韓国の人が、衆を率いて楽浪に詣《いた》って内附した」と伝える。これと同じことを、同書の「東夷列伝」には、「韓人で廉斯《れんし》の人である蘇馬諟《そばし》らが楽浪に詣って貢献した。光武帝は蘇馬諟を封じて漢廉斯《かんれんし》邑君《ゆうくん》とし、楽浪郡に属せしめ、四時に朝謁《ちょうえつ》せしめた」と記す。

朝鮮半島の南部については、衛氏の朝鮮王国の時代に辰《しん》国という名前が伝えられていて、後の三国時代の辰韓《しんかん》と弁辰《べんしん》、すなわち今の慶尚南北道の原住民のことと考えられる。しかし韓という総合的な民族名が現れるのも、その君主らしいものの存在が知られるのも、この紀元四四年が最初である。これは前漢時代には、楽浪郡の実力が強くて、この地方を完全に統制し、内地同様にしていたのが、中国の人口激減のあとを受けた後漢の楽浪郡はそこまで手が届かず、代わりに現地の有力者を選んで、境外の安全を保障させることにしたからであって、漢廉斯邑君の蘇馬諟は、かつての朝鮮王衛満《えいまん》の再現であった。こうして中国が後退したあとに、後漢の特約エージェントに任命された漢廉斯邑君は、衛満と同様、その特権を利用し、皇帝の威光を背負って半島南部の原住民に号令したわけで、その指導下に一つの民族らしい共通の社会的・文化的特徴を具えてきたのが、韓と呼ばれる人々の起源である。

「漢委奴国王」

韓人と比べると、倭人の方は楽浪郡の支配を直接に受けたことはなく、貿易特権の操作を通じるリモート・コントロールだけだったから、『漢書地理志』にすでに「国」の文字で表されるほどの独立性を曲がりなりにも示していた。しかしこれは倭人の社会の政治的な成熟が、韓人の社会より早かったということではない。中国から遠かっただけのことである。

その倭人に対しても、後漢はもはや百余国の、歳時をもって来る献見を受け続ける余力はなかったから、関係の業務を一括して、日本列島への入り口の博多の酋長に委託し、これに金印・紫綬《しじゅ》を与えて漢委奴国王《かんいどこくおう》に封じた。これが光武帝の死の直前の紀元五七年のことで、すなわち『後漢書』の「光武帝紀」に「東夷の倭奴国王が使を遣わして奉献した」とあり、「東夷列伝」に「倭奴国《わのなこく》が貢を奉って朝賀した。使人は自ら大夫と称した。倭国の極南界である。光武帝は賜うに印綬をもってした」とある事件である。

漢委奴国王の設置は、漢廉斯邑君の場合と同じく、主として後漢側の内部事情から出た政策であった。しかし韓人の代表の邑君に対し、より独立性の強い倭人の方は金印の国王と、ずっと優遇されているのは、従来の行きがかりからきたことである。

倭奴国は、一九七二年のいわゆる日中復交以前の日中友好協会のような機関であって、後漢朝の中国と交渉しようとする倭人の酋長は、倭奴国王の斡旋を受けずには何事も出来なかった。これがその息のかかった諸国に華商との貿易権を独占させる結果になったことは、容易に想像できるところである。こうして先ず経済の面から、日本列島の諸国の系列化が進み、それに伴って政治の面でも統合への機運が生じてくる。

実はこれと全く同じ過程が、十四世紀末の日本でも起こったのであって、足利義満《あしかがよしみつ》が明の皇帝から日本国王に封ぜられて、勘合《かんごう》貿易の一手取り扱い人になったために、それまでは武家の棟梁《とうりょう》でしかなかった征夷大将軍《せいいたいしょうぐん》が、日本の正統の統治者として、天皇をしのぐ権威を獲得した。このことなしには、江戸幕府の日本統一もあり得なかったのである。

話は再び後漢にもどって、五七年の倭奴国王の使者の朝貢から後、倭も韓も久しく史上に現れない。これは後漢の対外政策が、光武帝以来の消極策を守り続け、よほど特別の事情がない限り、外国の朝貢使節を首都の洛陽まで来させなかったからである。ところが一〇七年になると、半世紀ぶりに倭国使の朝貢があった。

この朝貢については、『後漢書』の「東夷列伝」に、「倭国王帥升《すいしょう》らが生口《せいこう》百六十人を献じ、請見《せいけん》を願った」と書いてある。「請見」の「請」は、「朝請」のことで、朝会に出席して皇帝の御機嫌伺いをすることである。よくこの書き方を誤解して、倭国王の帥升がわざわざ自分で洛陽まで朝貢にやって来たのだと考え、倭人の聚落国家連合の成長や、階級社会の発生について論をなす人がある。しかしこれは全くの見当違いであって、『後漢書』は何もそんなことを言ってはいない。「東夷列伝」の文面から読み取れることは、生口百六十人を献じた主体が帥升とその他の人々であったことと、帥升らが朝会に参加するために洛陽に来たい希望を表明したことだけであって、帥升が実際に洛陽に来たとは書いてない。この時に朝貢したのが倭国使であって倭国王自身ではなかったことは、「孝安帝紀《こうあん》」に同じ事件を「倭国が使を遣わして奉献した」と伝えているので、疑いの余地はない。

なお現行本の『後漢書』とは違う種類の同名の史書からの引用文に、ここの「倭国王」を「倭面土国王」とか「倭面上国王」とか記しているものがあるので、この「面土」を『魏志倭人伝』の「末盧国《まつら》」と解し、倭国の王権は奴国（博多）から末盧国（松浦）に移った、などと説をなす向きもあるが、これも証拠のないことで、むしろ「面土」は「国王」を書き誤って重ねたものと考えておく。

ところでこの五十年ぶりの倭国使の朝貢は、残念ながら倭人の社会の政治的成長の結果などではなく、またもや後漢朝の内部事情に原因があった。

後漢の帝位は、初代の光武帝以来、孝明帝《こうめい》→孝章帝《こうしょう》→孝和帝《こうわ》と、ずっと父子直系で相続されてきた。ところで孝和帝の皇后は陰氏《いん》で、光武帝の皇后をも出した名家の出身だった。しかし鄧家《とう》から入内した才色兼備の美少女に皇帝の愛を奪われて、嫉妬で大騒ぎを演じ、とどのつまり呪詛《じゅそ》によって憎い相手を祈り殺し、皇帝の愛を取り返そうと試みたことが発覚して、陰皇后は廃位されて死に、その一族の陰家の人々はことごとく失脚した。

鄧氏が代わって皇后に立てられた。これは一〇二年の事件だったが、その三年後、孝和帝は二十七歳の若さで死んだ。孝和帝は子宝に恵まれなかった。たったひとりだけ育った長男は病身であり、その後に生まれた十数人は、みな育たずに次々と死んだ。鄧皇后は、生まれて百日の孝殤《こうしょう》帝を帝位に即け、自分は皇太后として摂政となった。しかしそのかいもなく、孝殤帝は一年も経たないうちに死んだ。

鄧太后は、帝室の分家から、孝殤帝の従兄に当たる孝安帝を迎えて立てた。これが一〇六年のことで、その翌年が倭国使の朝貢の年である。このように、陰皇后の廃位、宮廷勢力の全面交代、孝和帝・孝殤帝父子の死、傍系の孝安帝の即位という、政治上の大変動が矢つぎ早に起こったこの当時、摂政として新政権の中枢にある鄧太后としては、政局の安定のために何らかの手を打つ必要があった。ところが運の悪いことに、国内では連年の水害や旱害《かんがい》で食糧が不足し、治安がよくなく、国際関係の面では、東北国境外の高句麗王国、西北国境外の羌族《きょう》との間に戦争が続き、さらに西域の諸国も離反して、後漢の西域都護《さいいきとご》は廃止されなければならなかった。

こうした内外の苦境に立った鄧太后の新政権が打った手が、友好国の君主のなかではもっとも格の高い、金印・紫綬の倭国王からの友好使節団の来訪というショーであり、その政治的効果をいっそう強めるために、倭国王帥升らから自ら訪中したいという申し入れがあった、と大々的に宣伝して、外国からのモラル・サポートを一般に印象づけたのである。これは一九七一年七月、ニクソン訪中が発表されて、周恩来《しゅうおんらい》が内外の支持を集め、そのおかげで九月の林彪《りんぴょう》粛清が可能になったのと、時代こそ違え、外交を内政の乗り切りに利用した点では同じことであった。

黄巾の乱が生んだ卑弥呼

次はいよいよ女王卑弥呼の登場である。『魏志倭人伝』に、次のような有名な記事がある。

「その国はもと、また男子をもって王と為《な》す。住すること七八十年、倭国は乱れ、あい攻伐《こうばつ》して年を歴《へ》たり。すなわち共に一女子を立てて王と為し、名づけて卑弥呼という。」

「住」というのは、一定の状態のままであることを意味するから、「住すること七八十年」とは、男子が王である状態が七八十年続いたことを示す。しかしどこを起点として七八十年を数えるのか、この文章からだけでは明らかでない。これは『三国志』の著者の陳寿《ちんじゅ》が使った材料には、外国との交渉の歴史が、ずっと古い時代にまで溯って書いてあったのだが、陳寿がその中から曹操と同時代およびそれ以後の史実だけを採用し、それ以前を機械的に切り捨てたためである。

この陳寿の原材料は、俗説では魚豢《ぎょけん》の『魏略《ぎりゃく》』だということになっているが、それは間違いである。魚豢は陳寿と同時代の人で、『典略《てんりゃく》』という故実の抜き書き集を作ったが、その一部分が『魏略』である。『魏略』の内容は雑多な史料の寄せ集めであって、信用の出来ない記事が多い。陳寿が典拠としたのは『魏略』でなく、王沈《おうちん》の『魏書《ぎしょ》』という本であった。

『魏志倭人伝』で「その国はもと、また男子をもって王と為す」と圧縮されてしまった記事の原形は、『後漢書』の伝えた倭国王帥升の使の朝貢だったと考えるほかはないから、ここから七、八十年ほど降ってくると、ちょうど卑弥呼の即位と同時の一八四年に、中国の社会を根底からゆるがした大事件が起こっている。それは黄巾《こうきん》の乱である。

この反乱については、『魏志倭人伝』の成立を論じたくだりで簡単に触れたが、そこでも言った通り、これが引き起こした中国の人口の激減ぶりは、王莽《おうもう》の時よりもさらにひどかった。乱の少し前の一五七年には、五〇、〇六六、八五六人と、後漢の建国以来の最大の人口数を記録している。それが乱の後には約十分の一に減っていたと言われ、三国時代の末になって、魏が蜀《しょく》を併合した二六三年でさえ、両国の人口の合計は五、三七二、八九一人と、一世紀前の一〇パーセントにしかならない。ただしこの数字には、江南の呉《ご》は含まれていないが、魏に代わった晋《しん》が二八〇年に呉を併合したときの呉の戸数が五二三、〇〇〇だから、その人口は二百万人台と推定される。これを加えても、三国時代の中国の総人口は一千万人に遠く及ばなかったわけである。もっていかに黄巾の乱と、それに引き続いた内戦の打撃が大きかったかがしのばれる。

さらに洛陽の中央政府が事実上消滅して、華北の平原が四分五裂の戦乱の巷《ちまた》となったため、東北辺境の遼東郡・玄菟《げんと》郡・楽浪郡は公孫度《こうそんたく》を指導者として独立し、兵力を西方正面に集結した。このため朝鮮半島の南部に対する楽浪郡の支配力は弱まり、中国人たちは原住民の酋長たちの保護下に安住の地を求めて大量に亡命した。『魏志韓伝』はこの状況を「桓・霊の末に、韓・濊《わい》が強盛で、郡県は制する能わず、民は多く流れて韓国に入った」と描いている。

これと同時に起こった倭国の内乱は、やはり黄巾の乱の影響である。倭国王という制度は、倭人の社会それ自体のなかに芽生え、育ってきたものではなくて、もっぱら中国側が倭人との貿易の管理の便宜を計って設置したものであった。そこへ後漢の中央政府が消滅し、楽浪郡が無力化したのだから、スポンサーを失った倭国王はひとたまりもなかったわけだ。しかし中国貿易の継続は、これまでそれで食ってきた倭人の諸国にとっては死活の問題である。朝鮮半島や中国本土の情勢が重大であればあるだけ、団結を固めて難局を乗り切る努力をしなければならない。しかしこれまで倭国王の系列下にあった諸国の酋長も、その指導力の本質は大同小異、どんぐりの背くらべで、倭国王の座を中国の後ろ楯なしに引き継いでやって行くだけの実力は誰も持たない。そこで選ばれたのが、これまで中国貿易の利権と縁のなかったクリーンな宗教的指導者、すなわち「鬼《き》道《どう》に事《つか》え、能《よ》く衆を惑わし、年はすでに長大なるも、夫壻《ふせい》なき」女王卑弥呼だったのであり、その政治力のなさが買われたのである。

半島に根をおろした華僑

その後、二〇四年に公孫度が死んでその子の公孫康《こう》が東北の指導者となり、再び朝鮮半島に力を入れ、楽浪郡の屯有《とんゆう》県以南の荒地に帯方郡を置いた。これは現在の開城や板門店から南の漢江の流域のことと思われる。そして軍隊を送って韓・濊を征伐し、かなりの数の華僑を取り返した。これ以後、倭・韓は帯方郡の管轄となる。こうして東北辺境の地方政権とはいえ、中国の権威がいちおう回復し、帯方郡を通じて安定した貿易が保証されたので、卑弥呼を代表とする倭人の諸国と公孫康との間に外交関係が成立した。こうして再び盛んになった倭国貿易の主役は依然として華商だったろうが、黄巾の乱からもう三十年近くも経ったころだから、多くの者は倭国の地に避難したまま列島の各地に根を下ろし、本格的な華僑になってしまっていただろう。

さらに二三八年、公孫康の息子の公孫淵《えん》が、司馬懿《しばい》の魏軍に滅ぼされ、楽浪郡・帯方郡も接収された。魏は韓の諸国の酋長にそれぞれ邑君《ゆうくん》の印・綬を授け、その下のクラスには邑長《ゆうちょう》の称号を与えた。その数が千余人というから、二百年前に蘇馬諟《そばし》だけが漢廉斯《かんれんし》

三世紀の朝鮮半島
沃沮
高句麗
輯安
（丸都城）
列水
（大同江）
平壌
（朝鮮県）
楽浪郡
濊
帯方郡
ソウル
広州
（帯方県？）
忠州
（含資県）
辰韓・弁辰
馬韓
金海
（狗邪国）
釜山
巨済島
対馬
（対馬国）
壱岐
（一支国）
福岡（奴国）
唐津
（末盧国）
州胡（済州島）
0
100
200km

邑君《ゆうくん》に封ぜられたことを思えば大きな変わりようである。しかし中国の中央政府の力が半島に及ばなかった半世紀の間に、南部の原住民の諸国は、流れこんだ華僑のおかげで大きな実力をつけていたので、魏の統制力はなかなか浸透しなかった。その証拠に、話の行き違いで怒った臣幘沾韓国《しんせきてんかんこく》が帯方郡の崎離営《きりえい》を攻め、これを討伐に向かった楽浪郡・帯方郡の軍隊は、この国を滅ぼしたものの、帯方太守弓遵《きゅうじゅん》は戦死したことが『魏志韓伝』に伝えられている。

『魏志東夷伝《とういでん》』、すなわち『三国志』の「魏書」の「烏丸《うがん》・鮮卑《せんぴ》・東夷伝」はこの二三八年の公孫淵の滅亡のあとの東北アジアの現状を記したものだが、前に言った通り、倭人に関する地理の記述は、司馬懿への遠慮から大幅に事実を歪曲してあるので、それだけを根拠にして卑弥呼の邪馬台国《やばだいこく》の位置を割り出そうとしても無理である。だからそれは後回しにして、「東夷伝」に描かれた朝鮮半島の南部から日本列島へかけての状況をざっと概観してみよう。

先ず半島の東岸寄りの山岳地帯には濊《わい》が住んでいる。これはもっとも中国化した種族で、中国人と混じり合って住んでおり、楽浪・帯方の二郡の人手や物資の徴発に応じ、中国人なみに待遇されていた。

西海岸寄りは馬韓《ばかん》の地で、二郡に登録されているものは五十余国、大国は万余家、小国は数千家で、すべて十余万戸という。その住地は、京畿道《けいきどう》から忠清《ちゅうせい》南北道・全羅南北道に及ぶものと思われ、全羅南道の沖の済州島《さいしゅう》の住民の州胡《しゅうこ》を、「馬韓の西の海中の大島の上に在り」と言っている。

馬韓の東が辰韓と弁辰で、それぞれ十二国より成るが、両種は雑居していると言う。察するところ弁辰十二国というのは、慶尚《けいしょう》南北道の中でも洛東江の本流に沿った、古くからの貿易ルート上の諸国であって、すなわち後の六伽倻《かや》の前身であろう。そしてそれ以外の諸国が辰韓十二国であって、これらは辰王《しんおう》に属するという。

この辰王が謎の存在で、辰韓の地ではなく馬韓の月支国《げっしこく》に本拠を置き、「常に馬韓人を用《も》ってこれと作《な》し、世々あい継ぐ」が「辰王は自ら立って王となるを得ず」と言う。それでこの辰王を、後に日本列島を征服する騎馬民族の親玉であり皇室の祖先とする神秘的な説が出てきたわけだが、この謎の解釈はそんなに難しくはない。

これはかつての漢廉斯邑君の後身で、公孫氏が南部の原住民の代表として任命したものであり、それ故に楽浪・帯方の二郡に近い馬韓の月支国の事務所を持ち、中国の同意なしに勝手に就任することは出来なかったのである。

ところで「東夷伝」の記述で面白いのは、辰韓の言語である。それによると辰韓人の古老の言うところでは、自分たちは昔、秦の世の暴政を避けて亡命して来た中国人の子孫で、馬韓から東界の未開の地を分けてもらって定住したものだ、といい、実際に辰韓と弁辰は城郭を築いて都市生活を営んでいた。これは城郭がなく、邑落は雑居して統制のない馬韓とは大きな違いである。

「東夷伝」によると、辰韓の言語は馬韓と同じでなく、国を「邦《ほう》」、弓を「弧《こ》」、賊を「寇《こう》」、酒宴を「行觴《こうしょう》」、仲間のことを「徒《と》」と言うのは陝西の方言に似ていて、楽浪・帯方で話される河北・山東の方言とは違ったところがあった。

この記述は、三世紀の辰韓・弁辰の都市国家の人口が華僑を主体として、古風な中国語が公用語になっていたことを示している。しかしその華僑の大部分は、紀元前三世紀以来、燕・秦・漢の進出のもとで中国化された濊《わい》族や朝鮮族や真番《しんばん》族の子孫であった。これは前からたびたび説明している通り、中国人という人種は存在しないのだから当然のことである。

この、都市がもともと華僑のものだという事情は、現代の東南アジアに共通している。一九七〇年代のマレーシア連邦の首都クアラルンプールでは、日曜日の朝、トアンク・アブドル・ラフマン通りの街角には、大勢のマレー人の老若男女が歩道に腰を下ろして、前を通る車を茫然と眺めている。パレードでもあるのかと思うほどである。これはマレー人が都市に進出したのが一九五七年の独立以後のことで、マレー人の街がないからである。商店はすべて華人かインド人の経営だし、映画はほとんどが英語か中国語かタミル語で、イスラム教徒のマレー人は行きどころがない。

ことにクアラルンプールは、一八三〇年にセランゴールのスルタン・モハメッドが錫《すず》鉱《こう》を求めて、二人の王族にマラッカの華商二人と八十七人の中国人苦力《クーリー》をつけて派遣した探検隊が、クラン河とゴンバク河の合流点にジャングルを切り開いて作った小さな町から発展した都市で、その郊外のアンパン錫鉱山で働く鉱夫は全員が中国人であった。そのあまりの貧困のゆえに、ここはチン・ペンのマラヤ共産党の巣窟《そうくつ》になったのである。

三世紀の辰韓・弁辰の諸国も似たようなもので、中国式の城郭都市であり、華僑の住民の働きのおかげで繁栄したのであった。その様子は、「東夷伝」に「国は鉄を出だす。韓・濊・倭はみな従いてこれを取る。もろもろの市買《しこ》にはみな鉄を用うること、中国の銭を用うるがごとく、またもって二郡に供給す」と書かれ、商工業の盛況がうかがわれる。この地帯から海を渡ったところにある倭人の諸国が、これに影響を受けなかったはずはない。

第九章　謎の四世紀

倭国への沿岸航路

『魏志東夷伝』によると、三世紀の辰韓《しんかん》・弁辰《べんしん》の二十四国は、それぞれ城郭を持つ中国式の都市で、中国語を公用語としていた。そして楽浪《らくろう》郡・帯方《たいほう》郡と倭国とを結ぶ自然の交通路線上にあって、商業活動によって繁栄し、その特産の鉄は、二郡・韓・濊《わい》・倭にわたる貿易の決済に用いられた。また政治の面でも系列化が進んでいて、辰韓十二国は連合して馬《ば》韓《かん》人の辰王《しんおう》をいただき、弁辰十二国にも別に王があった。辰王は馬韓の月支《げっし》国《こく》に居たが、弁辰王がどこに居たのかは不明である。多分、洛東江《らくとうこう》を上下して、弁辰十二国を巡回する商人王だったのだろう。

その洛東江の河口の弁辰狗邪《くや》国が、倭国貿易ルートの出発点だったのだが、帯方郡からこの狗邪国に至る自然の順路は、前章で説明した通り、南漢江を遡《さかのぼ》って、忠州《チュンジュ》から鳥《チョ》嶺《リョン》を越えて聞慶《ムンギョン》に出、そこから洛東江の本流を下って来るものであって、その沿路に発達したのが弁辰十二国の諸都市である。

ところが『魏志東夷伝』の「倭人」の項、すなわち『魏志倭人伝』には、帯方郡から倭国に向かう交通路を説いて、「郡より倭に至るには、沿岸に循《したが》いて水行し、韓国を歴《へ》て、たちまち南したちまち東し、その北岸の狗邪韓国に到る」と言っている。これは明らかに西海岸回りの沿岸航路だが、この潮汐の干満の差が大きく危険な暗礁の多い海路が、なぜここに記されるのだろうか。

その理由は、前にも言った、馬韓の臣幘沾《しんせきてん》国の反乱であった。この時に戦死した弓《きゅう》遵《じゅん》は、『倭人伝』によると二四〇年当時の帯方太守で、前年の卑弥呼からの最初の朝貢使節団を送還するため、部下の建中校尉梯儁《ていしゅん》らを倭国に派遣している。その後、二四三年の卑弥呼からの第二回の朝貢の世話をしたのも弓遵であった。さらに二四五年、弓遵は楽浪太守劉茂《りゅうぼ》とともに東海岸の濊を征伐して降伏させている。臣幘沾国の反乱はこの直後のことで、戦死した弓遵の後任として、新太守の王頎《おうき》が帯方郡に着任したのは二四七年であった。

この騒動で、馬韓の住地である南漢江の渓谷が通行不可能になったことは当然である。もともと馬韓の五十余国は、帯方郡から遠い辰韓・弁辰よりもかえって中国化がおくれていて、『韓伝』に「山海の間に散居し、城郭なし……。その俗は綱紀《こうき》少なく、国邑《こくゆう》には主帥《しゅすい》ありといえども、邑落《ゆうらく》は雑居して、善《よ》くあい制御する能わず……。その北方の郡に近き諸国は、やや礼俗《れいぞく》を暁《さと》るも、その遠き処は、直《ただ》に囚徒《しゅうと》・奴婢《どひ》のあい聚《あつ》まるがごとし」と描かれている通り、中国人にとっては扱いにくい危険な蛮族であった。『倭人伝』が記述する沿岸航路は、この馬韓を避ける迂回路であって、三世紀の特殊事情の産物である。

とにかくこうして到達する狗邪国は弁辰十二国の一つだから、倭人の国でないことには疑いはない。それなのに『倭人伝』がここで「その北岸」の話を冠している理由は、洛東江口を出た所の海岸に、海峡を渡って往来する倭人の居留地があったからに過ぎない。

『倭人伝』が対馬国について「良田なく、海物を食らいて自活し、船に乗りて南北に市《し》糴《てき》す」と言い、一支国については「やや田地あるも、田を耕してなお食らうに足らず、また南北に市糴す」と言っているように、対馬・壱岐《いき》の住民はいつの時代でも、朝鮮半島と北九州を結ぶ貿易活動によって生計を立ててきた。

今の釜山市の地は、もともとそうした渡来日本人の聚落のあった所である。十三、四世紀を通じて半島の沿岸は倭寇に苦しめられた。それを平定した将軍が李成桂《りせいけい》で、一三九二年にそれまでの高麗王朝に代わって朝鮮王朝を建てた。これが李朝の太祖である。太祖は倭寇の再発を防ぐための安全弁として、日本人が貿易に来ることを許可したが、そのおかげでやがて半島の海岸に安住する者が出てきて、十五世紀に入ると三浦《サムポ》と呼ばれる三つの指定居住地区が発達し、居留民は「恒居倭戸《こうきよわこ》」と呼ばれた。その一つの釜山浦が、一八七九年、日本の明治政府の要請で開港場となり、現在のような大都市に成長したわけである。

半島と日本がそれぞれ統一国家になってからでもこの通りなのだから、まして国境の観念すらまだ存在しない三世紀という時代に、対馬国・一支国から渡って来る倭人が、洛東江口のあたりに聚落を作らないほうが不思議であろう。

ついでに言うが、韓国側の陸地では、対馬にもっとも近いのは巨済《コジェ》島で、金海《クムヘ》からでも固城《コソン》からでも、対馬に向かう船は巨済島の沖を通る。金海は弁辰狗邪国、固城は弁辰古《こ》資《し》弥《び》凍《とう》国、巨済島は弁辰瀆盧《とくろ》国の地だが、『韓伝』にはこの関係を「その瀆盧国は倭と界を接す」と表現している。

さて『倭人伝』で、対馬国・一支国の次に置かれているのは、言うまでもなく北九州の海岸の末盧国・伊都国・奴国・不弥国の四つの国々だが、そのうち伊都国についてだけは「世々王あり、みな女王国に統属せらる」と記している。

この伊都国に居る王家は、すなわち紀元五七年に後漢の光武帝が立てて倭人の総元締めとした漢委奴国王の後裔であり、一八四年の黄巾の乱のショックで勢力を失って、邪馬台国の女王に服属するようになったものだろう。

実権こそ失ったが、旧倭国王家の二百年の伝統は、そう簡単には亡びはしない。伊都国は、三世紀になっても、「郡使の往来の常の駐《とど》まるところ」であり、旧倭国王家に代わって外交事務を担当する女王の総督がここに置かれ、同時に北九州の諸国を監視していた。それが『倭人伝』の「女王国より以北には、特に一大率を置き、諸国を検察せしめ、諸国はこれを畏憚《いたん》す。常に伊都国に治し、国中において刺史《しし》のごときことあり。王の使を遣わして京都・帯方郡・諸韓国に詣《いた》らしむる、および郡の倭国に使するや、みな津に臨みて捜露《そうろ》し、文書・賜遺《しい》の物を伝送して女王に詣らしめ、差錯《ささく》するを得ざらしむ」である。

この「一大率」を、魏のほうから任命した官吏だとする珍説があるようだが、それは漢文も読めなければ、後漢以来の東アジアの情勢も知らない人の言うことである。

伊都国・邪馬台国・狗奴国

さてこの九州の伊都国から、いよいよ女王の都に向かって出発する。「南のかた投馬国に至る、水行二十日……。南のかた邪馬台国に至る、水行十日、陸行一月」

前に説明したように、『倭人伝』の道里と方位は、二三九年当時の中国の政治上の都合から、邪馬台国をなるべく南方の台湾あたりへ持って行くように歪曲した宣伝文書から採ったものだから、ここの記述から分かることは、せいぜい北九州の海岸からかなりの距離を航行し、上陸して奥地に入ったところだ、という程度である。

だから日本列島の中なら、どこだろうが邪馬台国の候補地になり得ない所はないわけで、お望みとあらば北海道へでも沖縄へでも、それでも足りなければ千島、カムチャトカ、あるいは台湾、フィリピンへでも持って行かれるがよろしい。

しかし三世紀当時の倭人の造船・航海の技術の程度を考えると、そうそうやたらな所を邪馬台国に当てるわけにもいかない。当時の航海技術が幼稚で、朝鮮半島西岸回りの航路が危険だったことは、『倭人伝』の「持衰《じさい》」の記事がよく示してくれる。「その行来して海を渡り中国に詣《いた》るには、恒《つね》に一人をして、頭を梳《くしけず》らず、蟣蝨《しらみ》を去らず、衣服は垢《あか》つき汚れ、肉を食らわず、婦人に近づかず、喪人《そうじん》のごとくからしめ、これを名づけて持衰《じさい》と為す。もし行く者が吉善ならば、共にその生口・財物を顧《おく》る。もし疾病あり、暴君に遭《あ》わば、すなわちこれを殺さんと欲し、その持衰が謹《つつし》まずと謂《い》う」

そのような時代の倭人にとって、もっとも利用しやすい安全な交通路は、もちろん瀬戸内海航路であって、大阪湾から淀川を遡って琵琶湖に入れば、湖の北端からは敦賀《つるが》で日本海岸に出られるし、東岸からは伊勢湾に通じる。また実際にこの沿路が、昔も今も人口がもっとも多い。だから『倭人伝』で北九州の諸国より先にあることになっている邪馬台国は、瀬戸内海の沿岸のどこか、または畿内のどこかとしておく。

しかし畿内だとしても、邪馬台国は大和とは直接には結びつかない。前に説明したように、『日本書紀』のいわゆる大和朝廷は、古い伝承にあったものではなく、七世紀末の新しい発明であり、神武から応神に至る十六代の天皇・皇后も、ことごとく架空の人物なのだから、邪馬台がヤマトと音が似ているからといって、それだけで女王卑弥呼を後世の日本の皇室に血統の上で関係があるとするわけにはいかない。

そもそもヤマトとは「山外」の義であって、「河内《かふち》」に対して「山の向こうの辺境」を意味する。実際、大和より河内のほうが先に開けたのであって、『日本書紀』以前の古い伝承では、日本を統治した最古の王朝は、難波《なには》に都した仁徳天皇から清寧天皇に至る七代の、いわゆる河内王朝であった。

仁徳天皇の在位年代は、「倭の五王」との関係から見て、四世紀末と考えられるが、そのころ難波を中心とする河内平野が日本でもっとも開けた地方だったとすれば、三世紀の邪馬台国も河内のどこかに置いてもよかろう。ただしここで言う河内は、摂津《せっつ》・和泉《いづみ》をも含む。河内の三郡が和泉国として独立したのは七五七年、摂津《せっつ》職《しき》が国に改められたのは七九三年のことで、『日本書紀』が完成した七二〇年にはまだこの両国は存在していなかった。

ここで『倭人伝』にもどると、女王の都する邪馬台国よりさらに先の諸国として、斯《し》馬《ま》国から奴《な》国に至る二十一国の名が挙げてあり、女王の支配権が及ぶのはここまでであって、その向こうには別の男王を戴く狗奴《くな》国がある、と言っている。

この辺になると全く手がかりがないから、どうせ不可能な狗奴国の位置の比定はさっぱりとあきらめて、ただ『倭人伝』に名前の挙がっている三十国のうち、王を持つのは伊都《いと》国・邪馬台国・狗奴国の三つだけであることを注意しておく。

このことは『倭人伝』の「国」が、われわれの考えるような国家ではなく、むしろ都市を意味することを示しているが、その証拠に「国々に市あり、有無を交易し、大倭をしてこれを監せしむ」という文句があって、ちょうど十三世紀のブルネイ王国やミンドロ島のマイト国のように、原住民の有力者の監督・保護下に、外国商人と原住民が交易を行う市場を中心として発達した都市が「国」であることが分かる。

中国語では「国」は「郭」と同音で、本来は城郭都市のことである。『韓伝』でも同じ意味で使われていて、辰韓十二国は辰王、弁辰十二国は弁辰王に属していた。ただし馬韓の五十余国には城郭がなく、王もない。倭人の三十国に三人の王があるのは、辰韓・弁辰に近いが、『倭人伝』で城郭に触れる個所は、女王卑弥呼の「居処の宮室には、楼観《りっぱ》・城柵が厳に設けられ、常に人ありて兵を持ちて守衛す」だけである。倭人の諸国は、馬韓と同様、中国式の城郭都市ではなかったらしい。

「謎の四世紀」

『倭人伝』によると、魏と倭の交渉の歴史は次のようになっている。

二三九年、倭の女王の使の大夫難升米《たいふなんしょうべい》・次使の都市牛利《としぎゅうり》が魏に朝貢した。

二四〇年、魏の帯方太守弓遵《きゅうじゅん》が建中校尉梯儁《ていしゅん》らを遣わし、前年に出された女王あての詔書と「親魏倭王」の金印・紫綬をとどけさせた。一行は女王からの謝恩の表を持ち帰った。

二四三年、倭の女王の使の大夫伊声耆《いせいき》、掖邪狗《えきやく》らが魏に朝貢した。

二四五年、魏は難升米に黄幢《おうどう》を与えることとし、帯方郡に命じてとどけさせることにした。これはこの前年に始まった。高句麗・濊・韓に対する大規模な平定作戦の一環だったので、難升米が倭国の本当の実力者だったことを示している。しかし帯方太守弓遵は馬韓と戦って殺され、難升米あての詔書と黄幢は帯方郡に留められた。

二四七年、新帯方太守王頎《おうき》が着任した。倭の女王の使の倭載斯烏越《わさいしうえつ》らが帯方郡に来て、卑弥呼と狗奴国の男王との戦争について報告した。王頎は塞曹掾史張政《さいそうえんしちょうせい》らを遣わし、詔書と黄幢を難升米にとどけさせるとともに、自分から卑弥呼にあてた手紙（檄《げき》）を持たせてやった。ところが張政らが邪馬台国に到着する前に卑弥呼は死に、後継者をめぐって内紛が起こり、多数の犠牲者を出したあげく、卑弥呼の一族の台与《だいよ》という十三歳の少女を女王に選出して、やっと落着した。張政らは、王頎からの手紙を台与に渡して使命を果たした。新女王は掖邪狗らを遣わして張政らを帯方郡まで送らせ、掖邪狗らはその足で洛陽まで行って朝貢を行った。

ここまでが『倭人伝』に記された事実だが、倭人の朝貢は二四七年で終わったのではない。翌々二四九年が、前に言った、司馬懿《しばい》がクーデターに成功して魏の全権を握った年である。さらに二年後、二五一年には司馬懿が七十三歳で死んで、長男の司馬師《し》が政権を引き継いだが、わずか四年で病死して、その弟の司馬昭《しょう》が代わって魏の実権を握った。

『晋書《しんじょ》』の「四夷列伝《しいれつでん》」の「倭人」の項には、「宣帝《せんてい》の公孫氏《こうそんし》を平らぐるや、その女王は使を遣わして帯方に至りて朝見《ちょうけん》せしむ。その後、貢聘《こうへい》は絶えず。文帝の相《しょう》と作《な》るにおよび、またしばしば至る。泰始《たいし》の初め、使を遣わし訳を重ねて入貢《にゅうこう》す」と言っている。

宣帝は司馬懿、文帝は司馬昭のことだから、司馬昭の在位した二五五～二六五年の間にも、倭国の朝貢は何度もあったことになるが、『三国志』の「魏書」の「三少帝紀《さんしょうていき》」には、関係の記事はいっさい見当たらない。これは『三国志』の著者の陳寿の方針として、政治上の意義の少ない事項をなるべく削ったからである。

二六五年に司馬昭が死ぬと、その後を継いだ息子の司馬炎《えん》（武帝）は、その年末に魏の最後の皇帝を廃位して、正式に皇帝の位に即き、晋朝を開いた。その翌年、二六六年の冬に、倭人が方物を献じたことが『晋書』の「武帝紀」に見えている。これが「四夷列伝」にいう泰始の初めの入貢だが、『日本書紀』の「神功皇后紀」に引用された『晋《しん》起居注《ききょちゅう》』という史料によると、これは倭の女王の使であった。台与の即位から十九年になる。

この二六六年の朝貢が、武帝の即位と晋朝の創立を祝うためのものだったことは言うまでもなく、晋の方でもこれを新皇帝の徳化が早くも遠夷に及んだ証拠として大いに歓迎した。ことに倭の女王にとって、武帝はその祖父の代からの深い縁がある相手だから、晋朝の中国と倭の女王国の交渉は、これから後も頻繁でなければならないはずである。

ところが不思議なことに、次に倭国の朝貢が記録されるのは四一三年で、その間に実に百五十年近い空白がある。そのため「謎の四世紀」などと言われて、ここで何が倭国に起こったのか、いろいろの臆測が入り乱れることになるのだが、これは大した謎ではない。『晋書』の編纂方針の結果である。

晋朝は、帝室の創業の地である東北辺境に特に力を入れ、二七一年、衛瓘《えいかん》という将軍を総司令官（征北大将軍・都督幽州諸軍事・幽州刺史・護烏桓《うがん》校尉）として北京に派遣し、この方面の防衛を担当させた。『晋書』の「帝紀」を見ると、衛瓘の在任期間の二七一〜二七八年から、東夷《とうい》の諸国との交渉の記事が目立って多くなっているが、いずれも国名は省略して、国数の総計だけ書いてある。交渉の内容は「帰化《きか》」「内附《ないふ》」「来献《らいけん》」「朝献《ちょうけん》」「朝貢《ちょうこう》」などと、表現はさまざまだが、要するに晋朝の皇帝に対する親善友好の意志の表明であることには変わりはない。

次にこれをまとめて示す。

二七六年　東夷八国　東夷十七国

二七七年　東夷三国
二七八年　東夷六国　東夷九国
二八〇年　東夷十国　東夷二十国
二八一年　東夷五国　東夷五国
二八二年　東夷二十九国
二八六年　東夷十一国　馬韓等十一国
二八七年　東夷二国
二八八年　東夷七国
二八九年　東夷十一国　東夷絶遠三十余国
二九〇年　東夷七国
二九一年　東夷十七国

こうした「帝紀」の記載を「四夷列伝」と突き合わせて見ると、二七七、二七八、二八七、二八九、二九〇年の諸国には馬韓、二八〇、二八一、二八六年のには馬韓と辰韓が含まれていることが分かる。しかし東夷は馬韓・辰韓だけではないから「帝紀」で一まとめに「東夷」と書かれてしまった諸国の中には、倭国も入っていたと考えてよい。

ところでこうした東夷の内附や朝貢の記事は、二九一年を最後として、ぱったりと『晋書』の「帝紀」に現れなくなる。これは別に朝鮮半島や日本列島に異変が起こったからではない。原因は全く中国側にあって、この年に洛陽の宮廷で起こったクーデターをきっかけに、晋朝が急激な自壊作用を起こし、破壊への道を突っ走りはじめたからである。

楽浪・帯方の滅亡

晋の武帝は二八〇年、江南の呉《ご》を征服して、黄巾《こうきん》の乱以来ほとんど百年ぶりに、中国の再統一を成しとげた。しかし人口の激減した中国の社会は様子がすっかり変わって、一面の荒野にもどった華北の農耕地帯では、大都市の周辺でわずかに生き残った農民は、現代中国の人民公社と同じシステムの「屯田《とんでん》」という集団農場に編成されて食糧の確保のために働き、これを監督する地方行政官は、同時に地方軍部隊の司令官でもあって、民政と軍事の権限を一身に兼ねた。

これを始めたのは魏の曹操《そうそう》で、あくまでも非常事態を乗り切るための臨時の制度だったが、それが百年間も続いた結果、いざ再統一が出来ても、土着化した軍隊の勢力はあまりにも強く、洛陽《らくよう》の晋の中央政府は大いに苦労せねばならなかった。

それでも晋朝の帝室が安定してさえいれば、時間をかけて徐々に地方軍を骨抜きにし、中央に実権を回収して行くことは十分に可能だった。ところが不幸にして、中国の再統一からわずかに十年、二九〇年に武帝は死に、後を継いだ次男の恵帝《けいてい》は、頭もよくなければ気も弱かった。

恵帝の母の楊《よう》皇后は武帝に先立って死に、その遺言に従って武帝は皇后の叔父の楊駿《ようしゅん》の娘を二人目の皇后に立てていた。武帝の死とともに、この第二の楊皇后が皇太后になり、楊駿が皇太后の父として政府の全権を握る独裁者となった。

しかしかんじんの楊太后と恵帝との生《な》さぬ仲のうえに、恵帝には賈《か》皇后という気の強い有能な妻がついていて、嫁と姑の折り合いが悪く、ついに翌二九一年、賈皇后は地方から軍隊を上京させてクーデターを打ち、楊駿とその一党をことごとく殺し、楊太后を廃位して、賈氏の一族の手に実権を奪い取った。ここらあたり、プロレタリアート文化大革命での江青《こうせい》の役どころである。

張華《ちょうか》はそれまで実権派に冷や飯を食わされていたが、賈皇后は彼が有能でしかも自分の党派を持たないのを見こんで、混乱の収拾に起用し、張華は周恩来《しゅうおんらい》よろしく、どうにかこうにかバランスを取って新政権を数年のあいだ安定させることに成功した。

しかしこれは束の間の平和に過ぎず、地方軍の機嫌を取りすぎた結果、三〇〇年に第二のクーデターが起こって、賈皇后とその一族は張華ともども殺されてしまい、あとはそれぞれ皇族を押し立てた地方軍が、中央の実権を奪い合って、入り乱れる内戦となって、洛陽は荒廃し、中央政府はまたもや事実上消滅した。これが「八王《はちおう》の乱」である。

この無政府状態に乗じて、外人部隊が活動を始める。もともと曹操以来の中国政府の政策は、過少になった人口を補うために、北方の辺境の狩猟民や遊牧民を華北に移住させ、騎兵隊に編成して戦争に使うことであった。これはローマの軍団に、ゲルマン族やケルト族出身の下士官や兵士が多かったのに似ている。

そうした中国内地の騎馬民族のなかでも、移住の歴史も古く、人口も多かったのは匈《きょう》奴《ど》族で、山西《さんせい》高地からオルドス草原、陰山《いんざん》山脈にかけて住み、五部族に編成されて中国人将校の監督下にあった。その王族の一人の劉淵《りゅうえん》は中国式の教養を身につけた文化人で、また有能な軍人の素質もあり、洛陽に人質に行っていた時に司馬昭にも武帝にも認められたほどだった。

この劉淵のような人物としては、ヨーロッパ史にはゲルマン人の解放者アルミニウスがある。アルミニウスはゲルマンのケルスキ部族の酋長で、ローマで教育を受け、騎士の位を授けられて、ローマ軍の将校として勤務していたが、二十五歳の時に指揮下のケルスキ部隊とともに帰郷して、当時のローマのゲルマニア駐屯軍司令官ワルスがゲルマン文化を見下した態度を取るのに憤慨を覚え、他のゲルマン人の酋長たちと共謀して、紀元九年、トイトブルクの森に誘い出したワルスとローマ軍三個軍団二万七千人を撃滅した。このトイトブルクの戦は、ローマ帝国がライン河以東に伸びようとした意図を粉砕してヨーロッパ史の流れを変え、やがてゲルマン的なドイツとラテン化したフランスの対立が起こる原因になった。

中国化した匈奴族の酋長である劉淵にとってのトイトブルクの森は、三一一年の洛陽の占領である。もっとも匈奴軍がこれに成功する前年に劉淵は死んだのだが、とにかく彼の活動が百年をこえる「五胡十六国《ごこじゅうろくこく》の乱」、さらに二百年続くことになる南北朝の対立を引き起こしたことには変わりなく、このために実に三世紀にわたって統一中国の勢力が東方に及ばなかった結果、百済《ひゃくさい》・新羅《しんら》・日本がそれぞれ独立王国として成長するわけである。

劉淵は三〇四年、八王の乱に乗じて晋から独立を宣言し、山西に漢国を建てた。その子の劉聡《りゅうそう》のとき、三一一年に匈奴軍は晋の都の洛陽を攻め落として晋の懐帝《かいてい》を捕らえ、三一六年には陝西《せんせい》の西安を占領して、この地にあった晋の残存勢力を一掃した。あとに残ったのは、江南に亡命した晋の皇族が南京に作った東晋《とうしん》朝だけで、名目だけの中国皇帝である。

このころ東北方面で大きな勢力を持っていたのは、やはり劉淵と同じように中国化した遊牧民の酋長だった慕容廆《ぼようかい》である。彼は遼寧省の西部の山地の鮮卑《せんぴ》族で、晋の東北国境方面軍総司令官（安北将軍）時代の張華に認められ、いまに大物になるだろうと言われたといい、中国人に評判がよかった。洛陽の陥落と時を同じくして、晋の遼東郡も大混乱に陥り、事実上、慕容廆の保護なしでは存続できない状況であった。

このころ楽浪・帯方二郡の地には、張統《ちょうとう》という将軍が居て、中鮮国境の山地の高句麗王乙弗利《いつふつり》（美川王）と連年戦っていたが、洛陽の陥落の衝撃で希望を失った張統は、三一三年、二郡の地を放棄して、部下の千余家とともに慕容廆のもとに亡命した。慕容廆のもとには、ほかにも華北の各地から避難して来た亡命中国人が多かったが、彼等はそれぞれ出身地方別に都市を作って定住した。張統のためには楽浪郡という都市が遼西に建設され、張統はその太守に任ぜられた。これがいわゆる楽浪・帯方の滅亡である。

高句麗と百済

張統が退去したあとの北朝鮮では、高句麗王国が進出して、大同江の流域に残留した中国人を支配した。ところが三一九年に慕容廆が遼東郡を併合して東方に進出して来たので、高句麗のそれ以上の発展にはストップがかかった。

慕容廆は南京の東晋朝と同盟し、その年号を使っていたが、自分に燕《えん》王の称号を与えてくれるよう東晋と交渉中、三三三年に死んだ。このとき遼東に駐在して、高句麗に対する防衛を担当していた息子の慕容仁《ぼようじん》は、兄の慕容皝《こう》が父の後を継ぐと、遼東を率いて兄から独立した。慕容皝は討伐軍をさし向けたが大敗し、参謀長（司馬）の佟寿《とうじゅ》は、かつて慕容仁の参謀だったので、慕容仁に寝返った。

その三年後、三三六年の早春、慕容皝は軍を率いて、凍結した勃海湾の氷を踏んで遼東に奇襲上陸を行い、慕容仁を捕らえて殺し、遼東を平定した。佟寿は高句麗に亡命した。

国内の統一を回復した慕容皝は、三三七年、正式に燕王の位に即いた。これが前燕《ぜんえん》であって、これから次第に河北・山東・河南へと進出し、三六五年には洛陽を東晋の手から奪うのである。

東方に対してはどうだったかと言うと、慕容皝は三四二年、大軍をもって高句麗を攻め、中鮮国境の通溝にあった高句麗の王都丸都城《がんと》を陥れた。高句麗王釗《しょう》（故国原王）は逃走した。その母と妻は燕軍の捕虜となった。燕軍は高句麗王の父の美川王《びせん》の墓をあばいて屍《しかばね》を持ち去り、宮殿は焼き払われ、丸都城は破壊され、王室の秘宝と男女五万余人は燕の都の龍城《りゅうじょう》（朝陽）に移された。

この作戦で高句麗が大打撃を受けたことはもちろんだが、それでも大同江の流域は前燕の支配下に入ったわけではないらしい。その証拠に、平安南道から黄海道にかけて発見されるこの時代の墓には、玄室の内壁の煉瓦《れんが》に銘を刻んだものがあるが、そのうちには三四三年を「建武九年」、三五〇年を「建武十六年」と記すものがある。建武とは、前燕と中原の覇権を争った後趙《こうちょう》王石虎《せきこ》の年号だから、これは北朝鮮が前燕ではなく、それと敵対した高句麗の手にあったことを示している。ただし石虎はすでに前年の三四九年に死に、後趙は王位をめぐる内紛のために瓦解してしまっている。

しかしその間、一時的ではあるが、前燕の勢力が深く朝鮮半島に入ったことがあった

四世紀の中国と朝鮮

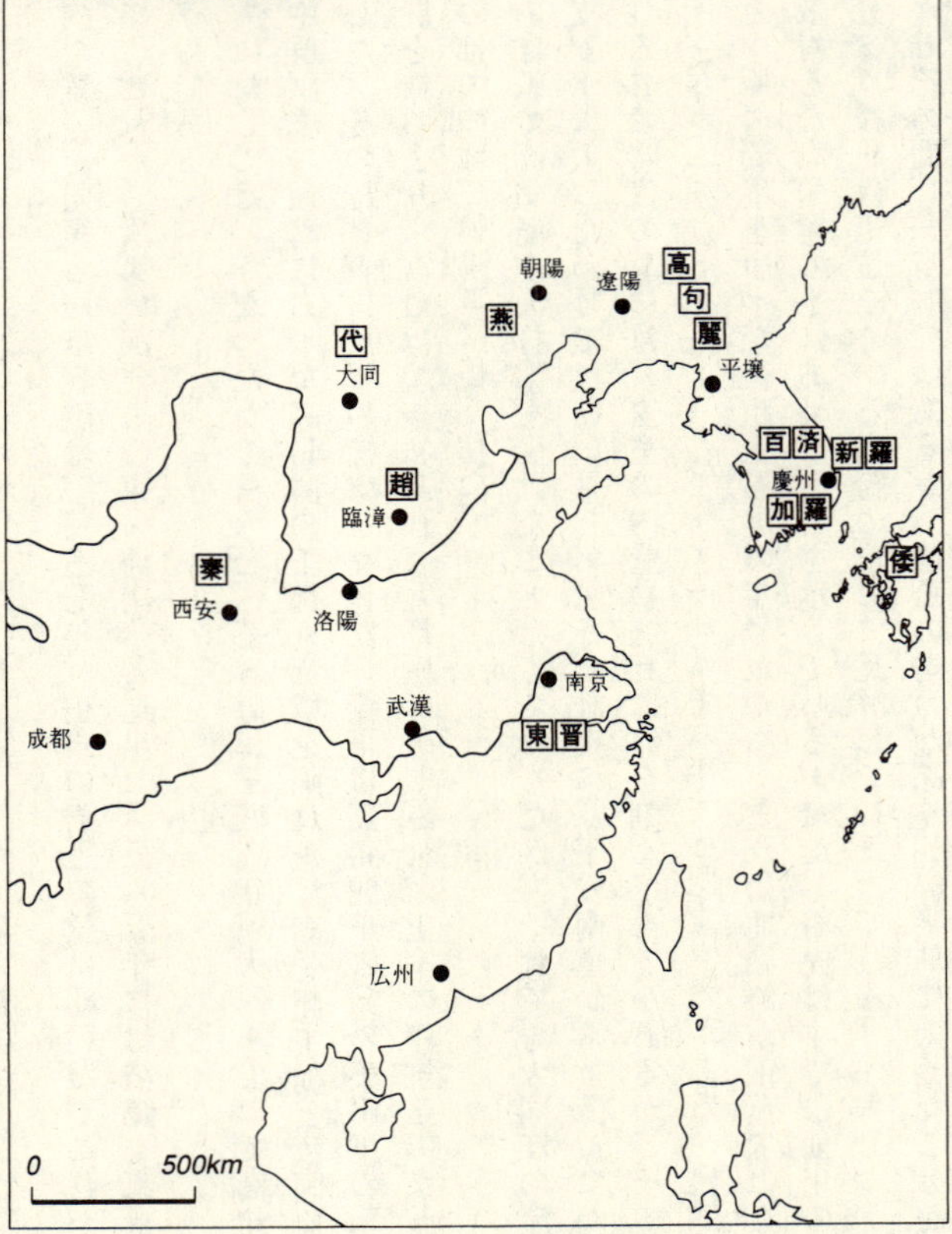

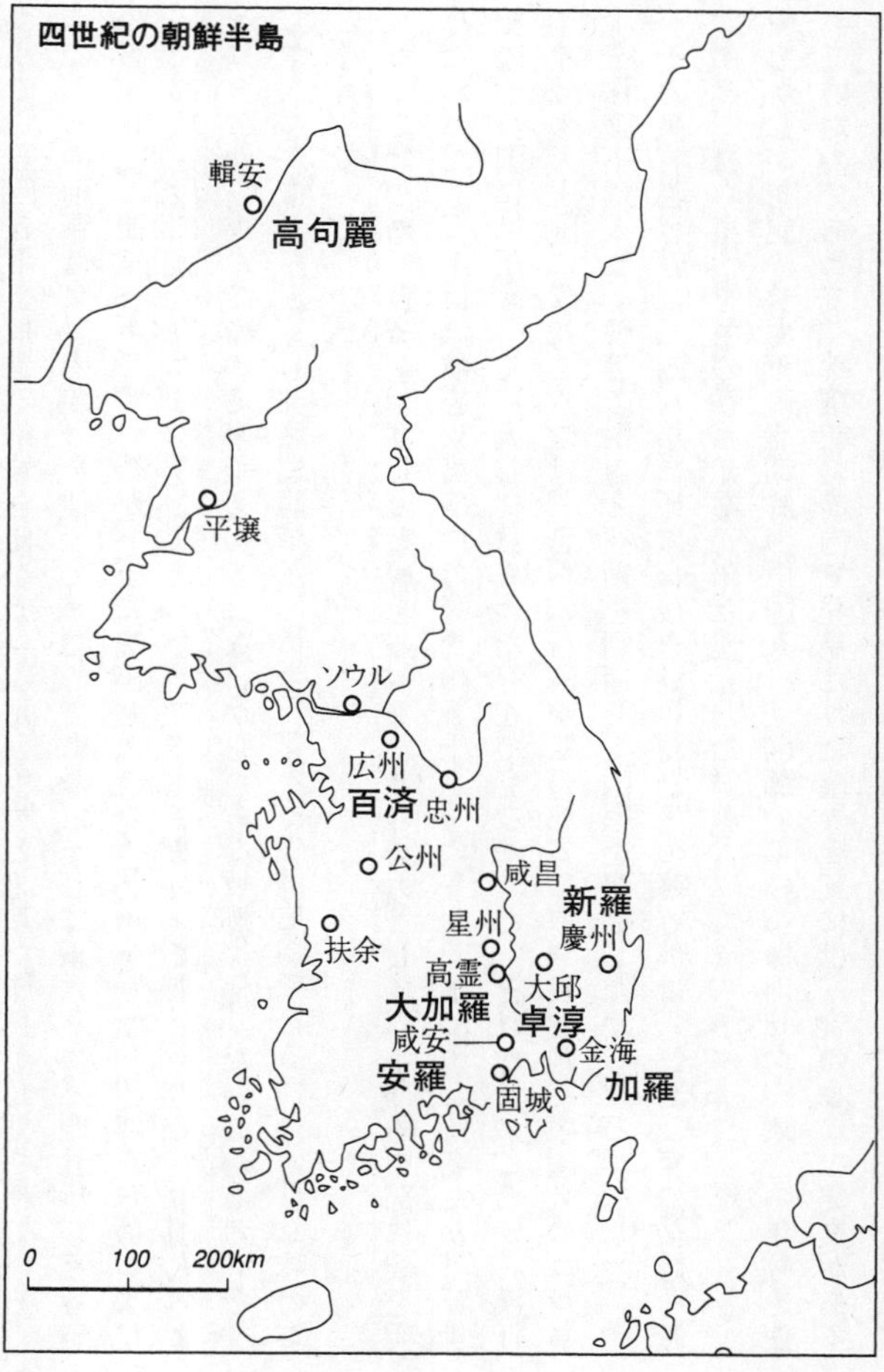
四世紀の朝鮮半島
輯安
高句麗
平壌
ソウル
広州
百済
忠州
公州
咸昌
新羅
星州
慶州
扶余
高霊
大邱
大加羅
卓淳
咸安
金海
安羅
加羅
固城
0
100
200km

ようで、三四五年を東晋の年号を使って「建元三年」と記した煉瓦が発見されている。このころの前燕は東晋の年号を使っていたのである。そして正にその三四五年、慕容皝の書記官長（記室参軍）の封裕《ほうゆう》が、王に提出した意見書の中で、「高句麗・百済および宇《う》文《ぶん》部族・段《だん》部族の人々は、みな捕虜となって移住させられて来たもので、中国人のように自分から進んでやって来たものではないから、みな故郷に帰りたい心がある。そうした人々が十万戸近くも都城（龍城）に密集しているのは危険である」という意味のことを言っている。

ここではじめて百済《ひゃくさい》が、高句麗と肩を並べるほどの勢力として、半島の中部に姿を現したわけだ。百済は『魏志東夷伝』の、馬韓五十余国の一つの伯済《はくさい》国と同名だが、三世紀の伯済国には王もなく、大して目立った存在でもなかった。それがこのころから漢江下流域の大王国に成長するのは、恐らく百済がこの地方に取り残された中国人のコロニーを保護下に入れ、彼等の財力と技術を利用して国家を組織したからだろう。

その後、慕容皝は三四八年に死に、後を継いだ息子の慕容儁《ぼようしゅん》は、三五二年に後趙を滅ぼすと、自ら皇帝を名のり、元璽《げんじ》元年と建元した。

しかし高句麗の勢力下の北朝鮮の中国人は、前燕の年号を採用せず、東晋の年号を使っていたのであって、平壌駅の構内で発見された墓の煉瓦には、次のような銘文がある。

「永和九年三月十日、遼東・韓・玄菟《げんと》太守領佟利《とうり》造」

永和九年は三五三年のことで、この墓を作った佟利という人の肩書が「遼東・韓・玄菟太守領」だというのである。「領」の字は本来は「遼東」の上につくべきもので、任地に行かずに遠くから名目上の責任を負うことを意味するが、遼東郡も玄菟郡も実際は前燕に属するから、正に名目だけの肩書である。韓郡というものは知られていないが、これは高句麗が百済に対抗して馬韓の地の領有を主張したことを示すものである。それでも北朝鮮に対する高句麗の支配力はまだまだそれほど強いものではなく、土着の中国人たちはかなりの自治権を持っていたらしい。

一九四九年、朝鮮戦争の前年に、北朝鮮の黄海南道安《ア》岳《ナク》郡柳《ユ》雪里《ソルリ》、沙《サ》里院《リウオン》駅の近くで佟寿《とうじゅ》の墓が発見され、戦後の一九五八年になって朝鮮民主主義人民共和国科学院からその内容が『安岳第三号墳発掘報告』として刊行された。

この墓は玄室の内壁に描かれた面白い壁画で有名になったが、その一部分に次のように七行六十八字の銘文が墨で書いてあった。

「永和十三年十月戊子朔廿六日
癸丑、使持節都督諸軍事、
平東将軍、護撫夷校尉、楽浪
相、昌黎・玄菟・帯方太守、都
郷侯、幽州遼東平郭

□郷敬上里、冬寿、字
□安、年六十九、薨官」

永和十三年は三五七年だが、実は東晋では正月に改元して升平《しょうへい》元年と変わっている。「使持節」から「都郷侯」までは官位、「幽州」から「敬上里」までは本籍地であり、「冬寿《とうじゅ》」はもちろん三三六年に高句麗に亡命した佟寿であり、その二十一年後に六十九歳で在任中に死んで、この墓に葬られた、というのである。

この銘文が東晋の年号を使っていて、しかも高句麗王に一言も触れていないことは、北朝鮮の中国人コロニーが、まだ半独立の状態であり、前燕の圧迫を受けている高句麗には、半島に本格的に進出する余裕がなかったことを暗示するようである。

ついでに言うと、この安岳第三号墳は、一九五八年の発掘報告では、正しく冬寿の墓となっていたのが、その後いつの間にか高句麗の美川王乙弗利《いつふつり》の墓にされてしまい、壁画の冬寿夫妻の肖像も、美川王とその后ということになった。一九六五年に科学院が刊行した『朝鮮文化史』第二版ではそうなっていて、翌年の日本語版で言えば、上巻七六ページの冬寿夫妻の像の説明に、「墓壁に『永和十三年云々』の墨書銘がある。墓の主人公は美川王とされている」という奇妙な註記がある。

伝え聞くところによると、金日成主席の鶴の一声で、冬寿墓が美川王墓に変わったのだそうである。これが事実とすれば、平壌の金日成博物館から、朝鮮戦争に中国の抗美援朝志願軍が参戦した証拠をいっさい取り除いたといわれるほどの北朝鮮のことだ。金日成のお好きな「主体《チュチェ》」とやらで、半島に中国人が安住していた事実をかくすために、銘文の内容をすりかえてまで高句麗王の墓にしたがるのも無理はない。

七支刀の銘文

この冬寿の死と同じ三五七年、前燕の慕容儁《ぼようしゅん》は都を河北の鄴《ぎょう》(臨漳《りんしょう》)に移し、いよいよ本格的に中国の統一に乗り出そうとしたが、その矢先に病気になり、三六〇年に死んだ。息子の慕容暐《ぼようい》がわずか十一歳で帝位を継いだが、伯父の慕容恪《ぼようかく》・慕容垂《ぼようすい》らがよく輔佐したので、しばらくは順調で、三六五年には東晋を破って洛陽を占領した。しかしそれもつかの間、三六七年に慕容恪が死ぬと内紛が起こり、三六九年に慕容垂が前燕から陝西の前秦《ぜんしん》王苻《ふ》堅《けん》のもとに亡命するとともに前燕の命脈は尽き、翌三七〇年、前燕は前秦に滅ぼされ、百五十七郡・二百四十六万戸・九百九十九万人が前秦の支配下に入った。この前燕の末年になって、高句麗・百済・日本が同時に半島の歴史に登場するのである。

　大和の石上神宮《いそのかみじんぐう》に、七支刀《しちしとう》と呼ばれる、刃から六本の枝の出た奇抜な形の剣があって、東晋の太和四年、すなわち慕容垂の亡命の年である三六九年の日付が刃の表に刻まれ、裏には次の二十七字の銘文がある。

「先世以来、未有此刃、百済王世子、奇生聖晋、故為倭王旨造、伝示後世」

漢文の読みかたを知らない人はしようのないもので、これを「先世以来、いまだこの刃あらず。百済王の世子の奇生聖晋は、ことさらに倭王旨のために造り、後世に伝示す」などと読んで、「旨」という名前の倭王を発明し、これが何天皇に当たるのか、大騒ぎで論争しているようだが、まことにご苦労な話である。

この銘文の正しい読みかたは、「百済王世子は、聖なる晋の世に生まれ合わせたことをありがたく思い、それゆえに倭王のために命令して造らせ、後世の証拠とした」であり、三六九年に百済王世子と倭王の間に友好的な交渉があったことを示すだけのことである。「奇生聖晋」の、「奇」は「珍」であり、「めずらしい、ありがたい」の意味を持つ。また「為倭王旨造」の「旨」は「指」で、「指示、指令、指向、意向」を意味する。どちらも名前ではない。

三六九年当時の百済王は肖古《しょうこ》王であり、その世子は貴須《きしゅ》であった。その三年後の三七二年、東晋の簡文帝《かんぶんてい》の咸安《かんあん》二年六月に「使を遣わして百済王余句《よこう》を拝して鎮東将軍・領楽浪太守となす」と『晋書』の「帝紀」にあるが、この余句の「句」は肖古の「古」だし、姓のほうの「余」は「夫余《ふよ》」の省略である。

『三国史記』の「百済本紀」には、この余句に当たる近肖古王の時代のこととして、高句麗王斯由《しゆう》（釗《しょう》、故国原王）が三六九年に歩騎二万の兵を率いて南下して来たのを、百済王の太子（近仇首王）が雉壌《ちじょう》に迎え撃って破り、さらに三七一年には、高句麗の再度の侵攻を浿河《ばいが》のほとりで撃破して、王と太子は精兵三万をもって高句麗の平壌城を襲い、高句麗王を戦死させた、と記している。

前に言ったように、『三国史記』は二番煎じの書物だから、これだけではあまり当てにならないが、『魏書』の「百済列伝」には、百済王余慶《よけい》（蓋鹵《こうろ》王）が四七二年に北魏の孝文帝に送った手紙の文面を次のように引用している。

「臣と高句麗とは、源は夫余に出で、先世の時、篤《あつ》く旧款《きゅうかん》を崇《とうと》べり。その祖の釗は軽々しく隣好を廃し、親《みずか》ら士衆を率い、臣の境を陵践《りょうせん》す。臣の祖の須《しゅ》は旅を整えて電《でん》邁《まい》し、機に応じて馳撃《ちげき》し、矢石《しせき》しばらく交わりて、釗の首を梟斬《きょうざん》す。それより以来、敢《あ》えて南顧《なんこ》することなし……」

これによると、百済の王室が馬韓人ではなく、北満洲の夫余族の出身であり、同族の高句麗とは最初は仲が良かったこと、それが故国原王が南下して来て戦争となり、須、すなわち貴須がこれを破って故国原王を殺したことが分かる。

故国原王の戦死が三七一年であり、その翌年に東晋に使を送り、鎮東将軍・領楽浪太守の官職を受けた百済王が近肖古王の余句であるとすれば、百済軍の大勝利の主役の貴須は、そのときまだ百済王世子だったわけになる。

こうして軍事の実権を握っていた貴須が、三六九年に倭王との外交の主役でもあったことは自然である。

どうして百済の王室が夫余系になったのかという問題は、日本のいわゆる騎馬民族王朝説と関連するから、簡単に説明しておく。

『周書《しゅうじょ》』の「異域伝《いいきでん》」や『隋書《ずいしょ》』の「東夷伝《とういでん》」によると、百済の国都にはその始祖を祭る仇台廟《きゅうたいびょう》があったそうで、『周書』には「夫余の別種なり。仇台なる者あり、初めて帯方に国す」と言い、『隋書』には「仇台なる者あり、仁信に篤《あつ》く、始めてその国を帯方の故地に立つ。漢の遼東太守公孫度《こうそんたく》、女《むすめ》をもってこれに妻《めあわ》す。ようやくもって昌盛にして、東夷の強国となる」と言っている。『周書』も『隋書』も六三六年に出来た書物だから、そのころ忠清南道の扶余《プヨ》にあった百済の武王の宮廷では、始祖は二世紀末か三世紀初めに半島にやって来たことになっていたらしい。ところがこれは真っ赤な嘘で、帯方郡を置いたのは公孫度の息子の公孫康《こうそんこう》だから、そのころ帯方の地に建国できるはずがない。「帯方の故地」という表現からすれば、三一三年に張統が楽浪・帯方を離れ、二郡の地が高句麗の勢力下に入った後と考えられる。

このことと、四七二年の蓋鹵《こうろ》王の手紙から知られる、故国原王の南侵までは高句麗・百済の関係は極めて密接であったことを考え合わせると、仇台は高句麗の美川王が帯方郡の故地に派遣して、中国人の住民を監督させた軍隊の司令官で、三四二年の慕容皝《ぼようこう》の高句麗征伐で故国原王が大打撃を受けたのに乗じて独立したのだ、という結論になる。

『三国史記』では、三七一年の勝利のあと、近肖古王は都を慰礼《いれい》城から漢山に移したことになっているが、どちらも漢江の下流の広州のことだから、これは広州が三一三年まで帯方郡の司令部の所在地であり、それを百済王国が引き継いだことを示すようである。とにかく百済はそうして出来た国だが、その百済が三六九年になってにわかに高句麗と衝突したのは、三六七年の慕容恪《ぼようかく》の死を境に、前燕の高句麗に対する圧力が弱まり、そのおかげで西方正面から手を抜くことができた故国原王が、方向を転じて半島南部・日本列島に通ずる貿易ルートの制圧に乗り出したからであった。

三六九年の七支刀の銘文に表現された百済王世子貴須と無名の倭王との友好関係は、高句麗の南進という共通の脅威を前にして、両国が安全保障条約を結んだことを意味する。

新羅の登場

ところで『日本書紀』の「神功皇后紀」には、この三六九年に当たる年の前後にかけて、『百済記』という史料を利用して作ったとおぼしい一連の記事が載っている。その大意は、三六四年、百済王が日本に通じようとして、その使者が卓淳《とくじゅん》国（大邱《テグ》）に至ったが、卓淳人も道を知らなかったのでそのまま帰った。三六六年、日本の使者が卓淳に来たので、初めて連絡がつき、三六七年、百済王の使者が日本に朝貢した。同時に新羅の使者も来たが、道に迷った百済の朝貢使を新羅が抑留して貢ぎ物をすりかえたことが発覚した。そこで三六九年、日本・百済の連合軍は新羅を撃破し、洛東江渓谷の七国を平定し、さらに西に回って全羅南北道方面の諸国を征服して百済に与えた。日本の使者は百済の王都広州に至って百済王と盟約を結んだ。それから百済は毎年日本に朝貢し、三七二年には七枝刀一振り・七子鏡一枚など、種々の重宝を献じた。まずこんなところが粗筋である。

この『日本書紀』の記事は、一見いかにも三六九年の七支刀の銘文をめぐる国際情勢を伝えてくれているようだが、細かく見るとつじつまの合わないことだらけである。ことに三六四年当時、百済人はともかく卓淳人まで日本への道を知らないとは、『魏志東夷伝』に記された三世紀の実情からすればあり得ないことだし、道に迷った百済の朝貢使の貢ぎ物を新羅がすりかえて日本に持って来るというのも、全くのお伽話《とぎばなし》である。さらに三六九年の日本・百済連合軍の行動も、そこに出てくる人名や地名から見ると、ずっと後世の事実を繰り上げて書いたもののようである。

結局、『日本書紀』の記述の中で史実と認めてよいのは、三六九年に倭国使が百済の王都慰礼城（広州）に至り、百済王と同盟条約を結んだ、という一点だけになるわけで、いわゆる任那《みまな》日本府がこの年に始まる、などとはとても考えられない。

この時に百済と同盟した倭王が誰だったかはしばらくお預けにして、三七一年の戦から後の情勢を見ると、さっき言った通り、翌三七二年には百済の肖古王が東晋に使を送って朝貢し、その返礼として東晋使が百済を訪問して、王に鎮東将軍・領楽浪太守の官職を授けている。

これは三七〇年に前燕を滅ぼして華北を統一した前秦の巨大な実力におびやかされた両国の自衛策だったが、やがて前秦の支配権が安定し、最後に内モンゴルの大同に残った鮮卑《せんぴ》の拓跋《たくばつ》氏の代《だい》国が三七六年に前秦に併合されると、翌三七七年の春、高句麗と新羅の使者が前秦に朝貢した。これが新羅王国の初見である。

新羅は『魏志東夷伝』で辰韓十二国の一つに数えられた斯盧《しら》国で、今の慶州《キヨンジユ》であることは言うまでもないが、それが独立の王国として姿を現すのは、三六九年・三七一年の戦で高句麗の南進が挫折したあとなわけである。そして三八〇年、前秦の東北方面軍総司令官（征北将軍・幽州刺史）の苻洛《ふらく》が反乱を起こした時、苻洛は鮮卑・烏桓《うがん》・高句麗・百済・新羅・休忍《きゆうにん》の諸国から兵を徴しようとして拒絶されている。ここの「休忍」は「倭人」の誤写であろう。

この反乱は失敗してたちまち鎮圧され、三八二年には再び新羅使が前秦に朝貢した。『太平御覧』に引かれた車頻《しやひん》の『秦書《しんじよ》』という史料によると、これは新羅国王楼寒《ろうかん》の使者の衛頭《えいとう》というもので、苻堅《ふけん》から「お前が語る海東の事情は昔と同じではないが、なぜか」と問われて、衛頭は「中国でも時代の変革、名号の改易があるようなものです」と答えている。

楼寒という新羅国王の正体は分からないし、衛頭が語った海東の事情も伝わらないのは残念だが、とにかくこのころが新羅の建国時代だったことは窺える。そこで問題になるのが、百済・倭の同盟の間にはさまれた新羅の立場だが、ちょうどこの三八二年に当たる年に、『日本書紀』の「神功皇后紀」は、『百済記』を引用して、次のような話を伝えている。

この年、新羅が日本に朝貢しないので、日本は沙至比跪《さちひこ》を遣わしてこれを討たせた。ところがこの将軍は新羅の美女二人を受けて、かえって加羅《から》国を討った。加羅国王は一族・人民を連れて百済に亡命した。加羅国王の妹が日本に来てこのことを訴えたので、天皇は大いに怒り、木羅斤資《もくらこんし》を遣わして加羅国を再建させた。一説によると、沙至比跪は、天皇の怒りが解けないので、岩穴に入って死んだという。

この話も全体にお伽話めいて、どこまで信用できるやら心細い。恐らく『百済記』は、初めて日本と通じた肖古王の次の貴須王の時代にも、何か日本関係の記事を入れようとして、こうした話を作ったに過ぎない。これをもって、倭国がこのころ洛東江渓谷で軍事行動を起こした証拠とみるわけにはいかない。

広開土王と仁徳天皇

ここで話を中国にもどすと、前秦の苻堅は三八三年、大軍を動員して江南の東晋に総攻撃を加えようとしたが、いわゆる淝水《ひすい》の戦で総崩れとなり、前秦の華北統一はたちまち瓦解した。慕容垂《ぼようすい》は独立して翌三八四年、燕国を再興した。これが後燕《こうえん》である。

これまで前秦に抑えられて動きのとれなかった高句麗は、三八五年、中国の混乱に乗じて遼東・玄菟の二郡を占領したが、直ちに後燕軍が到着して奪還されてしまった。

こうした状況のうちに三九一年、高句麗の故国壌王《ここくじょう》が死んで広開土王が即位した。倭国の軍隊が半島で活動を開始したのはこの年である。

すなわち『広開土王碑』によると、「百残・新羅は、旧《もと》これ属民にして、由《よ》りて来りて朝貢せり。しかるに倭は辛卯の年（三九一）をもって来りて海を渡り、百残・□□・□羅を破り、もって臣民となす」ということで、これまで高句麗の友好国であった百済・新羅が、三九一年の倭国の介入によって、敵側の陣営に移ったのである。この倭国の行動は、後燕の圧力を受けている高句麗が対応できないことを見越したものであった。

ところが三九五年、後燕軍の主力は参合陂《さんごうは》の戦で北魏《ほくぎ》軍に粉砕され、後燕の勢力は急速に下り坂になる。まさにその翌年、高句麗は半島で巻き返しに出るのである。

『広開土王碑』によると、王は六年丙申（三九六）、躬《み》ずから水軍を率いて□残国を討ち、その国城に迫り、困逼《こんぴょく》した百残主は男女生口一千人・細布千匹を献出して、王に帰して自ら誓い、今より以後、永えに奴客《どきゃく》となろうといった。そこで大王はこれを恩赦し、五十八城・村六百を平定し、百残主の弟ならびに大臣十人を連れて軍を返した、という大勝利である。

広開土王はこの遠征で半島に覇権を確立しただけでなく、西方正面でも国境を遼河の線まで押し進めることに成功した。『梁書《りょうしょ》』の「諸夷伝《しょい》」によると、同じ三九六年に後燕の慕容垂が死ぬと、後を継いだ慕容宝《ぼようほう》は、高句麗王安《あん》（広開土王）に平州牧《へいしゅうぼく》の官職を与え、遼東・帯方二国王に封じたという。これは遼東郡の領有を承認したことを意味する。


今度は倭国が巻き返す番で、「九年己亥（三九九）、百残は誓に違い、倭と和通す。王は巡りて平穣に下るに、新羅は使を遣わして王に白《もう》して云《い》う『倭人はその国境に満ち、城池を潰破《かいは》し、奴客をもって民となす』と、王に帰して命を請う」となって、新羅は高句麗と、百済は倭国と、それぞれ主な敵の背後の勢力と手を結ぶパターンが現れて来る。

続いて「十年庚子（四〇〇）、教して歩騎五万を遣わし、往きて新羅を救わしむ。男居城より新羅城に至れば、倭はその中に満つ。官兵のまさに至るや、倭賊は退……。追いて任那加羅《みまなから》の従抜《じゅうばつ》城に至る。城はすなわち帰服す……。昔は新羅の□錦は、いまだ身ずから来りて朝貢せしことあらず……。□開土境好太王……朝貢せり。十四年甲辰（四〇四）、しかるに倭は不軌《ふき》にして、帯方の界に侵入……連船……平穣……。王の幢《どう》（軍旗）とあい遇い、要截《ようさい》して盪刺《とうし》す。倭寇は潰敗《かいはい》し、斬殺《ざんさつ》するもの無数なり。十七年丁未（四〇七）、教して歩騎五万を遣わし……合戦し、斬殺して湯尽《とうじん》す。獲るところの鎧甲《がいこう》は一万余領、軍資・器械は勝《あ》げて数うべからず」という。

この碑文には不思議と中国関係の記事がないが、どうやら百済、倭国は後燕と連絡を取っているらしく、高句麗軍が新羅の救援に南下した四〇〇年には、後燕の慕容盛《ぼようせい》が三万の兵をもってその背後を衝き、新城・南蘇《なんそ》の二城を抜き、境土を開くこと七百余里、五千余戸の民を連れ去ったし、さらに倭軍が帯方の界に侵入した四〇四年に引き続いて、後燕の慕容熙《ぼようき》は四〇五年、四〇六年と高句麗の遼東城・木底《もくてい》城を攻めている。

ところが高句麗にとって運のいいことに、四〇七年に後燕でクーデターが起こり、高《こう》雲《うん》という人が王位についたが、これは何と高句麗の王族の出身であった。広開土王と高雲はたちまち和解し、同盟者を失った百済と倭国は鳴りをひそめた。『広開土王碑』に、四〇七年の戦の後、四一二年の王の死に至るまで、半島方面について何ひとつ記してないのはそのためである。

ところで広開土王と、半島の覇権《はけん》を争った倭王こそ、『日本書紀』の仁徳天皇でなければならない。

その理由は、単純な年齢の計算である。四一三年に倭国の使が東晋に方物を献じたが、『梁書』の「諸夷伝」によると、これは倭王賛《さん》（讃《さん》、履中天皇）の使であった。それから讃・珍《ちん》（反正天皇）・済《さい》（允恭天皇）が次々と『宋書《そうじょ》』に現れ、済の息子で「新たに辺業を嗣いだ」倭王世子興《こう》（安康天皇）が、宋から安東将軍・倭国王を授けられたのが四六二年である。

済の死はその直前なわけだから、履中・反正・允恭三兄弟の在世年代は、四一〇年代の初めから四六〇年代の初めへかけての約五十年間ということになる。最年少の允恭天皇は、遅くとも四一〇年ごろまでには生まれていなければならない。かりに六十歳まで生きたものとすれば、四〇〇年ごろの誕生で、このころ父の仁徳天皇はまだ子どもを作れる年齢だったことになる。

仁徳天皇を三五〇年ごろの生まれとすれば、百済・倭の同盟の三六九年には十九歳、倭軍の最初の半島介入の三九一年には四十一歳、四一〇年には六十歳で、そう無理な年代でもない。允恭天皇は五十歳ぐらいの時に出来た息子になるだろう。

そういうわけで、四世紀後半に広開土王が高句麗を満洲・朝鮮にまたがる大王国に築き上げるのと並行して、日本列島では仁徳天皇が出現して、河内に新王朝を建て、最初の倭国大王となるのである。

第十章　日本の誕生

仁徳天皇の難波京建設

四世紀の後半に出現した初代の倭国大王は仁徳《にんとく》天皇だったが、『日本書紀』の「仁徳天皇紀」が伝えるその事跡を分析してみると、その中でもっとも本源的な部分は、河内《かふち》の国での土木事業に関する伝承であることが分かる。

すなわち、菟道《うぢ》の稚郎子《わきいらつこ》太子・八田皇女・雌鳥《めとり》皇女など、架空の人物を主人公とする物語や、七世紀の宮廷の舞楽から作られたらしい磐之媛《いはのひめ》皇后の嫉妬の歌物語や、氏族・部族の起源説話など、新しい創作の部分を取り除いてしまうと、後に残るのは、創業の君主としての仁徳天皇の面目を示す、次のような記事だけになる。

まず「仁徳天皇紀」は、三年のあいだ課役《かえき》を免除して民を富ましたという、有名な聖帝の物語を記すが、これは天皇の王宮である、難波《なには》の高津《たかつ》の宮の造営の由来を語るものであり、それに続けて、天皇が群臣に告げた言葉を、次のように記している。

「今、朕《わたし》がこの国を視ると、郊沢《こうたく》は曠遠《こうえん》で、田圃《でんぽ》は少なく乏しい。かつ河水が横逝《おうせい》して、流末《りゅうまつ》が駃《はや》くないので、いささか霖雨《ながあめ》に逢ったり、海潮が逆上したりすれば、巷里《こうり》は船に乗り、道路もまた泥になる。故に群臣は共に視て、横源《おうげん》を決して海に通じ、逆流を塞《ふさ》いで田宅《でんたく》を全うせよ」

古代の河内の中央部は広大な淡水湖で、これに淀川が北から、大和《やまと》川が南から流れこんでいた。この湖水は、三国《みくに》の今の神崎《かんざき》川のあたりで大阪湾に開いていたが、土砂の堆積のために、排水は極めて悪く、淀川、大和川が増水したり、高潮で海水が逆流したりすれば、いったん上昇した湖面はなかなか下らず、沿岸の住民は常に水害に苦しんだ。仁徳天皇はこの問題を解決しようというのである。「仁徳天皇紀」は、これに続けて、次のような土木工事を伝えている。

宮北の郊原を掘って、南水（河内湖）を引いて西海（大阪湾）に入れた。よってその水を呼んで堀江《ほりえ》と言った。

また北河（淀川）の溢水を防ぐために、茨田《まむた》の堤を築いた。

横野《よこの》の堤を築いた。

猪甘《ゐかひ》の津に橋を作り、その地を呼んで小橋《をばし》と言った。

大道を京中に作り、南門からまっすぐに丹比《たぢひ》の邑に至った。

大溝を感玖《こむく》に掘り、石河（石川）の水を引いて、上鈴鹿・下鈴鹿・上豊浦・下豊浦の四所の郊原を灌漑し、四万余頃《けい》の田を開墾した。

河内の石津《いしつ》の百舌《も》鳥耳原《ずのみみはら》に陵を築いた。

以上の記事の中間に、山城の栗隈《くるくま》県に大溝を掘ったことと、大和の和珥《わに》の池を作ったことを記すが、この二個条は「推古天皇紀」にも重出するから、仁徳天皇の事業からは除外したほうがいい。すると以上はすべて河内で起こったことになる。

こうした大規模な土木工事が、実際には何を意味したかというと、これらは戦略上の要地として難波京の建設と、そのための補給基地としての南河内の開発とに分かれる。

当時の難波の地は、東側の河内湖と西側の大阪湾とにはさまれて、南から北へ突き出した半島状の台地だったが、この上に造営された高津の宮のすぐ北を東西に掘り割って、湖の排水をよくし、同時に船の出入りに便利にしたのである。

この王宮の北を難波の堀江が東西に横断するという関係は、現在の大阪城の北を天満《てんま》川が流れているのと同じである。高津の宮は大阪城、堀江は天満川なのであろう。

さらに河道を安定させるために、淀川の南岸には茨田の堤、大和川の本流だった平野川の東岸には横野の堤が築かれた。また平野川が河内湖に注ぐ猪甘の津（猪飼野）の船着き場に小橋が架かり、水陸の交通の交叉点になった。

これによって、難波の堀江は、河内・大和・山城・近江にひろがる水路網の唯一の出入り口であり、また瀬戸内海へ、北九州へ、朝鮮半島へと延びる海上ルートの出発点でもあることになり、その堀江の上に王宮を構えた仁徳天皇は、居ながらにして日本列島を制圧する地位にあったわけである。

難波京の人口を支える食糧を調達するために、感玖や石津原など大和川の南の南河内に農園が開拓され、難波京から平野川の西岸に沿った街道が丹比に通じて、南河内と連絡したのであった。

こうした仁徳天皇の王権がどうして発生したものか、それ以前にどこか瀬戸内海の海岸から内陸に入ったところにあったらしい邪馬台国の女王の王権と何か関係があったものかどうかは、いっさい史料がないのだから、臆測してみても意味はない。むしろ問題なのは、これ以後の河内王朝の発展の方向である。

河内から大和へ

『日本書紀』によって、河内王朝の歴代の王陵を並べて見る。

仁徳天皇　百舌鳥《もず》野《の》陵（河内）
履中《りちゅう》天皇　百舌鳥耳原《もずのみみはら》陵（河内）
反正《はんぜい》天皇　耳原《みみはら》陵（河内）
允恭《いんぎょう》天皇　河内長野《ながの》原《はら》陵（河内）
安康《あんこう》天皇　菅原伏見《すがはらのふしみ》陵（大和）

雄略《ゆうりゃく》天皇　丹比高鷲原陵《たぢひのたかわしのはら》（河内）
清寧《せいねい》天皇　河内坂門原陵《さかとのはら》（河内）

安康天皇陵だけが大和にあるが、伝承によれば、この天皇は暗殺され、弟の雄略天皇が兄たちを殺して王位を取ったことになっている。安康天皇が大和の菅原に葬られたのは、もし事実とすれば、そうした流血の宮廷革命を経て即位した雄略天皇が、王国の政治・経済の中心である難波から、なるべく遠い辺境に前王の墓を持って行ったものと考えてよかろう。

つまり「倭の五王」、すなわち河内王朝の時代を通じて、本当の王都は難波にあったので、そこから大和川を遡《さかのぼ》って、「山外《やまと》」の奥地へと開拓が進んだものだろう。このことはまた、歴代の王の本名からもうかがえる。

仁徳天皇　オホサザキ
履中天皇　イザホワケ
反正天皇　ミツハワケ
允恭天皇　ヲアサツマ・ワクゴノスクネ
安康天皇　アナホ
雄略天皇　オホハツセ・ワカタケル
清寧天皇　シラカ・タケヒロクニオシ・ワカヤマトネコ

これらの名前のうち、少なくとも反正天皇のミツハワケが実際に生前に使われたことは、江田船山古墳から出土した鉄製の大刀の銘文によって確かめられる。すなわちその最初に「□□下獲□□歯大王世」とある「獲」は、反正天皇の王宮のあった丹比を表す「蝮」であり、「歯」はミツハの「ハ」だからである。

ところでこの七代の王名を見ると、最初の三代は「サザキ」「イザホ」「ミツハ」と、いかにも古風な人名らしい。ところが第四代の允恭天皇からあとは、「アサツマ」「アナホ」「ハツセ」と、大和の地名が続く。王子の名前が地名なのは、その土地で生まれたことを意味するが、朝嬬《あさづま》は葛城《かつらぎ》にあり、河内から見れば大和の入り口である。それに対して穴穂《あなほ》と泊瀬《はつせ》は大和の東部で、河内から見て奥地になる。

このことは、河内王朝の勢力が大和川を遡って、次第に大和の奥地まで及んだことを示している。ところが『日本書紀』の本文の書き方では、歴代の天皇の即位と死去の地は、大和東部の奥地の王宮が圧倒的に多く、王陵の所在地や王名が示す傾向とちょうど反対になっている。

仁徳天皇	難波高津《なにはのたかつ》宮	河内
履中天皇	磐余稚桜《いはれのわかざくら》宮	大和
反正天皇	丹比柴籬《たぢひのしばかき》宮	河内
允恭天皇	？	大和

安康天皇　石上穴穂宮《いそのかみのあなほ》　大和
雄略天皇　泊瀬朝倉宮《はつせのあさくら》　大和
清寧天皇　磐余甕栗宮《いはれのみかくり》　大和

このうち允恭天皇だけは、王宮の所在地が明記されていないが、「京城」の傍に耳成《みみなし》山と畝傍《うねび》山があったと言っているので、やはり大和の東部だったことになる。

ここで思い出していただきたいのだが、『日本書紀』は、古い伝承をただ集めて記録しただけのものではない。天武《てんむ》天皇・持統《じとう》天皇夫妻の政治上の立場を弁護することを使命とする、極めて偏向の強い書物である。わけても六七二年の壬申《じんしん》の乱で、近江の大津宮の大友《おほとも》皇子を打倒して、飛鳥《あすか》の浄御《きよみ》原《はら》宮に即位した天武天皇の行動は、『日本書紀』が正当化すべきことの随一だった。だから飛鳥の近所の大和東部に河内王朝の王宮が集中していたかのような記述も、どうもそのまま受け取るわけにはいかないのである。

そこでもう一度、『日本書紀』の記述を読み直すと、この時代の倭国大王は、それぞれいくつもの王宮を各地に持ち、決して一個所に腰をすえっぱなしではなかったことが分かってくる。たとえば「反正天皇紀」には、この天皇が「淡路《あはぢ》宮」で生まれたと書いてある。これは反正天皇の父の仁徳天皇の王宮が、難波の高津宮だけではなかったことの証拠である。

さらに隅田《すだ》八幡《はちまん》神社にある人物画像鏡の銘文には「意柴沙加《おしさか》宮」という王宮の名前が

見えている。この銘文の年紀の「癸未年《きび》」は四四三年だが、『宋書《そうじょ》』によると、これは倭王済《さい》、すなわち允恭天皇の使が南京の宋の朝廷を訪問した年である。そこで「允恭天皇紀」を見ると、この天皇の皇后は忍坂《おしさか》の大中姫《おほなかつひめ》といい、この人のために刑部《おしさかべ》を定めたと言っている。

してみると允恭天皇には忍坂宮という王宮があったわけだが、「允恭天皇紀」によると、天皇は皇后の妹の衣通郎姫《そとほしのいらつめ》を愛して、この人を藤原宮に置いたが、皇后が嫉妬したので、さらに河内に茅渟《ちぬ》宮を建て、また彼女のために藤原部を定めて、大和から茅渟へ頻繁に通ったという。そういうわけで允恭天皇は少なくとも三つの王宮を河内と大和に持ち、それぞれに王妃を住ませて直属の部民を管理させ、自分はその間を往復して暮らしたことになるが、この経営方式は、契丹《きったん》人やモンゴル人のものとよく似ている。

歴代の王宮

十世紀から十二世紀にかけて北アジアに遼《りよう》帝国を作った契丹人の場合は、歴代の皇帝はそれぞれ自分の私領として、オルドというものを設立した。オルドとは儀式用の大テントのことで、それぞれ専属の領民を持つ。草原の遊牧地帯の領民は家畜を飼って、肉や皮やフェルトや羊毛や乳製品をオルドに納入する。都市やその周辺の農園の領民は、商税を払い、穀物や生糸などを納入する。さらにオルドには直属の軍隊まであり、国家の中の国家ともいうべき独立経営の企業体だった。そして一度設立されたオルドは、皇帝の死後もずっと存続して、皇族の間で相続される財産になった。

十三、四世紀のモンゴル人の場合も同じである。チンギス・ハーンは、自分の領民を四つのオルドに分けて組織し、それぞれに一人の皇后を置いて統治させた。それ以後の歴代のハーンも、同じように自分のオルドを設立している。そしてカラコルムや北京に首都を定めてからも、ハーンは直属の親衛軍に囲まれて、オルドからオルドへと一年中移動していて、首都に滞在するのは冬の間だけだった。

こうしたオルドの組織は大へん永続性のあるもので、チンギス・ハーンの四大オルドは、一三六八年にモンゴル人の元朝が中国を失った後も存続して、オルドス部族となってチンギスの霊に奉仕を続け、一九六二年のチンギス・ハーン生誕八百周年には、中華人民共和国の内モンゴル自治区政府が、オルドスの地に新たにチンギス廟を建てたくらいである。

契丹人やモンゴル人は遊牧民だから、農耕民とちがって土地にはあまり執着がなく、支配の原則は属人主義で、彼等の皇帝のオルドも、領地よりは領民を本体として出来上がっていた。四、五世紀の日本の王朝は、遊牧民ではなかったが、その時代はまだ人口が少なく、土地はいくらでもあったから、支配の原則はやはり属人主義だったわけで、人間が最大の財産であり、王宮にはそれぞれ部《べ》の民がついていたのである。

つまり日本古代の王宮は、一種の財団法人だったのであって、契丹やモンゴルのオルド同様、日本の各地に出張所を持って多角経営を行い、また王の死後も長く存続した。一例を挙げれば、敏達《びだつ》天皇の息子で舒明《じょめい》天皇の父となった王子は押坂《おしさか》の彦人大兄《ひこひとおほえ》と呼ばれている。これは允恭天皇の忍坂宮が、百年以上あとの六世紀末にもまだ存続して、この王子に相続されたことを示している。

そこで『日本書紀』が記す歴代の王宮の所在地の問題にもどると、河内王朝の王は、それぞれ複数の王宮を持ってその間を巡回し、必要に応じて外国の使臣や商人の接見などのために首都の難波を訪れていたのであって、『日本書紀』はそうした王宮の中から、なるべく飛鳥に近いものを選んで、あたかも大和東部にパーマネントな政治の中心があったかのような印象を与えるように仕組んだだけのことである。

河内王朝に代わった播磨《はりま》王朝でも、同じような傾向が見える。まず王名で言うと、第一世代の飯豊《いひとよ》天皇・顕宗《けんぞう》天皇・仁賢《にんけん》天皇の本名は地名ではないが、次の世代の武烈《ぶれつ》天皇の本名は「ヲハツセ・ワカサザキ」になっていて、大和東部の泊瀬《はつせ》という地名は、王朝の最後の王の名前の中にはじめて登場する。

これは王陵の所在地でも同じで、ことごとく大和西部の葛城《かつらぎ》か、山を越えた河内側にある。

飯豊天皇　葛城埴口丘陵《かつらぎのはにくちのをか》　大和

顕宗天皇　傍丘磐杯丘《かたをかのいはつきのをか》陵　大和
仁賢天皇　埴生坂本《はにふのさかもと》陵　河内
武烈天皇　傍丘磐杯丘《かたをかのいはつきのをか》陵　大和

これで見ても、播磨王朝は前王朝と同様、西から大和に入って来たことがうかがわれる。ところが『日本書紀』の記す王宮の所在地は、またもや飛鳥に近い大和東部のものをわざわざ取り上げている。

飯豊天皇　忍海角刺《おしぬみのつのさし》宮　大和
顕宗天皇　近飛鳥八釣《ちかつあすかのやつり》宮　河内
仁賢天皇　石上広高《いそのかみのひろたか》宮　大和
武烈天皇　泊瀬列城《はつせのなみき》宮　大和

忍海は大和西部の葛城にあり、河内側の近飛鳥に近い。ところがその次は、大和東部の石上と泊瀬になっている。

しかし顕宗天皇の皇后は、難波《なには》の小野《をの》王となっていて、仁徳天皇以来の高津《たかつ》宮に居た人らしく、河内の重要性が播磨王朝になって減少したとは思われない。それに『日本書紀』の分註に引用された「或《あ》る本」によると、播磨には顕宗天皇の小郊《をの》宮・池野《いけの》宮、仁賢天皇の川村《かはむら》宮・縮見《しじみ》高野《たかの》宮があり、「その殿の柱は今に至るまでいまだ朽ちず」ということである。この事実から見ても、播磨王朝がそれほど大和べったりだったとも思えないので、仁賢天皇の石上広高宮、武烈天皇の泊瀬列城宮も、それぞれいくつもあった王宮のうちから、天武天皇の飛鳥京に近いものを選んだに過ぎまい。

高句麗の南進

さてその播磨王朝は、武烈天皇の死とともに断絶し、継体《けいたい》天皇の越前《えちぜん》王朝が登場する。その時期は五三一年であった。

今の『日本書紀』の「継体天皇紀」では、五三一年はこの天皇の即位の年ではなく、死去の年になっている。ところがこれは本来の形ではない。「継体天皇紀」の末尾の分註の説明によると、「或る本」には、五三四年が継体天皇の死去の年になっていたのだそうで、実際、継体天皇が臨終の床で後継者に指名したはずの安閑《あんかん》天皇は、「安閑天皇紀」では五三四年を元年としている。だから「継体天皇紀」の原形では、五三四年が死去の年になっていたに違いない。

ところで『日本書紀』の編者がこれに気軽に手を加えて、継体天皇の死を五三一年に繰り上げてしまったので、次の安閑天皇の即位との間に、説明のつかない二年間の空白が出来た。こうした矛盾を犯して平気でいることは、自分の定めた紀年を自分でもちっとも信用していなかった証拠である。だから五三四年という旧説だって、どうせ大した根拠があったわけでもあるまい。

「継体天皇紀」の分註の説明するところでは、『百済本記』という史料に、五三一年に日本の天皇の死を聞いたとあるのに従って、五三四年からこの年に繰り上げたのだそうで、問題の『百済本記』の文を次のように引用している。

太歳辛亥三月、軍は進みて安羅《あら》に至り、乞乇《こつとく》城に営す。この月、高麗はその王安《あん》を弑《しい》す。

また日本の天皇、及び太子・皇子はともに崩薨《ほうこう》せりと聞く。

これだけならまだいいのだが、あいにく『上宮聖徳法王帝説《じょうぐうしょうとくほうおうていせつ》』や『元興寺伽藍縁起《がんごうじがらんえんぎ》』が五三一年を欽明《きんめい》天皇の元年としていたりして、安閑・宣化《せんか》の二代の行きどころがなくなってしまう。そのうえ「宣化天皇紀」に、この天皇の陵に皇后橘《たちばな》皇女と孺子《わくご》を合葬したことが書いてあって、あわてて読めば天皇・皇后・皇子が同時に死んだようにも取れる。

そこでこのへんの紀年は、空想好きの紀年論者のかっこうの餌食になっていて、片や安閑・宣化、片や欽明の二つの政権が並行したのだという珍説を発明した人まであるほどだが、もともと『日本書紀』の紀年は当てにならず、『法王帝説』や『元興寺縁起』がそれより確かだという保証もない。欽明天皇の娘の推古《すいこ》天皇の治世のはずの六世紀末・七世紀初めでさえ、『隋書《ずいしょ》』によれば阿毎多利思比孤《あめたらしひこ》という男王の治世なくらいだから、それより六、七十年も前の紀年は、『帝説』や『縁起』のような怪しげな材料を頼りにどうひねくり回したところで、真相が明らかになる気遣いはない。それより『百済本記』の言うところをそのまま読み取るほうが先決である。天皇・太子・皇子が同時に死ねば、王朝が断絶するのが当たり前ではないか。

この年代のあたりで断絶した王朝といえば、播磨王朝をおいてほかにはない。だから五三一年に死んだ倭国大王は、武烈天皇と考えるのが一番自然である。

倭国で三つの王朝が交代する間に、朝鮮半島では何が起こっていたか。

四七二年に百済王余慶《よけい》（蓋鹵《こうろ》王）が北魏に送った手紙によると、北魏が四三六年に遼西の後燕王国を滅ぼし、最後の燕王馮弘《ふうこう》が高句麗に亡命して殺されてから、高句麗は南進を再開し、そのため三十余年間というもの、百済は連年の戦争に疲れ切っていた。だから百済は、三六九年以来の倭国との同盟を強化する必要があった。『日本書紀』の「雄略天皇紀」によると、百済の蓋鹵王は四六一年、弟の昆支《こんき》を、妊娠していた自分の妻と結婚させ、ともに日本の天皇のもとへ送った。その途中、筑紫《つくし》の各羅《かから》島で生まれた男の児に島君《せまきし》という名をつけて、国に送り返した。これが武寧《ぶねい》王である。昆支は日本に滞在して、五人の子どもが生まれた、という。

この話の出典は、『百済新撰』という書物だが、武寧王の誕生は一年早すぎるようである。公州宋山里《コンジュソンサルリ》で一九七一年に発見された武寧王陵の墓誌銘には「寧東大将軍百済斯《し》麻《ま》王」は、癸卯《きぼう》の年の五月七日に六十二歳で死んだとある。癸卯は五二三年だから、この年から数えて六十二年前は、四六二年であって四六一年ではない。恐らく四六一年は昆支が派遣された年であって、翌年に武寧王が筑紫で生まれたのであろう。

いずれにせよ、王弟ばかりか王妃まで外国に人質として送るというのは、まことに容易ならぬことで、百済の苦境のほどがうかがわれるし、また百済が倭国に求めたものが、単なる友好関係以上の何かであったことは確かである。

任那同盟

それが何であったかは、間もなく明らかになる。『日本書紀』の「雄略天皇紀」に引用された『百済記』によると、四七五年の冬、高句麗の大軍が、広州《クワンジュ》にあった百済の王都尉礼《いれい》城を攻め落とし、蓋鹵王・王后・王子らは全員、敵の手に没した、という。百済は錦江の渓谷まで後退して、公州に新しい王都を建設することになるが、その三年後の四七八年、倭王武、すなわち雄略《ゆうりやく》天皇は、宋に手紙を送って、次のように状況を説明している。

まず祖父の仁徳天皇以来、「東は毛人の五十五国を征し、西は衆夷の六十六国を服し、渡って海北の九十五国を平らげた」と言い、国内の統一と並行して、半島に武力介入を行っていたことを明らかにした後、自分は即位してから、百済経由で江南に通じようとし、何度も船を準備したが、高句麗が侵略的で「辺隷《へんれい》を掠抄《りやくしよう》し」、殺害をやめないので、なかなか実現できない。かつて允恭《いんぎょう》天皇はこれを怒って、大軍を派遣して高句麗を征伐しようとしたが、実行に至らずに死に、後を継いだ安康《あんこう》天皇も間もなく死んだ。今まさに父兄の遺志を継いで出兵しようとしている。大体そういった趣旨である。

ここで興味があるのは、高句麗の南侵のために倭王の「辺隷」が被害を受けるという表現である。「辺隷」は辺境の隷属民だから、半島にも倭王の領民が居たわけである。

いわゆる任那《みまな》日本府が何を意味するかは、うるさい議論のある問題だが、ごく大ざっぱに言って、半島にかなり多数の倭人が住み、従って倭王が半島に何らかの権益を持っていたことは否定できない。

『隋書』によると、七世紀の初めの百済国の人口は、新羅人・高句麗人・倭人の混合で、そのほかに中国人も居たと言い、また新羅・百済はみな倭を大国で珍物が多いとし、並びにこれを敬仰《けいこう》し、恒《つね》に使を通じて往来していたとも言っている。

しかしだからといって、半島の南部が倭王の直轄領だったとも思えない。四七八年に雄略天皇の使の朝貢を受けた宋の方では、天皇に使持節都督《しじせっとく》倭・新羅・任那・加羅・秦韓・慕韓六国諸事軍・安東大将軍・倭王の称号を与えた。これに対して百済王の称号は、使持節都督百済諸軍事・鎮東大将軍・百済王だから、少なくとも宋朝側が認定したところでは、百済と倭国の中間にある半島南部の諸小国に対しては、百済王でなく倭王が軍事上の監督権を持つことになっていたのである。

しかしこれは四七五年以前の百済・倭同盟のなごりに過ぎない。広州の陥落と百済の公州遷都によって、半島南部の力のバランスはすでに崩れてしまっていたので、現に倭王武が、あの長々しい肩書を宋朝から公認された翌年、四七九年には、宋朝に代わった南斉朝に、加羅《から》国王荷知《かち》の使が朝貢している。これは中国側が加羅を独立国と認定したことを意味するから、前年の倭王武の「使持節都督倭・新羅・任那・加羅・秦韓・慕韓六国諸軍事」が、早くも有名無実になってしまったことを物語る。

こうして倭国の半島介入の第一期（三九一～四七五年）は終わった。そこでいよいよ問題になるのが、いわゆる任那日本府の正体である。

実は任那と日本府とは別々のものである。任那というのは、三世紀の弁辰十二国連合の後身で、洛東江畔の聖地である伽倻山のふもとの高霊《コリヨン》の大加羅国に本部を置く、古代ギリシアの隣保同盟（アムフィクチュオニア）のようなものであり、これに加盟する諸国の範囲は、時代により情勢によってさまざまだったが、毎年正月に代表が集まって神を祭り、同盟国の間の問題を討議したのであった。

この任那同盟に派遣されていた倭王の代表部が、すなわちいわゆる日本府である。人口密度の希薄な当時の半島のことだから、日本府は倭人の集団を本国から連れて行って入植させ、農場を開拓して財源にする一方、彼等の間から兵士を出して軍隊をも編成した。つまり屯田兵である。こうした屯田基地が、任那の日本の県邑であり、「弥移居《みやけ》」

である。そこには倭人だけでなく、韓人も流れこんで雑居するようになり、混血のいわゆる韓子《からこ》が増えたばかりでなく、倭人の入植者も二世、三世となれば、言葉も風俗も半島化して、百済や新羅に仕えて傭兵として働いたり、官吏に昇進する者も出て来た。

それればかりでなく、高句麗領内にも倭人の集落があったらしく、三十八度線以北に密《ミ》波兮《バウィ》（三峴県）・于次《イッ》呑忽《トンコル》（五谷郡）・難隠別《ナナペル》（七重県）・徳頓忽《トトンコル》（十谷城県）という古い地名が残っている。これらはもともと高句麗の南進に対して百済の前線を守った倭軍の基地で、四七五年の百済の後退のため、高句麗の占領下にとり残されたのであろう。

秦人と漢人

ところで辰韓・弁辰の地は、早くから開けて馬韓よりずっと中国化していたし、古く倭国に流れこんだ華僑は、大部分がこの地方の出身だった。これがいわゆる秦人《はたびと》である。しかし四七五年に広州が陥落して、百済が公州に移って来ると、帯方郡の遺民である中国人も大量に南方へ避難し、安全な日本列島に流れこんだ。彼等がいわゆる漢人《あやひと》で、魏・晋時代の標準語だった河南方言を話す、新しいタイプの華僑だった。

こうして半島化した倭人の二世、三世、四世と、辰韓・弁辰に故郷を持ちながら倭国に根を下ろした秦人、それにかつての楽浪・帯方の中国人コロニーを通じて高句麗・百済の両方にチャンネルを持つ漢人——この三種類の人々が、倭国の政治・経済・文化を半島にしっかりと結びつけた。

　そして難波《なには》の港は、堀江《ほりえ》も湖も水面は船でぎっしりと蔽《おお》われ、波止場は、傭兵として任那へ出稼ぎに行く倭人たちや、縁故を頼って倭国へ働きに来た秦人の移民や、江南から山東半島・百済経由で仕入れた中国製品を運びこむ漢人の商人でごった返す。難波京の大道では、おりしも奥地の王宮から到着した倭国大王とその護衛兵の一行が、隊列を組んで高津《たかつ》宮の門をくぐり、それを倭人のお上りさんたちが、人垣を作り口をあんぐり開いて眺めている。さらに難波京の南門を出ると、そこは柵に囲まれた広大な市場で、中国人や倭人が、それぞれ反物や、金属製品や、穀物や、果物や、山菜や、猪肉、鹿肉、魚などを、足の踏み場もないほど地面にひろげ、声をからして客を呼び、食物を売る屋台店では、ほろ酔い機嫌の倭人の将校が、売り子の中国娘と軽口をたたき合う。まずそういった、今日の東南アジアの都市ならどこでも見られる風景だった。

　河内王朝・播磨王朝は、こうして繁栄する難波港を通じて、朝鮮半島から移民を呼び寄せては、倭国の各地の平野部に入植させ、次々と農場を開拓させた。「仁徳天皇紀」が叙述しているような大規模な土木工事の技術は、こうした移民が持ちこみ、これまで原住民の倭人では利用できなかった平野部の開墾を可能にしたのである。その結果、河内・大和・山城・近江などの畿内の諸国の人口は、大部分が秦人や漢人の移民で占められるようになった。

播磨王朝が五三一年に断絶して、越前王朝が興ったころ、半島では高句麗の勢力が衰えて、百済・新羅がともに強盛になり、その間にはさまれた洛東江渓谷の任那の諸国は次々と独立を失って、ついに五六二年にはことごとく新羅に併合されてしまった。こうして倭国の半島介入の第二期（四七五〜五六二年）は終わった。倭人系任那人のあるものは新羅の支配下に入り、あるものは百済に避難し、またあるものは倭国に逆流した。またこの五六二年を境として、倭国在住の秦人系華僑は、故郷から新たな移民を呼び寄せて人口を補給する道を断たれたので、倭人と混血して急速に土着化していった。

第三期（五六二〜六六三年）の一世紀が、半島の歴史で言う、本当の三国時代に当たる。この時期には、百済を通じて中国の新しい南朝文化の輸入の担い手になった漢人が、古い文化を代表する秦人よりも、倭国で優勢になる。そして百済は、新羅との対抗上、倭国を自分の側に引きつけておくために、漢人を通じて蘇我氏と手を結び、南朝系の仏教を倭国に送りこんだり、五経博士・易博士・暦博士・医博士・採薬師・楽人などの文化技術顧問を倭王の宮廷に定期に交代で派遣したりして、倭国の政策を自国に有利に誘導した。

ところが六四五年のいわゆる大化《たいか》の改新《かいしん》で、蘇我《そが》氏が宮廷革命に倒れると、面白いことにその二年後の六四七年には新羅の王族の金春秋《きんしゅんじゅう》が難波の宮廷に来訪している。これは百済に対する共同作戦の交渉に来たのであって、翌年には唐にも入朝して太宗皇帝に面会している。

金春秋は後に即位して新羅の太宗武烈《ぶれつ》王となる有能な政治家だったが、これは蘇我氏の失脚とともに、倭国が親百済から親新羅に傾いたことを示している。

しかし六五三年に孝徳《こうとく》天皇と皇太子の天智《てんち》天皇とが決裂し、翌年に孝徳天皇が死ぬと同時に、倭国の政策は親百済にもどる。そして六六〇年に唐・新羅の連合軍が百済を滅ぼすと、斉明《さいめい》天皇・天智天皇母子は、わざわざ北九州に出張してまで百済の復興に努力するが、それも空しく、六六三年の白村江《はくそんこう》の戦で、倭・百済の連合軍は全滅し、三百年ぶりに倭国の勢力は半島から閉め出されてしまう。

またもや大量の亡命者が倭国に流れこんだことはもちろんだが、それとともに漢人も秦人と同様、故郷から切り離されてしまったわけで、これを契機にして、原住民の倭人の社会と、秦人・漢人の社会との緩慢な融合のプロセスが始まったのである。これが日本民族の出発であり、日本文化の原点であった。

日本の建国

以上が日本古代史の物語である。ところで疑問が一つ残る。それでは、日本の建国はいつだったのか。倭人の百余国が『漢書地理志』に記載された紀元前二〇年代か。倭奴国王が後漢から金印・紫綬を授けられた紀元五七年か。卑弥呼が女王に選挙された二世紀末か。七支刀の銘文の無名の倭王が百済と同盟を結んだ三六九年か。『広開土王碑』に見えた三九一年の倭軍の半島介入の時か。四一三年に始まる倭の五王の時代か。五三一年の越前王朝の創立か。六二九年の舒明天皇の即位か。六四五年の大化の改新か。それとも六七二年の壬申の乱か。

答えはそのどれでもない。『日本書紀』の編纂に関係した人々は、六六一年が新しい日本の出発の年だと考えていたのである。

その証拠は『日本書紀』の「神武天皇紀」が、この日本最初の天皇の即位を紀元前六六〇年の辛酉《しんゆう》の年に置いていることである。もちろん神武天皇は実在の人物ではないが、この辛酉が建国の年だとした根拠は、有名な文章博士《もんじょうはかせ》三善宿禰《みよしのすくね》清行《きよつら》が九〇一年に書いた「革命勘文《かくめいかんもん》」で指摘した通り、「辛酉を革命となし、甲子《かっし》を革令となす」という『易緯《えきい》』の理論であった。

『易緯』は紀元前一世紀の前漢朝中国に流行した、科学的儒教主義の文献の一つで、前漢の建国二百周年に当たる紀元前六年のころに作られたものらしく、具体的には紀元元年の辛酉と、紀元四年の甲子とを新王朝の到来すべき時と予言したのである。

ところで三善清行の引用するところによると、後漢末の大学者の鄭玄《じょうげん》（一二七〜二〇〇年）は、この『易緯』の本文に註を加えて、天道は千三百二十年で巡環する、と説明している。

鄭玄は儒教の経典ばかりでなく、数学と暦学に精通した人だったので、前漢末に大量に生産された予言の書物をよく研究して、その理論の権威と仰がれていた。『易緯』に注釈を書いたのはそのためである。

ところが実際に、鄭玄が五十八歳の一八四年、甲子の年に、例の黄巾《こうきん》の乱が全国にわたって爆発し、戦争と飢餓のために中国の人口は一気に十分の一に減少し、社会の秩序は完全に崩壊した。黄巾のスローガンも「蒼天《そうてん》はすでに死せり。黄天《こうてん》まさに立つべし」だったが、古い中国文化の伝統はここに断絶し、新しい時代が始まったというのが、当時の中国人の実感だった。そして鄭玄が代表する儒教は、信仰体系としてはこの黄巾の乱を境として生命を失い、代わって道教が中国思想の主流になったのである。

鄭玄の計算によれば、一八四年から千三百二十年を遡った甲子の年は、周《しゅう》の文王《ぶんおう》の在世中の紀元前一一三七年である。周の文王・武王《ぶおう》・周公《しゅうこう》は、儒教で中国文化の伝統の創始者とする聖人である。その伝統が紀元一八四年に至って断絶したという事実は、鄭玄にとっては、千三百二十年を時間の完全なサイクルとする理論の証明と思われたのであった。

ただし厳密に言えば、紀元前一一三七年の甲子には、何も新しい時代をマークする事件は起こっていない。文王が天命を受けた年は、普通は五年後の紀元前一一三二年とされていて、これは己巳《きし》の年に当たる。

とにかく、この千三百二十年を完結した歴史の周期とする理論を『日本書紀』の紀年に適用すると、神武天皇の即位とともに始まったサイクルは、六六〇年の百済の滅亡をもって一巡し、翌六六一年の辛酉から、全く新しい時代が始まったのであった。これが『日本書紀』の歴史観であるのだから、百済の滅亡と白村江の敗戦が、当時の人々にとってどれほど強烈な衝撃であり、深刻な危機であったかがしのばれるし、またそれから『日本書紀』の完成の年の七二〇年に至る六十年間が、新しい日本国・日本民族の建設の日々であったことをうかがわせる。

実際、日本という国号も、天皇という王号も、この六十年間に現れたもので、恐らく天智天皇の『近江律令』で正式に規定されたのであろう。六七〇年に新羅を訪問した阿曇連頰垂《あづみのむらじつらたり》が、日本国を名のった使節の最初である。

大王から天皇へ

倭国が日本国に、大王が天皇に変わるということは、国家の性質と組織が根本から変わったことを意味する。これまでの倭国は、決して中央集権でもなければ統一国家でもなく、任那連合によく似た、難波の住吉三神の祭祀を中心とするアムフィクチュオニア(隣保同盟)だった。そして大王は、この倭人諸国同盟の世話役として、貿易・外交・軍事については外国に対する代表者となり、また同盟諸国の間の紛争の調停者の役割を務めた。これは漢委奴国王や邪馬台国女王と全く同じ機能である。

ところが統一唐帝国の圧倒的な軍事力の前に、百済と高句麗があっけなく消え去り、代わって唐制を採用した新羅が半島を支配する事態となると、倭王の宮廷に仕えて実権を握っている漢人・百済人は深刻な脅威を覚え、自衛のためにもっと効率のよい、もっと強力な国家組織を倭王に作らせようと真剣に考えるようになる。また倭王にしても、古くから入植して、倭人の社会に深く食いこんでいる秦人・新羅人に対して、半島の祖国に通謀して倭国を内部から攪乱《かくらん》するのではないかという猜疑心を持つようになる。

それやこれやで倭国大王は、万世一系の日本天皇に衣がえし、それまで倭国に君臨した三王朝の共通の祖先として、天智天皇が北九州の香椎《かしひ》から持ち帰った、反新羅的な護国神である仲哀《ちゅうあい》・神功《じんぐう》・応神《おうじん》の三柱が採用されて、半島との密接な関係の象徴であった住吉三神の地位を奪ってしまう。

秦人・新羅人は、新しい日本政府の実権を握る漢人・百済人の圧迫を避けるために、倭人の社会・文化に同化しようと必死になり、宮廷につてのある連中は、それぞれ架空の天皇の後裔と自称して、いわゆる皇別の氏族になっていく。

もはや半島経由の中国貿易と、半島の「弥移居《みやけ》」からの収入に期待できなくなった日本政府は、方向を転じて東に向かい、移民を東国にどしどし送りこんで開拓に力を入れる。その結果、東国に地盤を持つ天武天皇が、六七二年の壬申の乱に勝って天下を取ったばかりでなく、やがて東国武士が日本全国を支配する遠因を作る。日本武尊《やまとたけるのみこと》は、この東国開拓の大波が生んだ英雄であった。

九州はそれまで、半島への航路の寄港地である北部の海岸を除いて、ほとんど関心をひかなかったが、新たに起こった国防への関心と、南島経由の中国航路を開拓する必要から、南九州の隼人《はやびと》の住地の開発が進められ、景行《けいこう》天皇の熊襲《くまそ》親征の物語が発生する。そしてついに民族主義の行きつくところ、外来の帰化人に対する土着の日本人という図式が出来て、列島の原住民を一つの種族として扱おうとするあまり、新たに発明された初代の天皇を隼人の出身として、神武《じんむ》天皇の東征の物語が作り上げられる。

以上のどれ一つ取っても、古い倭国文化の根本的な改革でないものはない。つまりは新しい日本文化の創造である。なかでももっとも重大な変革は、日本語という新しい言語の創造であった。

日本語以前

倭語の音を漢字で書き表すことは、四四三年の隅田《すだ》八幡《はちまん》の鏡の銘の「意柴沙加宮《おしさか》」が最古の例だが、これは固有名詞である。ちゃんとした文章となると、かならず漢字の意味のほうを使って、つまり中国語として書いたのであって、訓読《くんどく》などという器用な技術はまだなかった。当時、漢字を使いこなせたのは、古風な中国語を公用語とする辰韓・

弁辰の都市国家を故郷とする秦人か、楽浪・帯方の故地から渡来した漢人で、いずれにせよ倭語は片言ぐらいしか話せなかったのだから、彼等が書く中国文が、洛陽や南京で通用していた文体の格からいかに外れていても、それは中国語という枠の中での地方的な偏差に過ぎない。決して倭語の文章を不完全に表記したといった性質のものではなかった。

七二〇年に完成した『日本書紀』でも事情は同じで、全三十巻をすべて中国文で押し通してあるから、日本語の知識がない読者にも理解できるようになっている。ただ固有名詞や特殊な宗教上の概念を表す語だと、中国文としては奇妙な感じの文字の使いかたをしなければならない。その場合には分註で「此云……」として、字音で表記した日本語が入れてある。「此」とは「ここ、こちら」の意味で、「日本の方言ではこう言う」と断っているわけであって、中国語を母国語とする読者に対し、変則な漢字の使いかたの弁解をしているのである。

ところが『日本書紀』には多数の日本語の歌謡が載っているが、みな漢字で音を写すだけで、意味の中国語訳はついていない。たとえば「仁徳天皇紀」の、雌取《めとり》皇女をめぐって天皇と隼別《はやぶさわけ》皇子が恋の鞘当てを演ずるくだりで、皇子の舎人《とねり》らが歌う。

はやぶさは

天《あめ》に上《のぼ》り　飛びかけり
いつきが上の　さざき取らさね

はやぶさは
天に上って飛びかけり、
斎場《いつき》のあたりにいるさざきをお取りなさい。

この歌は、現在の『日本書紀』のテキストでは「破夜歩佐波《はやぶさは》、阿梅珥能朋利《あめにのぼり》……」と音訳されている。

しかし『日本書紀』のもっと古いテキストには、こうした歌謡まで中国語訳で載っていたのであって、『弘仁私記《こうにんしき》』には、同じ歌が次のような形で引用してある。

隼鳥昇天兮
飛翔衝搏兮
鷦鷯所摯焉

つまり、六八一年に天武天皇が国史の編纂を命じてから、『日本書紀』が完成する七二〇年までの三十九年間に、日本語の歌謡の扱いについての編纂方針が変わって、出来上がった形のテキストでは、日本語の発音通りに表記することになったのだが、『弘仁私記』のもとになった七二一年の『養老私記《ようろうしき》』は、たまたま改訂の済んでいない「仁徳天皇紀」を使ったのである。

実は現在の『日本書紀』にも、音訳に改訂し忘れた歌謡が残っていて、「顕宗天皇紀」の、この天皇が舞いながら高貴な身分を明かすくだりの歌は、三首とも「築立稚室葛根《つきたつるわかむろかづね》……」のように中国語になったままである。さらに面白いことに、あの日本語の発音にうるさい『弘仁私記』の講師の多朝臣人長《おほのあそみひとなが》が、自分が偽作した『古事記』の中で、やはり顕宗天皇の歌だけは「物部之《もののふの》我夫《わがせ》子《こ》之《の》……」と中国語にしてある。これは『日本書紀』の本文に影響されたのだろう。

さて六八一～七二〇年の間に、日本語の歌謡の扱いがそれほど変わったという事実は何を意味するか。

それは中国語を母国語とする読者でさえ、日本語の意味がわかるようになったこと、言いかえれば、日本語の地位が向上して、これまでの後宮の女人たちや都市の下層民、地方の住民などの日蔭の世界から、朝廷や貴族や政府の官吏の日の当たる世界に進出したことを物語るのである。

七世紀以前の日本列島では、いろいろな言語が通用していたが、その中でもっとも高級なのが漢人・百済人の言語で、その次が秦人・新羅人の言語、一番下等なのが倭人の言語ということになる。

たびたび説明したように、漢人・百済人の言語は、楽浪郡・帯方郡で土着化した中国人と、中国化した濊《わい》人・朝鮮人・真番人の土着民とが使った河北・山東方言系の中国語の基礎の上に、後漢・魏・晋の河南方言と、南朝の南京方言と、四七五年の百済の南下によって中国化した馬韓人の言語との影響が加わって出来た言語であり、倭国の首都の難波から河内・大和にかけて話されていた。

秦人・新羅人の言語は、それよりも古く倭国に入ったもので、辰韓・弁辰の都市国家群を建設した華僑が話した前漢の陝西方言系の中国語を基礎とし、それに辰韓人・弁辰人の土語の影響が加わったものであったが、大和・河内では新しく侵入した漢人・百済人の言語に圧倒されて影が薄くなり、奥地の山城・近江を中心として話されていた。

倭人の言語は三つの中では一番古いが、畿内の諸国では、平野部に入植して来た帰化人の言語の影響で、語彙も文法もひどく変わってしまっていた。

以上の三つの言語は、それぞれ話される場がちがう。それぞれの言語を話す人々は、別々の社会を構成していて、コミュニケーションの必要があれば、ブロークンな中国語と倭語をちゃんぽんに使って、やっと用を弁じたのである。

マレーシア版・国語の成立

こうした状況は、第二次世界大戦後のマレーシアによく似ている。マレー半島では、地方の住民のうちマレー人は、もちろんマレー語を話すが、これはもともとマラッカ海峡の対岸スマトラ島の南部の言葉で、七世紀から十三世紀にかけて南海の覇権を握ったパレンバンのシュリーヴィジャヤ帝国の公用語だったために、その商業網に乗って東南アジア一帯に普及したものである。もっともマレー人といっても、みんなマレー語を母国語とするとは限らないので、たとえばクアラルンプールのあるセランゴール州の住民はブギ族といって、十七世紀以後にインドネシアのセレベス島から移住して来たものであり、故アブドル・ラザク首相もパハン州のブギ族である。

さらにババ・チャイニーズと呼ばれる中国系の人々が居て、一五一一年のポルトガルのマラッカ占領以後、マラッカに移住して来た福建《ふっけん》人の子孫だが、中国語を知らず、独特のマレー語を話す。この人たちがマラッカのポルトガル人・オランダ人・イギリス人に仕えて、一般のマレー人との間の橋渡しの役を演じたので、マレー人が地方の倭人とすれば、ババ・チャイニーズは畿内の倭人といったところであろう。

さらにおそく十九世紀以来、移住して来た福建系・潮州《ちょうしゅう》系・客家《ハッカ》系・広東《カントン》系・海南《かいなん》系が秦人といったところで、それぞれ別の都市に固まり、地方でも自分たちだけの農場を経営して、マレー人とは関係なく暮らしている。しぜん同じ中国人とは言え、たがいに言葉は通じない。しかし最近になって民族主義が高まったので、北京語を学んで何とか意思が通じるようになった。しかしその地位は低いもので、北京語は都市の下層階級の言葉に過ぎない。

本当の最高級の言葉は英語である。ただし本場のイギリス英語とはかなりちがって、もともとババ・チャイニーズが話したブロークン・イングリッシュが洗練されたのだから、マレー語の「ラ！」という強調の助詞が入ったりするし、アクセントもずいぶん変わっている。しかし当人たちは全くクイーンズ・イングリッシュと信じているようである。

このマレーシア英語が、古代日本の漢人《あや》の言語に当たるわけで、都市のマレー人・中国人・インド人を問わず、教育のある階級の実際の共通語である。ところが中国大陸が共産化し、マレー半島でもチン・ペンのマラヤ共産党の反乱を大変な苦労で鎮圧して、やっとマレーシア連邦が出来ると、今度はマレー文化の祖国であるインドネシアが、スカルノの対決《コンフロンテーション》政策でゲリラ戦を仕掛けてくる。スカルノが失脚してほっとする間もなく、イギリスがスエズ以東から手を引いて、マレーシアは取り残されてしまい、人口の半々を占めるマレー系と中国系を何とか統合していかなければ、国家として生存できないところへ追いこまれる。これは六六三年の白村江の敗戦で孤立した日本の立場と実によく似ている。

そこで強調され出したのが、「われわれはみなマレーシア人だ」という観念と、マレーシア語（バハサ・マレーシア）の普及である。マレーシア語はマレー語を基礎として人工的に作り出された新しい言語で、マレー語そのままではない。マレー語の文法はたいへん自由で、単語をどう並べても意味は通じたのだが、新しいマレーシア語では英語の語順に従い、ただ所有格だけは、後に来る単語がその前の単語を修飾することになっている。語彙のほうも、新しいマレーシア語辞典を見ると、見出しの単語のあとに、それぞれ対訳の英語が一つ註記してあって、そのあとにマレーシア語で語義の解釈が書いてある。

つまりマレーシア語というのは、マレー語の皮をかぶった英語であって、英語の話せる人なら、どの単語がどの英語の単語に対応するかを憶えるだけで、すぐに話せるように出来ているわけで、それだけに欠点もある。すなわち細やかな感情のニュアンスの表現には向かないのである。

この欠陥を克服するため、外国文学のマレーシア語訳や、古典マレー文学のローマ字化や、マレー民謡の採集などが試みられ、マレーシア語の短編小説まで現れてきたが、それでも会話の部分ばかりか地の文にまで、英語の語句がしきりと顔を出すのが、一九七〇年代のマレーシアの実情である。

しかしそれでもマレーシア語は、音楽の面からではかなり速く普及しつつあるようで、マレーシアの国歌は、ジャワの古い民謡「月の光《トラン・プラン》」の美しいメロディに作詞したものだが、人種を超えて愛されているようだ。

日本語をつくった『万葉集』

ここで日本の古代にもどると、『日本書紀』の歌謡が中国語から日本語に書き直されるのと並行して、『万葉集』の歌人たちが登場しはじめている。

『万葉集』二十巻の中でももっとも成立の古い巻一・巻二を見ると、それぞれ冒頭には雄略天皇や仁徳天皇の磐之媛《いはのひめ》皇后の歌が載っているが、これは古すぎて当てにならないから除くとして、実際に年代がはっきりしている作者は、舒明天皇に始まる。舒明天皇は天智・天武兄弟の父で、六六三年の白村江の敗戦の直前の時代の人であった。つまりマレーシアと同様、国際関係の危機に直面して、多民族国家から民族国家へ、文化の統合へ、言語の統合への必要に迫られた古代日本でも、取られた手段は、秦人・漢人式の中国語の骨組みの上に、古い倭語の皮をかぶせて、新しい日本語をでっち上げることであった。

しかしこれまで政治や経済や文化の面で主役を演じたことが一度もない倭語のことだから、供給できる材料には限りがある。それでもなんとかしなければならないから、宮廷音楽や民謡を発掘し、新しい表現法を工夫して、中国語と同じ内容を盛りこめるようにしようと、柿本人麻呂《かきのもとのひとまろ》や山部赤人《やまべのあかひと》が悪戦苦闘した努力のあとが『万葉集』なのである。

こうした努力の積み重ねのかいがあって、九〇五年に『古今和歌集』の撰進《せんしん》を命ぜられた紀貫之《きのつらゆき》は、その「仮名序《かなじょ》」で、「真名序《まなじょ》」とほぼ同じ内容を、よくこなれた日本語の散文で綴れるところまでいったのであった。

ところで興味深いことが一つある。紀貫之はこの序で「手習ふ人の初めにもしける」「歌の父母」のようなものとして二首の和歌を挙げるが、その一首は、

なにはづに　さくやこのはな
冬ごもり　いまははるべと
さくやこの花

であって、王仁《わに》が仁徳天皇に奉った「みかどのおほむはじめなり」と説明する。王仁は河内の書首《ふみのおびと》の始祖で、漢人系華僑の代表である。その王仁と、初代の倭国大王と、難波港に咲きほこる梅の花――これが和歌の起源だと言う。これがまた日本民族の起源であり、日本語の起源でもあったことは、もはや言うまでもないであろう。

あとがき

わたくしは以前から、この日本という国家と国民の成立を論ずる人々が、なぜ中国の影響をもっと問題にし、まともに取り上げようとしないのだろうか、と怪しんできた。日本の前身である倭国と、その住民の倭人について、われわれが不十分ながら、いくらか知識を持てるのは、何と言っても『漢書地理志』や、『後漢書倭伝』や、『魏志倭人伝』や、『宋書倭国伝』など、むかしの中国人が中国語で記録をのこしてくれたおかげである。高句麗人が建てた『広開土王碑』の銘文だって、純粋の中国文だし、わが国の史書としては最古の『日本書紀』だって同じことである。『古事記』でさえ、ごくわずかの術語を除いては全くの中国文で、決して固有の日本文化を押し立てようとした、などという性質のものではない。

言いかえれば、七世紀に新羅や日本が統一国家の形を取るまで、中国大陸から朝鮮半島・日本列島へかけての雑多な種族の住民は、ことごとく中国語を共通語とし、それを使って政治生活・経済生活を営んできたので、少なくとも意識の上では中国人であった。これは現代の日本人が、意識の上ではアメリカ人になりきって、英語を下敷きにした物の言いかたをし、文章を書くのと同じである。

それに中国文化の本質が民族文化ではなくて、アメリカ文化のようにユニヴァーサルなものであり、アメリカ人種というものがないのと同様、中国人種というものも、かつて存在したことがない。

そういう環境が約一千年続いたあとで、七世紀になって新羅も日本も同時に成立したわけだから、両国の共通の祖先は中国なのである。中国を正面から見すえない限り、日本の建国史を正当に論ずることは出来ないはずなのである。

ところが現代のわが国で大流行の日本古代史論議は、この視点を完全に欠いている。あるものは八、九世紀の人工的な民族主義の産物である『日本書紀』や『古事記』が創作した古代日本のイメージをナイーヴに信じこんで、神話に合理的解釈を加えて新たな神話を発明する。あるものは中国の史料の成立の事情や記録の意味も知らないで、倭人や倭国に触れた断片的な文句をひねり回し、もともと含まれていもしない情報をそこに読み取ろうとする。またあるものは、七世紀までの朝鮮半島が中国の延長に過ぎなかったことを忘れ、十二世紀の『三国史記』や十三世紀の『三国遺事』を拠りどころにして、まだ成立してもいなかった半島の民族文化の痕跡を、古代日本の中に求めようとする。かてて加えて考古学のデータが、文字の記録の代用になるという迷信の横行である。日本古代史論いよいよ盛んにして、混迷もいよいよ深い。

それというのも、古代日本を論ずる人々が、中国の実態を全く知らず、自分の無知にすら気がつかないからである。七世紀までの朝鮮半島や日本列島が、中国の軍事力・経済力にいかに深刻に影響されていたか、原住民にとって中国とは何を意味したかを認識せずにいて、新羅や日本の建国を論ずるのはこっけい以外の何物でもないし、第一そんなことでは、中国語で書かれている史料がちゃんと読め、正しく理解できるはずもない。

本書はこのことを念頭に置いて、古代の中国史、東アジア史の観点から、われわれの祖先の歩みを見つめ直したものである。そのさい、それぞれの史料の性質を検討して、それに従って無理なく引き出せる史実の限度を決めるという、歴史学の正統の手法を押し通したので、自然とこれまでの俗説とは大きく違った結論が出て来ることになった。そして、こうして得られたハード・ファクツを結び合わせて、日本古代史像を復原する手がかりとして、日本列島と歴史的環境のよく似ている東南アジアの海中の国々の実例を大いに利用した。さらに古代といえども、現代と同じ人間の世だという態度を貫き、古代には古代の歴史法則があるというような、神話的・昔話的思考を排除した。これが原題「現代史としての日本古代史」の意味である。

そういったところが本書の趣旨だが、なお論理に不徹底なところがあれば、今後も改めていきたいと思っている。

昭和五十一年十一月　　　　岡田　英弘

ちくま文庫版あとがき

本書『倭国の時代』は、そもそも（株）文藝春秋の雑誌『諸君！』に、昭和五十一年（一九七六年）一月号から十月号まで、十回にわたって「現代史としての日本古代史」の総題で連載し、同年の十二月に単行本として刊行されたものである。このときには、翌年三月の第二刷で絶版になったが、平成六年（一九九四年）二月になって、朝日文庫から再刊された。この朝日文庫版もかなり以前に品切れ状態となり、著者本人にまで問い合わせが来るような情況であった。

今回、ちくま文庫から復刊されることになり、校正かたがた、もう一度読み返してみた。原稿は三十三年前のものだが、今読んでみても、ちっとも古さを感じない。むしろ活き活きとした、現代人が日本の古代を究明するという姿勢が全体に透徹していて、読んでこころよい。それが三十三年後の今、また要望に応えて筑摩書房が復刊する理由であろう。

そこで、ちくま文庫版の読者のための注意書きを、次に少々つけ加える。

第一に、文藝春秋版の副題「現代史としての日本古代史」を削除した。

第二に、第一章「日本古代史へのアプローチ」の冒頭第一節が、文藝春秋版ではやや揶揄の調子が強かったのをやわらげて、全体の文体に近づけた。

第三に、漢字にふりがなを大幅に増やして、読みやすさをはかった。

第四に、『日本書紀』から引用した歌謡には、岩波書店の日本古典文学大系本の現代語訳文を添えた。

第五に、第九章「謎の四世紀」の三〇〇頁、『魏志倭人伝』の「一大率」について、文藝春秋版にない一節を、文庫版には付け加えた。「この「一大率」を、魏のほうから任命した官吏だとする珍説があるようだが、それは漢文も読めなければ、後漢以来の東アジアの情勢も知らない人の言うことである」という一文である。これは、『諸君！』掲載当時の原文のままだが、実をいうと、当時この一節が松本清張のかんにさわったようで、『諸君！』編集部に電話をかけてきて文句を言ったらしい。それでやむを得ず、文藝春秋が単行本にする際に削除した。今は松本清張も亡いので、もとの文章を復活する次第である。

ただし、改訂が及ばなかった箇所もある。第十章「日本の誕生」では、江田船山古墳出土の鉄製の大刀の銘文の王名を「獲□□□歯大王」と読み、反正天皇と解釈しているが（本文三三六頁）、今日では稲荷山古墳出土の鉄剣の銘文に見える「獲加多支鹵大王」で、雄略天皇の本名ワカタケルの音訳であることが分かっている。しかしこれを訂正すると文意が通らなくなり、かつ訂正しなくても論旨に影響がないので、そのままにした。

本書『倭国の時代』で説き及ばなかった、さらなる問題については、この直後に『倭国』（中公新書、一九七七年）において詳しく論じた。さらに、同じ主題についてさまざまな角度から論じた拙論をまとめた『日本史の誕生』が、二〇〇八年六月にちくま文庫から刊行されている。読者の参照せられんことを望む。

二〇〇八年十一月

岡田　英弘

年表

前三世紀　燕が遼東郡を置く
前二二二　秦が燕を滅ぼす
前二二一　秦の始皇帝が中国を統一する
前二一三　焚書
前二一〇　始皇帝の死
前二〇九　燕の復興
前二〇六　秦の滅亡
前一九五　漢が燕を滅ぼす　衛満が王険城に朝鮮王国を建てる
前一四一　漢の武帝の即位
前一二八　漢が蒼海郡を置く
前一二六　蒼海郡が廃止される
前一一一　漢が南越王国を滅ぼして九郡を置く　漢が西南夷の五郡を置く
前一〇八　漢が朝鮮王国を滅ぼして楽浪・臨屯・真番・玄菟の四郡を置く
前　八七　漢の武帝の死　昭帝の即位
前　八二　真番郡が廃止される

前七五　漢が遼東に玄菟城を築く
前七四　漢の昭帝の死　宣帝の即位
前四九　漢の宣帝の死　元帝の即位
前三三　漢の元帝の死　成帝の即位　その治世に倭人の百余国が漢に来って献見する
前七　漢の成帝の死　哀帝の即位
前一　漢の哀帝の死　王莽が漢の実権を握る
紀元二　漢の人口が五九、五九四、九七六人
八　王莽が皇帝の位に即き新朝を建てる　前漢の滅亡
二三　王莽の滅亡
二五　後漢の光武帝の即位
三七　光武帝が中国を統一する
四四　韓の蘇馬諟が漢廉斯邑君に封ぜられる
五七　倭の奴国王の使が漢に朝貢し漢委奴国王の金印を授けられる　光武帝の死　漢の人口が二一、〇〇七、八二〇人
一〇二　漢の孝和帝が陰皇后を廃して鄧皇后を立てる
一〇五　孝和帝の死　孝殤帝の即位　鄧太后の執政　紙の発明
一〇六　孝殤帝の死　孝安帝の即位　西域諸国が漢にそむく
一〇七　漢の西域都護の廃止　倭国王師升らの使が漢に朝貢する
一五七　漢の人口が五〇、〇六六、八五六人

一八四　漢に黄巾の乱が起こる　このころ倭国王家が倒れて女王卑弥呼が立つ
一八九　漢の遼東太守公孫度が独立する
二〇四　公孫度の死　公孫康が立つ　このころ公孫康が帯方郡を置く
二二〇　曹操の死　曹丕が皇帝の位に即き魏朝を建てる　後漢の滅亡　三国時代の始まり
二二六　魏の文帝（曹丕）の死　明帝の即位
二二八　遼東で公孫淵が立つ
二三四　蜀の諸葛亮の死
二三七　魏軍が公孫淵を攻めて失敗する
二三八　魏の司馬懿が公孫淵を滅ぼす　魏の別軍が楽浪・帯方を占領する
二三九　魏の明帝の死　斉王曹芳の即位　曹爽・司馬懿が摂政となる　倭の女王卑弥呼の使が魏に朝貢する　魏が卑弥呼に親魏倭王の金印を授ける
二四七　魏の司馬懿が隠退する　卑弥呼の死　台与の即位
二四九　司馬懿が曹爽らを殺して魏の実権を握る
二五一　司馬懿の死　司馬師が継ぐ
二五五　司馬師の死　司馬昭が継ぐ　このころ倭使がしばしば魏に至る
二六三　魏が蜀を滅ぼす　魏の人口が五、三七二、八九一人
二六五　司馬昭の死　司馬炎が皇帝の位に即いて晋朝を建てる　魏の滅亡
二八〇　晋が呉を滅ぼして中国を統一する
二九〇　晋の武帝（司馬炎）の死　恵帝の即位　楊駿の摂政

二九一　賈皇后が楊駿を殺す
二九六　張華が司空となる
二九七　陳寿の死　『三国志』が公認される
三〇〇　趙王倫が賈皇后・張華らを殺す　八王の乱の始まり
三〇四　匈奴の劉淵が晋から独立して漢王と称する　五胡十六国の乱の始まり
三一〇　劉淵の死
三一一　漢軍が洛陽を占領して晋の懐帝を捕らえる
三一三　張統が楽浪・帯方を退去して遼西の慕容廆のもとに投ずる　高句麗が楽浪・帯方の故地を取る
三一六　漢軍が長安を占領して晋の愍帝を捕らえる　西晋の滅亡
三一八　司馬睿が建康に東晋朝を建てる
三一九　慕容廆が遼東郡を取る
三三三　慕容廆の死　慕容仁が遼東で独立する
三三六　慕容皝が慕容仁を滅ぼして遼東を取る　佟寿が高句麗に亡命する
三三七　慕容皝が王位に即いて前燕王国を建てる
三四二　前燕軍が高句麗の王都を陥れて故国原王を逃走させる
三四五　このころ仇台が帯方の故地に百済王国を建てる
三五七　佟寿が楽浪で死ぬ
三六五　前燕が東晋の洛陽を取る

三六九　高句麗の故国原王の軍が南下する　百済王世子貴須がこれを破る　百済と倭が同盟する　百済王世子が倭王に七支刀を贈る
三七一　百済の肖古王と世子貴須が高句麗の平壌城を攻めて故国原王を殺す
三七二　百済王余句（肖古王）の使が東晋に朝貢する
三七六　前秦が華北を統一する
三七七　高句麗・新羅の使が前秦に朝貢する　新羅王国の初見
三八二　新羅王楼寒の使が前秦に朝貢する
三八三　淝水の戦　前秦の瓦解
三八四　慕容垂が後燕を建てる
三八五　高句麗が遼東・玄菟を取る　後燕がこれを奪還する
三九一　高句麗の広開土王の即位　倭が海を渡り百済・新羅を破って臣民とする
三九五　北魏が後燕を参合陂に破る
三九六　広開土王が百済を破る　後燕が広開土王を平州牧・遼東・帯方二国王に封ずる
三九九　百済が倭と和通する
四〇〇　高句麗軍が新羅を救う　新羅王がはじめてみずから広開土王に朝貢する　後燕軍が高句麗を攻めて新城・南蘇の二城を抜く
四〇四　倭軍が帯方の界に侵入し広開土王と戦う
四〇五　後燕軍が高句麗の遼東城を攻める
四〇六　後燕軍が高句麗の木底城を攻める

四〇七　高句麗軍が倭軍（?）と戦う　高雲が後燕王となる
四〇八　高句麗が後燕と和解する
四〇九　後燕王高雲が殺される
四一〇　このころ初代の倭国大王仁徳天皇の死
四一二　高句麗の広開土王の死　長寿王の即位
四一三　倭王讃（履中天皇）の使が東晋に朝貢する
四二〇　劉裕が皇帝の位に即いて宋朝を建てる　東晋の滅亡
四二五　倭王讃の使が宋に朝貢する
四三六　北魏が遼西の北燕王国を滅ぼす　このころ高句麗が南進を再開する
四三八　倭王珍（反正天皇）の使が宋に朝貢する
四三九　北魏が華北を統一する　南北朝の始まり
四四三　倭王済（允恭天皇）の使が宋に朝貢する
四六〇　倭王興（安康天皇）の使が宋に朝貢する
四六一　百済の王子斯麻（武寧王）が筑紫で生まれる
四七二　百済王余慶（蓋鹵王）が使を北魏に遣わして救援を求める
四七五　高句麗軍が百済の王都（広州）を陥れて蓋鹵王を殺す
四七六　百済が熊津（公州）に遷都する
四七七　倭王武（雄略天皇）の使が宋に朝貢する
四七八　倭王武が宋に使を遣わして表をたてまつる

四七九　蕭道成が皇帝の位に即いて南斉朝を建てる　宋の滅亡　加羅王荷知の使が南斉に朝貢する
四九一　高句麗の長寿王の死
五〇二　蕭衍が皇帝の位に即いて梁朝を建てる　南斉の滅亡
五二一　新羅王募秦の使が梁に朝貢する
五二三　百済の武寧王の死
五三一　武烈天皇の死　播磨王朝の断絶　継体天皇の即位
五三四　北魏が東魏・西魏に分裂する
五四〇　新羅の法興王の死　真興王の即位
五五〇　東魏の高洋が皇帝の位に即いて北斉朝を建てる　東魏の滅亡
五五七　西魏の宇文覚が天王の位に即いて北周朝を建てる　西魏の滅亡　梁の陳覇先が皇帝の位に即いて陳朝を建てる　梁の滅亡
五六二　新羅が任那を滅ぼす　半島の三国時代の始まり
五七七　北周が北斉を滅ぼす
五八一　北周の楊堅が皇帝の位に即いて隋朝を建てる　北周の滅亡
五八九　隋が陳を滅ぼして中国を統一する
六〇〇　倭王阿毎多利思比孤の使が隋に朝貢する
六〇八　倭王多利思比孤の使が隋に朝貢する
六〇九　隋の裴世清が倭国に使する　隋の人口が四六、〇一九、九五六人

六一〇　倭王の使が隋に朝貢する
六一二　隋の高句麗征伐（第一回）
六一三　隋の高句麗征伐（第二回）
六一四　隋の高句麗征伐（第三回）
六一八　隋の煬帝の死　李淵が皇帝の位に即いて唐朝を建てる　隋の滅亡
六二八　唐が中国を統一する
六二九　田村皇子（舒明天皇）の即位　倭国が歴史時代に入る
六四一　舒明天皇の死
六四二　宝皇后（皇極天皇）の即位
六四三　蘇我臣入鹿が山背大兄王を殺す
六四五　中大兄皇子が蘇我大臣蝦夷・入鹿を殺す　皇極天皇の譲位　軽皇子（孝徳天皇）の即位　中大兄皇子を皇太子とする　大化と建元する　中大兄皇子が古人大兄皇子を殺す
六四七　唐の高句麗征伐（第一回）
六四七　新羅の金春秋が倭国に来朝する　唐の高句麗征伐（第二回）
六四八　唐の高句麗征伐（第三回）　新羅の金春秋が唐に入朝する
六五三　皇極上皇・中大兄皇太子・間人皇后・大海人皇子が難波の孝徳天皇を棄てて飛鳥に移る
六五四　孝徳天皇の死
六五五　皇極上皇（斉明天皇）の復位

六五八　建皇子の死　有間皇子が殺される
六六〇　唐・新羅が百済を滅ぼす
六六一　「辛酉革命」　斉明天皇が筑紫に移る　天皇の死
六六三　白村江の戦
六六四　「甲子革令」
六六五　間人皇太后の死
六六七　斉明天皇・間人皇太后が合葬される　中大兄皇太子が都を近江に遷す
六六八　中大兄皇太子（天智天皇）の即位　唐が高句麗を滅ぼす
六七一　天智天皇の死
六七二　壬申の乱　大友皇子が自殺する　神武天皇の出現
六七三　大海人皇子（天武天皇）の即位
六七四　唐の高宗皇帝が天皇と称する
六七九　使を多禰島に遣わす
六八一　草壁皇子を皇太子とする　帝紀および上古の諸事を記し定めさせる
六八二　隼人が多く来朝する
六八六　草薙剣を尾張国の熱田社に送る　朱鳥と改元する　天武天皇の死　大津皇子の自殺
六八九　草壁皇太子の死
六九〇　鸕野皇后（持統天皇）の即位
六九七　持統天皇の譲位　文武天皇の即位

七〇一　『大宝律令』の完成
七〇二　持統上皇の死
七〇三　日本使粟田朝臣真人が唐に朝貢する
七〇七　文武天皇の死　阿倍皇太子妃（元明天皇）の即位
七一四　首皇子を皇太子とする
七一五　元明天皇の譲位　氷高皇女（元正天皇）の即位
七一六　首皇太子が藤原光明子と結婚する
七二〇　『日本書紀』の完成　藤原不比等の死
七二一　元明上皇の死
七二四　元正天皇の譲位　首皇太子（聖武天皇）の即位

参考にした資料について

〔第一章〕『マレー年代記』の本文批判は、生田滋等訳『トメ・ピレス　東方諸国記』（大航海時代叢書V、岩波書店、一九六六年）に負うところが多い。

〔第二章〕『書経』・『論語』の言語については貝塚茂樹博士の示教に、書物の歴史については藤枝晃博士の『文字の文化史』（岩波書店、昭和四十六年）に負うところが多い。

〔第四章〕神功皇后と武内宿禰については、直木孝次郎『日本古代の氏族と天皇』（塙書房、昭和三十九年）がよい。応神天皇と御友別の物語については、鳥越憲三郎『吉備の古代王国』（新人物往来社、昭和四十九年）を見よ。

〔第六章〕『古事記』批判のデータについては、鳥越憲三郎『古事記は偽書か』（朝日新聞社、昭和四十六年）と、大和岩雄『古事記成立考　日本最古の古典への疑問』（大和書房、昭和五十年）に負うところが多い。

〔第八章〕王沈の『魏書』、陳寿の『三国志』、魚豢の『魏略』の関係については、山尾幸久『魏志倭人伝　東洋史上の古代日本』（講談社現代新書、昭和四十七年）を見よ。

〔第十章〕『革命勘文』については、原島礼二『神武天皇の誕生』（新人物往来社、昭和五十年）、秦人・漢人の分布については関晃『帰化人』（日本歴史新書、至文堂、昭和五十年）を利用した。

本書は一九七六年一二月に文藝春秋より刊行され、一九九四年二月に朝日文庫に収録された。

ちくま文庫

倭《わ》国《こく》の時《じ》代《だい》

二〇〇九年二月十日　第一刷発行
二〇一七年六月二十日　第五刷発行

著　者　岡田英弘（おかだ・ひでひろ）

発行者　山野浩一
発行所　株式会社　筑摩書房
東京都台東区蔵前二―五―三　〒一一一―八七五五
振替〇〇一六〇―八―四一二三
装幀者　安野光雅
印刷所　中央精版印刷株式会社
製本所　中央精版印刷株式会社
乱丁・落丁本の場合は、左記宛にご送付下さい。
送料小社負担でお取り替えいたします。
ご注文・お問い合わせも左記へお願いします。
筑摩書房サービスセンター
埼玉県さいたま市北区櫛引町二―六〇四　〒三三一―八五〇七
電話番号　〇四八―六五一―〇〇五三

ISBN978-4-480-42539-3 C0121